21世纪信息传播实验系列教材

主 编◎黄慕雄 徐福荫

广播电视摄、录、编

付 俊 黄碧云 睢 凌◎编著

北京大学出版社
PEKING UNIVERSITY PRESS

图书在版编目(CIP)数据

广播电视摄、录、编/付俊,黄碧云,睢凌编著. —北京：北京大学出版社,2009.11
(21世纪信息传播实验系列教材)
ISBN 978-7-301-15879-1

Ⅰ.广…　Ⅱ.①付…②黄…③睢…　Ⅲ.①广播电视—摄影—高等学校—教材②广播电视—录音—高等学校—教材③广播电视—编辑工作—高等学校—教材　Ⅳ.G222.1

中国版本图书馆CIP数据核字(2009)第171119号

书　　名：广播电视摄、录、编
著作责任者：付　俊　黄碧云　睢　凌　编著
丛 书 策 划：姚成龙
责 任 编 辑：李淑方
标 准 书 号：ISBN 978-7-301-15879-1/G·2678
出 版 发 行：北京大学出版社
地　　址：北京市海淀区成府路205号　100871
网　　站：http://www.jycb.org　http://www.pup.cn
电 子 信 箱：zyl@pup.pku.edu.cn
电　　话：邮购部62752015　发行部62750672　编辑部62767346　出版部62754962
印　刷　者：涿州市星河印刷有限公司
经　销　者：新华书店
787毫米×1092毫米　16开本　12.25印张　300千字
2009年11月第1版　2012年4月第2次印刷
定　　价：25.00元

内容简介

《广播电视摄、录、编》实验教材是通过对广播电视节目摄、录、编工作所需的知识和技能的系统讲解，结合本教材设计的实验教学活动，使学生建立对广播电视节目制作的整体概念，并熟练掌握广播电视节目编制所需的基本技能。

本实验教材包括前期拍摄、后期编辑、后期合成和电视短片创作四个部分。其中，前期拍摄部分，包括认识摄像机、摄像机的基本操作和电视摄像要领与摄像艺术三个实验，学习者将通过该部分的学习掌握电视节目前期拍摄所需的能力。后期编辑部分，包括线性编辑设备系统及操作、非线性编辑的设备系统及操作和电视编辑实践三个实验。后期合成部分，包括电视特技与电视字幕制作、广播电视录音、广播电视节目声音编辑与电视配音三个实验。学习者可以通过该部分的学习掌握后期制作的主要工作内容和完成这些工作的基本能力。最后的电视短片创作实验，要求学习者综合使用本实验课程所学的电视节目编制技能，创作电视短片，以巩固本课程所学内容，并体会完整的电视节目制作流程和节目编制特点。

本实验教材可作为信息传播相关专业——教育技术学、新闻学、传播学、广告学、广播电视新闻学和摄影等——的实验教材，亦可作为教育技术工作者和传媒从业人员的参考用书。

总　序

黄慕雄　徐福荫

1978 年，中国揭开了改革开放的序幕。1982 年，美国著名传播学教授宣伟伯（Wilbur Schramm）和香港著名传播学教授余也鲁首次来中国内地讲学，第一站在华南师范大学举办了为期一周的全国性学术研讨会，学术报告全面介绍现代传播和媒体教育。随后，其学术报告出版为《传媒·教育·现代化》著作，把教育传播理论引入了中国。为了培养我国的教育传播与技术人才，1983 年，华南师范大学创办了新中国第一个教育技术学本科专业，2002 年创办新中国首批传播学本科专业，2003 年创建广东省第一个摄影本科专业，2007 年建立国家级信息传播实验教学示范中心。

提高 21 世纪高等教育人才培养质量的重点是加强大学生实践创新能力的培养。为此，华南师范大学国家级信息传播实验教学示范中心从 2002 年起对实验教学等进行了系列改革和创新探索。在“以生为本、行知并举”的实验教学理念指导下，创建了课程实验教学体系、校内实践创新体系、校外平台扩展体系的“三位一体”实验教学体系，实现课堂内实验、校内基地实训、校外基地实习有机融合。改革实验教学模式，创建了“三类型、五层次”实验教学模式，建构基本型、综合设计型、研究创新型三种类型实验，从课堂内的基本型实验扩展到校内基地的综合设计型实验，再扩展到校内外双基地的研究创新型实验。由原来单一的基础型实验，扩展为基础—综合—研究小循环的基本型实验；由原来单一课堂内的课程综合型实验，扩展为课堂外的专业综合设计型实验和跨专业综合实践；由原来单一的校外基地进行创新实践，扩展为校内外双基地进行创新实践。改革实验教学方法，以生为本，注重实验过程与方法，建构开放式、探究式、任务驱动型的实验教学方法，鼓励学生开展自主、协作、探究学习。强调知识、能力、素质协调发展的原则，注重学生实践创新活动，完善课程实验教学体系，开设信息传播实验系列课程，编写“21 世纪信息传播实验系列教材”，促进信息传播实践创新人才培养。

“21世纪信息传播实验系列教材”包括:《播音主持》、《传播学研究方法与实践》、《电视照明·电视音乐音响》、《广播电视摄、录、编》、《摄影》、《数字动画基础与制作》、《报刊新闻电子编辑》、《广告策划与创意》、《多媒体软件设计与开发》等。本实验系列教材在编写体例方面,每个实验项目内容原则上包括实验目的、实验预习要点、实验设备及相关软件、实验基本理论、实验内容与步骤、实验注意事项、实验报告等部分。本实验系列教材的特色是:以实验和实践项目为线索,把有关的知识点融合到实验和实践的每个步骤中,强调理论与实验操作的紧密结合,既注重信息传播技术能力的培养,更注重信息传播思维能力的训练,真正做到理论指导实践,以培养高素质的信息传播实践创新人才。

“21世纪信息传播实验系列教材”可作为信息传播相关专业——教育技术学、新闻学、传播学、广告学、广播电视新闻学和摄影等专业的实验教材,亦可作为教育技术工作者和传媒从业人员的参考用书。

黄慕雄 教授,华南师范大学教育信息技术学院副院长,传播学硕士点主持人,国家级信息传播实验教学示范中心副主任,广州市科技传播协会副理事长。

徐福荫 教授,博士生导师,华南师范大学教育信息技术学院信息传播研究所所长,国家级信息传播实验教学示范中心主任,国务院学位委员会教育学评议组成员,教育部高等学校教育技术学专业教学指导委员会主任委员。主持国务院学位办全国高校教育硕士专业学位现代教育技术研究生培养方案与专业必修课程标准制定,主持教育部高等学校教育技术学专业指导性专业规范研制。享受国务院政府特殊津贴。

前　言

《广播电视摄、录、编》实验教材是将广播电视节目的制作过程分成前期拍摄、后期编辑、后期合成三个阶段，每个阶段大致依据技术—艺术—综合的思路组织：拍摄阶段从认识摄像机入手，继而进入摄像操作，再到摄像艺术和综合拍摄实践；编辑阶段从掌握线性和非线性编辑技术入手，继而进入镜头剪接原则和编辑艺术再到短片编辑实践；后期合成主要包括特技、字幕的添加和声音的录制、编辑和配音。最后的电视短片创作综合实验，旨在为学生综合使用广播电视摄录编实验课程中所学习的知识和技能进行完整的电视节目创作提供机会，以激发学习者的热情，巩固学习者的学习成果。

本教材作者根据多年的实验课教学经验，并广泛听取了学生对这门课程的评价意见和改进建议，试图体现如下编写思路：1.强调对广播电视的一般制作流程、制作思维和制作技艺的学习和实践，不像以往的实验教材仅局限于学习特定设备使用的制作技能，从而保证让学习者获得可以广泛迁移的广播电视制作技能；2.超越具体的技能、操作层面，侧重体验和掌握电视制作中电视语言的基本语法和不同表达元素的使用规律，如侧重掌握不同类型特技的表达特点和恰当选用而非如何制作某种特技，侧重体会和掌握不同景别镜头的表达特点而非对景别概念的简单掌握等；3.强调明确的实验任务，确保学习者每次都能带着任务去学习实验内容，完成实验任务，以提高有限的实验设备和实验学时所能产生的人才培养效益，同时提升学生实验的目的性和实效性；4.强调对新的广播电视技术的研究和实践，广播电视数字化后其发展速度明显加快，高清电视、P2等广电制作技术日新月异，技术的进步带来了广播电视制作流程和制作思维的变革，同时也迫使我们重新思考广播电视制作许多现有的艺术规律，因此对广播电视新技术的探讨也是本书关注的重要内容。

本实验教材共有十个实验，由付俊完成编写，付俊、黄碧云，雎凌共同修订，并由付俊统稿。本书编写过程中得到了李育军、陈舒文、苏振南、彭甜芬的大力支持，在此对他们表示由衷的谢意。

目　录

实验一 认识摄像机

一、实验目的

在完成本实验的学习和实践后，学习者能够：

1. 了解摄像机的产生与发展。
2. 了解摄像机的分类与应用。
3. 了解摄像机的组成，掌握摄像机各按钮、开关的作用和使用方法。
4. 了解摄像机的使用注意事项和维护保养知识。

二、实验要求

本实验要求学习者完成：

1. 通过预习本实验内容和教师讲解，了解摄像机的产生与发展、分类与应用、使用注意事项和维护保养知识。
2. 通过教师讲解和实际操作，熟悉摄像机拍摄前的检查工作，并了解摄像机各开关、按键，以及附件的功用。
3. 能够对照摄像机实物复述各种功能键和按钮的作用和调节方法。

三、实验场地与器材

1. 外拍实验室(或大、中、小型演播室，配备灯光系统的均可)。
2. 广播级、专业级、家用级摄像机各三台(或根据实验学生人数配备)，但每种类型至少有一台。
3. 枪式、手持式、别针式、无线式外接话筒各一个。
4. 与摄像机配套的三脚架、楔板。
5. 与摄像机配套的电池、适配器。
6. 与摄像机配套的磁带、SD 卡、P2 卡等存储介质。
7. 各类视音频连接线(RCA 莲花插头视音频线、BNC 视频线、1394 连接线)。

四、实验预备知识

(一) 摄像机的产生与发展

摄像机是电视节目制作中最基本的设备。

从 1931 年第一只电视摄像管问世以来，随着摄像器件的不断发展，电视摄像机也得到不断发展。

20 世纪 50 年代，美国无线电公司(RCA)先后发明了超正析像管与视像管，提高了电视摄像机的灵敏度与清晰度。

20 世纪 60 年代，荷兰飞利浦(Philips)公司研制出氧化铅摄像管，为摄像机高性能化、小型化奠定了基础。

20 世纪 70 年代末期，摄像机的制造进入了微电子时期，这个时期的重要标志是微处理技术进入了摄像技术领域。由于微处理技术的广泛应用，使摄像机体积缩小、重量减轻、耗电量减少、功能增强、调节简单、使用更加方便。

20 世纪 80 年代，CCD(电荷耦合器件)等固体摄像器件开始逐渐取代摄像管，这些摄像器件具有体积小、重量轻、低功耗、长寿命、低惰性、光谱范围宽、防震、防冲击、防电磁等优点。

到了 20 世纪 90 年代，摄像机进入数字时代，并逐渐向高清晰度摄像机过渡。我国的广播电视现正处于高清和标清电视兼有的状态。

(二) 摄像机的分类

随着技术的进步，摄像机正不断向着小型化、高性能的方向发展，其用途越来越广，种类也越来越多。以下是几种常见的分类方法。

1. 按摄像器件的种类分类

分为摄像管式摄像机和固体摄像器件摄像机。摄像管由电子真空玻璃管制成，重量重、体积大、耗电量大、不防振，但清晰度高。广播电视的演播室现在还使用质量很好的氧化铅管摄像机。固体摄像器件是用半导体摄像器件作为图像传感器，它重量轻、体积小、耗电小、防振好，清晰度较高，目前已成为主流的摄像机成像器件。

目前，现场电视节目制作与电视新闻采访用的摄像机都用固体摄像器件摄像机。固体摄像器件有 CCD，CID(电荷注入器件)，MOS(金属氧化物半导体器件)，CPD(电荷诱发器件)等。用不同类型固体摄像器件装配的摄像机就称为相应的固体摄像机，如 CCD 摄像机。固体摄像器件摄像机按其装配固体摄像器件的数量可分为三片式、二片式和单片式三大类。例如，图 1-1 所示的 3CCD 摄像机。

图 1-1　3CCD 摄像机

2. 按摄像机成像器件的尺寸大小分类

分为 5/4，1，2/3，1/2，1/3 英寸摄像器件摄像机等。同一种摄像器件，它的尺寸越大，所拍摄的影像质量指标越高，但体积越大，重量越重。

3. 按摄录功能分类

分为普通摄像机和摄录一体机。摄录一体机是把摄像机和录像机结合成一体的电视设备。目前，绝大部分的家用级摄像机与电视新闻采访摄像机均为摄录一体机。

4. 按摄像机用途分类

分为广播级摄像机、专业级摄像机和家用级摄像机。

（1）广播级摄像机

广播级摄像机，是档次最高，也是价格最高的摄像机，主要应用于广播电视系统。

该档次摄像机所拍摄的图像质量最好，彩色、灰度都很逼真，几乎无任何失真，具有良好的暗场图像。在允许的工作范围内，广播级摄像机的图像质量变化很小，即使在寒冷、酷热、低照度、潮湿等恶劣的工作环境下，也能拍出令人比较满意的图像。其性能稳定，自动化程度高，遥控功能全面，但一般体积大、重量重、价格贵。

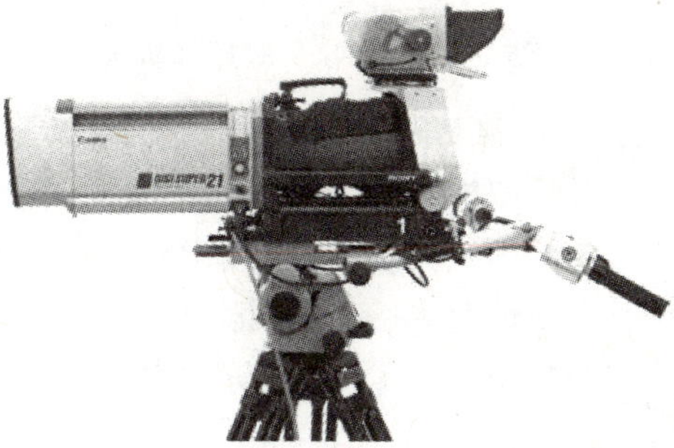

图 1-2　广播级演播厅摄像机

广播级摄像机又可分为演播厅摄像机（图 1-2）、现场节目制作摄像机（图 1-3）和电视新闻采访摄像机（图 1-4）。

图 1-3　广播级现场节目制作摄像机

图 1-4　广播级电视新闻采访摄像机

（2）专业级摄像机

专业级摄像机（图 1-5）用于电化教育、工业、交通、医疗、航天、水下摄像等，图像质量较好，但不如广播级摄像机。

图 1-5　专业级摄像机

(3) 家用级摄像机

家用级摄像机(图 1-6,1-7)图像清晰度、信噪比等指标较低,但价格低廉、小巧灵活、方便携带。

图 1-6 高端家用级摄像机

图 1-7 普通家用级摄像机

5. 按电视信号的处理方式分类

分为模拟电视摄像机和数字电视摄像机。模拟摄像机是将视音频信号用模拟方式记录在录像带上的摄像机,如采用 Betacam SP,VHS 和 V8 等记录格式的摄像机。数字摄像机是将视音频信号数字化后记录在磁带、硬盘或光盘上的摄像机,如采用 BETACAM SX,MPEG IMX,DVCPRO50 等数字格式的摄像机。

(三) 摄像机的维护和保养

早期的拍摄设备包括摄像机和录像机两个独立的设备,拍摄工作要有两个人合作完成,但随着设备集成度的提升,摄像机和录像机被集成为一个整体,因此现在人们常说的摄像机实际上是集成了摄像和录像功能的一个综合的拍摄设备,全称应为摄录一体机,摄录一体机中负责将光信号转变为电信号的部分叫做摄像单元,负责将电信号记录在存储介质上的部分叫做录像单元。本实验中如无特别说明,所提及的录像机均指摄录一体机的录像单元。

当前,摄像机虽然比较普遍,但仍然属于精密仪器设备,比较贵重,因而特别需要注意维护和保养。

(1) 摄录一体机的摄像单元与录像单元都要在规定的电压、温度与湿度范围内,在防尘、防震、防磁、防腐的环境下使用。

(2) 摄录一体机从阴冷处移到热处,或在潮湿处时,摄像单元的镜头与录像单元的磁鼓、磁头会凝聚一层雾水,此时不要急于擦抹镜头与磁鼓、磁头或开机工作,要先想办法将镜头与磁鼓、磁头的雾水吹干,才能开始工作。录像单元有测湿、去湿装置,如果机内潮湿,接通电源后录像单元的功能键不起作用,须等几十分钟后待雾水烘干才能正常工作。

(3) 摄像单元与录像单元的外壳不能用酒精、苯类溶剂冲洗,只能用干布擦抹。

(4) 镜头要经常进行清洁和保养。镜头是摄录一体机的眼睛,需要特别保护。由于镜头暴露在机身外面,很容易被灰尘、雨水等弄脏,造成镜头的自动光圈和自动对焦出现不准确的现象。这时,可以用干净的软布或镜头纸轻轻擦拭,也可以用吹风机吹去灰尘,或用干净柔软的刷子轻轻刷去灰尘,但不能用硬纸擦,更不能用手擦,如果镜头被油污或指纹弄脏,可用镜头清洁纸或干净的麂皮蘸上少许镜头清洁液或酒精,由镜片中心向四周以螺旋状轻轻擦拭。

(5) 录像单元磁头的清洁和保养。在正常的条件下,磁头的使用寿命一般只有 1000 小时左右,且极易损坏。当磁头磨损严重时,图像中的物体边缘会出现“拉毛”现象,当磁带重放时，电平和信噪比也会下降，因而其清洁和保养工作显得尤为重要。清洁磁头时，最好使用干净的软布蘸上清洁液或无水酒精清洗，将皮带靠在磁鼓的圆边上，用手缓慢转动磁鼓，沿磁鼓的水平方向擦拭。不能用棉花、纱布和松散的纤维织物擦拭磁头，以免纱布勾住磁鼓部件造成磁鼓损坏。此外，录像单元在录像、回放、暂停时，都会对磁鼓造成不同程度的磨损，所以录像的回放、暂停时间都不宜过长。

(6) 磁带的使用和存放。为了后期编辑时系统准确地衔接放机和录机的画面，编辑录像机有一个预卷的过程，一般为 5 秒钟，因而新磁带在使用前要先打开保护钮，录 1 分钟的彩条加 30 秒的彩场或空画面，每次重新开机拍摄时，第一个镜头也要多拍 5 秒以上的画面。磁带在潮湿和阴冷的环境中存放会产生粘连的现象，而过分干燥又会使磁带产生静电，吸附尘埃或变形，因此，磁带一般存放在温度为 20℃，湿度为 30%—45%的环境中为宜。为了避免变形，要把磁带竖放；为了防磁，要放置在远离磁场的场所，不要放在录音机、电视机、电机等电器附近。新磁带或长期不用的磁带发生粘连现象时，可快速进带或倒带一次，把磁带拉开后再使用。

(7) 电池的使用方法。除演播厅内的摄像机外，外录的摄像机一般采用蓄电池供电。拍摄外景画面时，拍拍停停，耗电量大，因而需要配备足够的电池，而且最好带上充电器。由于一些蓄电池具有记忆功能，用电不尽就充电，会减少充电量，因而每次充电前，先要把电用完，没用完的也要放掉。电池充满后，也不要继续长时间地充电。电池一般应保存在干燥、清洁和通风的地方，若长期不用，也要每隔一个月左右充一次电。

(8) 外接话筒的使用和维护。外接话筒是外出采访时所使用的话筒，一般配备有一条 5 米左右的话筒线。话筒在使用之前，要利用指示表进行调试，使用过程中，要注意避免碰撞，长期不用时，要将话筒内的电池取出。

(9) 对较长时间不使用的摄像机，要断开电源，装箱放置在常温干燥处。特别是在南方地区的梅雨季节，机器要定期通电，进行驱潮处理。搬运和运输摄像机时，应尽可能地将摄像机放入机箱内，以减轻搬运或运输途中的震动。

此外，三脚架、充电器、镜头盖、背带、楔板、机箱、雨衣等也是摄像机的常用附件，我们在使用过程中，要根据需要合理使用，切忌野蛮操作。

五、实验方法与步骤

(一) 认识摄像机

摄像机一般由镜头、寻像器、机身、话筒等部分组成，如图 1-8 所示。

图 1-8 摄像机的构造

1. 镜头

镜头是摄像机的眼睛，由若干组透镜组成，一般为变焦距镜头，如图 1-9 所示。

(1) HOOD(遮光罩)

遮光罩，是套在摄像机镜头前的常见附件，在拍摄时主要用来遮挡余光，如图 1-9 中的①所示。

(2) FOCUS(聚焦环)

聚焦环，位于镜头遮光罩之后，用来调节被摄物的虚实，以达到聚焦的目的，如图 1-9 中的②所示。在调节聚焦环时，顺时针方向旋转，镜头的焦点前移；逆时针方向旋转，镜头的焦点后移。

(3) Zoom Ring(变焦环)

变焦环，位于聚焦环与光圈环之间，用来改变视场角的大小，达到改变景别的目的，如图 1-9 中的③所示。该环与聚焦环之间的镜头固定部分上标有一组数字，并有一条指示线，用于指示镜头的焦距长短。最大数字除以最小数字，就是镜头的变焦倍数。

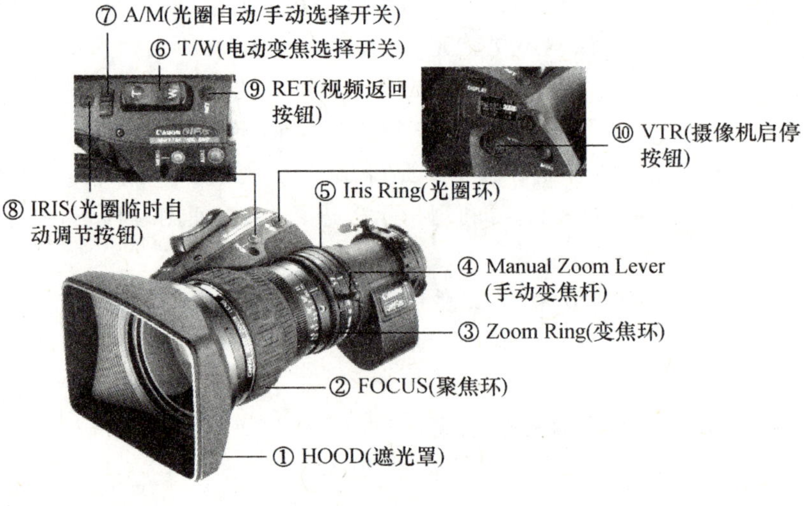

图 1-9 镜头的构成

(4) Manual Zoom Lever(手动变焦杆)

手动变焦杆，位于变焦环上，如图 1-9 中的④所示。当摄像机 MANU/SERVO(手动/自动变焦选择开关)置于手动(MANU)位置时，转动此杆可以达到手动变焦的目的。

如果镜头的自动变焦速度能达到自己的要求，就尽可能使用自动变焦，在需要拍摄急推、急拉，或自动变焦无法做到的镜头效果时再使用手动变焦。

(5) Iris Ring(光圈环)

光圈环，位于变焦环与后焦距调节环之间，如图 1-9 中的⑤所示。

光圈环上有一组数字，一般标注为 1.4，1.8，2，2.8，4，5.6，8，11，16，22 等字样，是光圈大小的标称值。在其前面有一条指示线，用来指示当前使用的光圈数值。光圈数值越大，通光量越小；数值越小，通光量越大，C 为关闭。

(6) MANU/SERVO(自动/手动变焦选择开关)

自动变焦选择开关,位于镜头操作手柄的上方,如图 1-9 中的⑥所示。当摄像机 MANU/SERVO 拨至 SERVO(自动)位置时,按此开关的两端,可实现 T(摄远)或 W(广角)。

自动变焦的速度可由开关选择,也可由按动的力度控制。当变焦速度开关置于 FAST 或用力按下时,变焦速度快;当变焦速度开关置于 SLOW 或轻按时,变焦速度慢。在镜头性能有效的范围内,变焦速度的变化是无级的,即变焦速度从最慢到最快的变化是连续可调的。使用时只要掌握好按动此开关的力量,就能得到自己所需的变焦速度。

(7) A/M(光圈自动/手动选择开关)

光圈自动/手动选择开关,位于镜头变焦开关的前面,如图 1-9 中的⑦所示。该选择开关用于选择光圈是处于自动调节状态,还是手动调节状态,A 为自动调节,M 为手动调节。

(8) Provisional Auto Iris(光圈临时自动调节按钮)

光圈临时自动调节按钮,位于光圈手动/自动选择开关的前面,如图 1-9 中的⑧所示。当光圈调节处于手动状态(光圈自动/手动调节开关拨至 M)时,如果按住此按钮,光圈就处于临时的自动调节状态,当把这个按钮松开时,光圈就固定于刚才自动调节的位置,如果需要还可再进行手动调节。此按钮可在手动光圈时为摄像师提供一个参考值。

(9) RET(视频返回按钮)

视频返回按钮,位于镜头变焦开关的后面,如图 1-9 中的⑨所示。

此按钮可以用于检查录像信号。在摄录状态下,按下此按钮,可以把摄像机记录的信号从摄像机 VTR(启停按钮)传送到寻像器,若有视频线路输入,按住此键时,摄像师可以在寻像器看到线路输入的视频信号,而不影响正在拍摄的影像。如果摄像机与摄像机控制器(CCU)相连接,按下此按钮可将返回的摄像信号从 CCU 传到寻像器,即可以将导播台上输出的信号反馈到寻像器屏幕上,以便于合成画面的特技制作。

(10) VTR(摄像机启停按钮)

摄像机启停按钮,位于镜头操纵手柄的后面,如图 1-9 中的⑩所示。摄录一体机,或摄像机与便携式摄像机一起连用时,这个按钮可控制摄像机的启停,第一次按下为录,第二次按下为停。

2. 寻像器

寻像器是摄像机拍摄时的观察窗,一般为 1.5 英寸(1 英寸约为 2.5 厘米)的黑白监视器。摄像师通过寻像器进行取景和构图,同时还可以通过寻像器显示的提示信息了解摄像机的工作状况,如图 1-10 所示。

寻像器主要包括以下几部分。

(1) Diopter Adjustment Ring(屈光度调节环)

屈光度调节环,用来调节目镜和寻像器的距离,以便使摄像师观察到清晰的图像,如图 1-10 中的①所示。

(2) BRIGHT(亮度控制钮)

亮度控制钮,用来调节从寻像器中看到的图像的亮度,但不会影响摄像机的输出信号,如图 1-10 中的②所示。顺时针调节时,亮度增加;逆时针调节时,亮度减小。

图 1-10 寻像器

(3) CONTRAST(对比度控制钮)

对比度控制钮,用来调节从寻像器中看到的图像的对比度,不影响摄像机的输出信号,如图 1-10 中的③所示。顺时针调节时,对比度增加;逆时针调节时,对比度减小。

(4) PEAKING(峰值控制钮)

峰值控制钮,用来调节寻像器中图像的轮廓,以提高图像的锐度,以便聚焦,该调节不影响摄像机的输出信号,如图 1-10 中的④所示。

(5) ZEBRA(斑马纹开关)

斑马纹开关,用来在寻像器上显示斑马纹图形,为手动光圈的确定提供参考,如图 1-10 中的⑤所示。当此开关拨置 ON 位置时,寻像器画面上 70%～80%以上的亮度部分会出现斑马纹图形,可通过它来判断曝光量的大小。斑马纹多,则曝光量大;斑马纹少,则曝光量小。

(6) TALLY(演播指示开关)

演播指示开关,用来控制记录指示灯,如图 1-10 中的⑥所示。当 TALLY 开关拨置 HIGH 位置时,记录指示灯的亮度增加;拨置“OFF”时,记录指示灯关闭;拨置“LOW”时,记录指示灯的亮度降低。

3. 机身

机身,是摄像机的主体部分,也称主机或机头,载有摄像机的所有元部件。其内部为摄像器件和各种电路处理系统,一般无需使用者调节;外部有各种功能调节按钮和输入、输出插口,机型不同,按钮、插口的位置稍有差别,但基本大同小异。下面以 Panasonic AJ-D908MC 摄像机为例,进行介绍。

机身包括以下几个部分。

(1) POWER(电源开关)

电源开关,位于摄像机机身左侧面板的左下角,是摄像机电源的总开关,如图 1-11 中的①所示。开机拍摄时要将此开关拨置 ON 的位置,关机时将此开关拨置 OFF 位置。

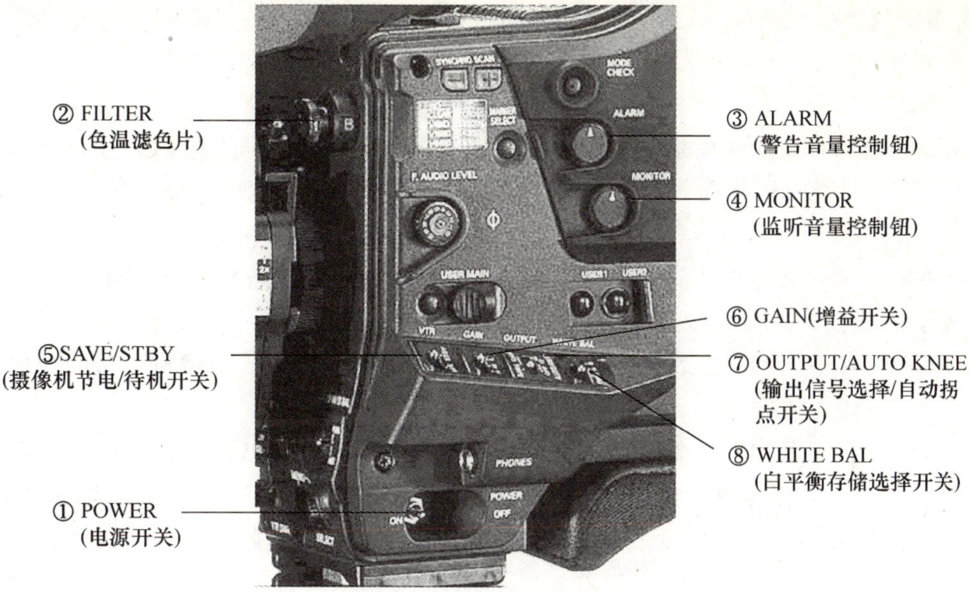

图 1-11　机身左前侧面板

(2) FILTER(色温滤色片)

肉眼直接观察光源时,所看到的颜色是用色温来度量的,当某一类光源与绝对黑体在某一特定温度下辐射的光有相同特性时,这个特定温度就被定义为该光源的色温。

当拍摄环境的色温不符合摄像机本身的要求时,就不能得到良好的色彩还原,此时,可选择色温滤色片加以补偿。色温滤色片的调节旋钮如图 1-11 中的②所示。

(3) ALARM(警告音量控制钮)

用于调节扬声器或与 PHONES(耳机插孔)相连的耳机的报警音量,如图 1-11 中的③所示。当该控制钮在最低位置时,监听耳机将听不到报警声音。

(4) MONITOR(监听音量控制钮)

用于调节外接的监听扬声器或监听耳机的音量,如图 1-11 中的④所示

(5) SAVE/STBY(摄像机节电/待机开关)

摄像机节电/待机状态设定开关位于摄像机左侧面板的左下方,有 SAVE 和 STBY 两个位置,如图 1-11 中的⑤所示。当摄像机暂时停止摄制时(REC PAUSE 状态),使用此开关选择电源模式。

① SAVE:磁带保护模式,磁鼓停在半加载状态。与 STBY 状态相比,电源消耗更少,电池保证的操作时间有所延长。同时,与 STBY 状态相比,在 VTR START(摄像机启停键)按下后需要较长时间开始录制。

② STBY:待机模式,当摄像机处于该模式时,当 VTR START(摄像机启停键)按下时,摄制立即开始,当摄像机设定在该状态下的时间超过等待时间后,将自动转到 SAVE 模式。

(6) GAIN(增益开关)

增益开关,位于摄像机左侧面板的左下方,与 VTR 开关并排,如图 1-11 中的⑥所示。此开关能够同时放大摄像机的图像信号和噪声信号,主要用于在低照度情况下补偿图像的

亮度，有多个数值可供选择，数值越大，图像信噪比下降得越多。拍摄期间，此开关根据光照情况选择视频放大器的增益。出厂设置为 0 分贝、9 分贝和 18 分贝三挡。

(7) OUTPUT/AUTO KNEE(输出信号选择/自动拐点开关)

该开关位于摄像机左侧面板的左下方，与 VTR 开关并排，用来选择从摄像机单元输出到录像机单元、取景器或视频监视器的视频信号，如图 1-11 中的⑦所示。此开关有以下三项设置：

① BARS：彩条信号输出选择开关，当需要调节视频监视器或要记录彩条信号时，要将此开关置于该位置。

② AUTO KNEE OFF：在拍摄状态下，开关在该位置时，输出摄像机拍摄的图像，但不启动自动拐点功能。

③ AUTO KNEE ON ：在拍摄状态下，开关在该位置时，输出摄像机拍摄的图像，并启动自动拐点功能。当摄像机拍摄处于非常亮的背景前的人或物时，如果根据人或物来调节图像电平，背景会过白，同时背景中的景物将会模糊不清，若启动自动拐点功能，则背景能呈现清晰的细节。

(8) WHITE BAL(白平衡存储选择开关)

该开关位于摄像机左侧面板的左下方，与 VTR 开关并排，用于记忆白平衡调节的数值，如图 1-11 中的⑧所示。此开关有以下两种设置：

① PRST(预置位置)：在应急状态下，来不及调节白平衡时，可将此开关置于此位置。

② A 或 B 位置：当 AUTO W/B BAL 拨置 AWB 时，白平衡根据滤色片的位置设定自动调节，且将调节值保存在存储器 A 或 B 中。

(9) AUTO W/B BAL(自动白/黑平衡调节开关)

自动白/黑平衡调节开关如图 1-12 中的①所示：

图 1-12　机身前侧

当此开关置于 ABB 位置时，摄像机可自动调节黑平衡，并将调节值自动存储起来。

当此开关置于 AWB 位置时，摄像机可自动调节白平衡，并将调节值自动存储起来。

(10) SHUTTER(快门开关)

快门开关，用来改变电子快门的速度，为拍摄的素材在后期编辑时进行慢动作处理提供高质量的运动图像；也可用来拍摄电脑屏幕时，消除屏幕闪烁现象，使画面稳定，如图 1-12 中的②所示。

使用快门开关时将此开关置于“ON”位置，反之置于“OFF”位置。置于“SEL”位置时，快门速度和模式显示在设置菜单预置的范围内变化。

(11) Battery storage(电池仓)

电池仓,如图 1-13 中的①所示。用来安放电池,同时对电池起保护作用。

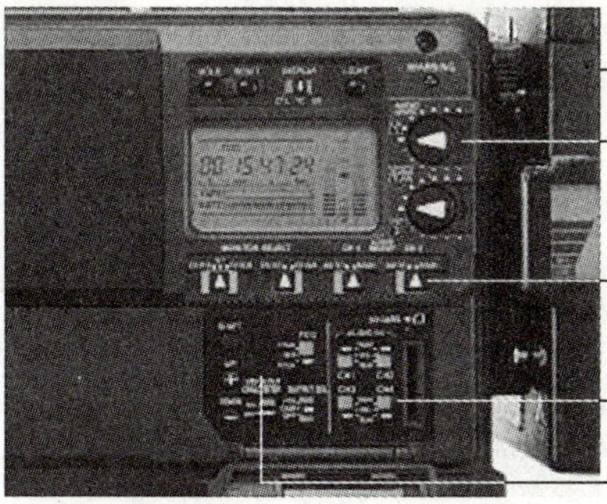

图 1-13　机身左后侧面板

(12) 音频输入通道 1/2 的 AUDIO LEVEL CH1/CH2(录音电平调节控制钮)

音频通道 1/2 的录音电平调节控制钮,如图 1-13 中的②所示。当 AUDIO LEVEL CH1/CH2 开关设为 MAN 时,音频通道 1/2 的音频电平可以用这些控制钮调节。

(13) 音频通道 1/2 的 AUDIO SELECT CH1/CH2(录音自动/手动电平调节选择器开关)

音频通道 1 和 2 的录音自动/手动电平调节选择器开关,如图 1-13 中的③所示。该控制钮,用来选择调节音频通道 1/2 的音频电平的方法,AUTO 为自动,MAN 为手动。

(14) AUDIO IN(音频输入选择器开关)

音频输入选择器开关,如图 1-13 中的④所示。该开关用于选择要录制在音频通道 1,2,3,4 上的输入信号。

FRONT:来自 MIC IN 插孔的麦克风输入信号被录制。

W. L.(无线):来自插槽式无线麦克风接收器的输入信号被录制。

REAR:来自 AUDIO IN CH1/CH2 插孔的音频输入信号被录制。

(15) MONITOR SELECT(音频监听选择开关)

音频监听选择开关如图 1-13 中的⑤所示。该开关用来选择输出的音频通道,摄像机记录的声音可以从扬声器或耳机中听到。

(16) AUDIO IN CH1/CH2(音频输入通道 1/2 接口)

音频输入通道 1/2 接口,如图 1-14 中的①所示。使用音频组件或话筒时,将其接在此处。

图 1-14　机身后侧

(17) AUDIO OUT(音频输出接口)

音频输出接口如图 1-14 中的②所示。此接口可将音频输出到其他音频组件。

(18) PHONES(耳机插孔)

耳机插孔如图 1-14 中的③所示。将耳机插入此插孔,在耳机中可监听声音的录制效果,此时,扬声器变为静音。

(19) DC IN(外部电源输入接口)

外部电源输入接口如图 1-14 中的④所示。当主机使用交流电源时,将交流适配器插入此口。用外接电池组时,也将外接电池组的电源线插入此口。

(20) VIDEO OUT(视频输出插孔)

视频输出插孔如图 1-14 中的⑤所示。此插孔可与摄像机或监视器的视频输入插孔相连接。

(21) GENLOCK IN(锁相入接口)

锁相入接口如图 1-15 所示。摄像机部分要进行锁相操作,或者要将时码锁定到外部时,可将基准信号接入此接口。该接口使用 BNC 型接口。

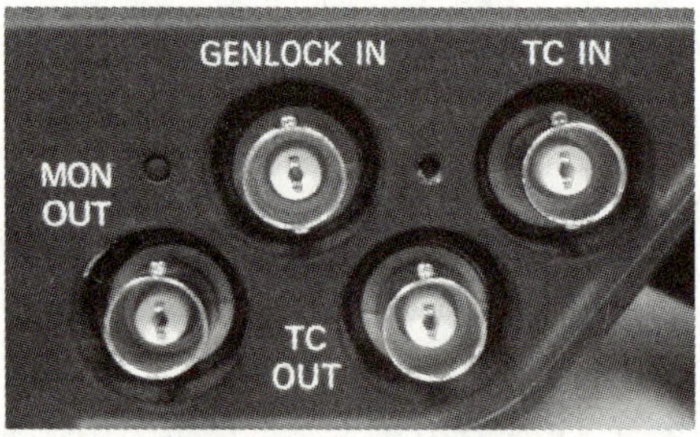

图 1-15 锁相入接口(GENLOCK IN)

4. 附件

附件是配合摄像机工作的装备,有些是必需的,有些则可选。主要有以下一些:

(1) 存储介质(磁带、SD 卡、P2 卡、蓝光盘等,如图 1-16、1-17、1-18 所示):摄像机一般都配有适配的盒式录像带。

图 1-16 磁带

正面　　背面

图 1-17 SD 卡

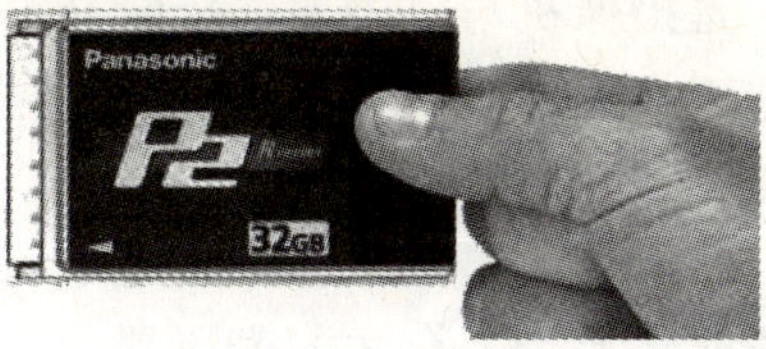

图 1-18　P2 卡

(2) 三脚架：如图 1-19 所示，可以减轻长时间持机拍摄的疲劳，起到很好的稳固作用。在拍摄时要检查三脚架的各个支架是否拉伸自如，各个固定螺丝能否旋紧。

图 1-19　三脚架

(3) 各类连接线缆：如图 1-20、1-21、1-22 所示，用来给摄像机提供电源及记录摄像机输出的音视频信号等。

图 1-20　RCA 莲花插头视音频线

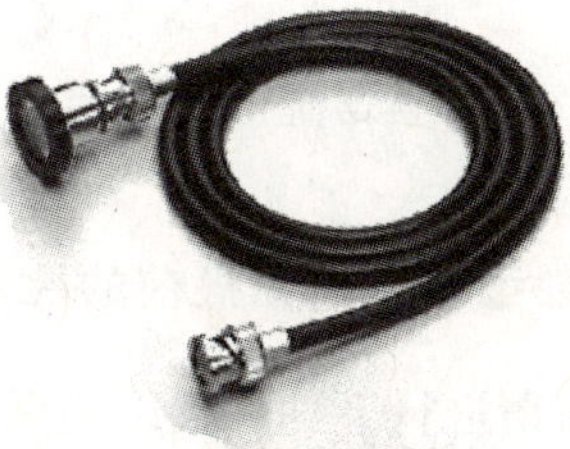

图 1-21　BNC 视频线

图 1-22　1394 连接线

（4）楔板：如图 1-23 所示，是摄像机与三脚架连接时必不可少的附件。

（5）电池：如图 1-24 所示，现在的摄像机大都采用蓄电池，在外出拍摄时，要检查电量是否充足。

（6）充电器：如图 1-25 所示，所有的摄像机都配有充电器。连续、长时间地拍摄时一定要带上充电器，甚至在外地拍摄时还要带上合适的变压器和转换插头。

图 1-23　楔板

图 1-24　电池

图 1-25　充电器

（7）外接话筒：如图 1-26 所示，为了更清晰、准确地录制现场同期声，大多数摄像机都配有外接话筒，常见的有枪式、手持式、别针式及无线话筒等类型。

（8）机箱：如图 1-27 所示，摄像机属于精密仪器设备，一般都配有专用的或特别配制的机箱。为了防止撞击和剧烈震动对摄像机的损害，摄像机在长途运输时一定要装箱。

（9）雨罩、棉衣：如图 1-28 所示，在雨中拍摄或者在寒冷天气下拍摄时，要给摄像机穿上专用的雨衣或棉衣。

图 1-26　外接话筒

图 1-27　机箱

图 1-28　雨罩

（二）熟悉摄像机拍摄前的检查工作

拍摄前请进行下列检查以确保系统工作正常。建议使用彩色监视器检查所拍摄的图像。

1. 检查准备

（1）插入充满电的电池。

（2）将 POWER 开关拨至 ON，确保 HUMID 显示没有出现，且电池至少有 5 段 BATTERY 显示点亮。如果 HUMID 显示出现，请一直等到它熄灭。如果电池只有不到 5 段 BATTERY 显示点亮，请换一个充满电的电池。

（3）确认盒式磁带仓或顶板附近没有电缆后，按下 EJECT 键打开盒式磁带仓。

（4）检查下列各项内容后，请装上盒式磁带，然后关上盒式磁带仓。

① 盒式磁带没有设置为防误抹模式。

② 磁带没有松弛情况。

③ 磁带没有结露情况。

2. 检查摄像机单元

(1) 将变焦设为自动变焦模式，在此模式下检查其操作。当变焦设为摄远和广角位置时，检查图像变化，体会自动变焦的速度和按动自动变焦选择开关力度的关系。

(2) 将变焦设为手动变焦模式，在此模式下检查其操作。转动手动变焦杆，当变焦设为摄远和广角位置时，检查图像变化，体会手动变焦的速度和转动手动变焦杆速度的关系。

(3) 对准某一物体，旋转聚焦环，确认能正常聚焦，体会聚焦环顺时针和逆时针旋转时，焦点的变化情况。

(4) 将光圈设为自动调节模式，将镜头对准不同亮度的物体，确认自动光圈调节起作用。

(5) 将光圈设为手动调节模式，转动光圈环，确认手动光圈被调节，在手动/自动光圈两种调节模式下，分别进行推拉、摇移、逆光拍摄，观察图像亮度的变化有什么不同。

(6) 当按住自动即时光圈调节键时，将镜头对准不同亮度的物体，确认自动即时光圈调节功能起作用。

(7) 将光圈恢复到自动调节模式，将 GAIN(增益开关)的设置分别切换到 L、M、H，观察光圈的调节和增益设置的切换之间有什么关系。根据观察判断对于同样亮度的物体，光圈的调节和增益的设置之间是什么关系。

3. 检查录像机单元

(1) 将 VTR SAVE/STBY 开关设为 SAVE，并检查寻像器内 VTR SAVE 灯点亮。

(2) 将 VTR SAVE/STBY 开关设为 STBY，并确认 VTR SAVE 灯熄灭。

(3) 将 TCG(时间码选择器)开关设为 R-RUN。

TCG(时间码选择器)开关用于设置时间码发生器的运转模式。

① F-RUN：若不管录像机操作如何，均要使时间码始终运转，则设置在此位置。此位置用于使时间码与时间或外部锁定时间码一致。

② SET：要设置时间码或用户比特时，则设置在此位置。

③ R-RUN：要使时间码仅在录制期间运转，则设置在此位置。

(4) 将 DISPLAY 开关设为 CTL(相对时间码)。

DISPLAY 开关用于在计数器显示段显示 TC 时间码、CTL 时间码或用户比特值。

① UB：显示用户比特值，是一种与时间码类似的计数方式。在此模式下，可显示磁带的时间，也可显示日期，显示取决于录像机菜单中 DISPLAY SELECT(显示选择)的设置。如设置为“CLOCK”时，显示日期和时间；设置为“COUNTER”时，显示 TC 或 UB。

② TC：显示 TC 时间码。TC 时间码计数是一种为了获得电子编辑工作更高自动化和提高电子编辑精确程度的计数方法。它与 CTL 时间码信号不同，它是一种绝对电子码，计数器的清零按钮对它不起作用。它的时间是由录像机内部的时间码发生器产生的。时间码发生器的运作方式分为自由运行和记录运行两种模式。自由运行是不论录像机是否记录，时间码发生器的时间都在走字；而记录运行只有在录像机录制时，时间码才会走字。

③ CTL：显示 CTL 时间码。CTL 计数器可显示控制磁迹。控制磁迹是一种脉冲信号，在录像机录像时，机器自动每帧产生一个脉冲，并将其记录在录像带的 CTL 控制磁迹轨道上。CTL 计数器就是计算这个脉冲的个数，来确定磁带走的多少，以达到计数的目的。

(5) 按下本机的 VTR START 键,检查并确认。

① 收带轮转动。

② 寻像器内的 REC 灯点亮。

③ 显示窗内不出现 RF 和 SERVO 显示。

(6) 再次按下本机的 VTR START 键,停止磁带的走带,寻像器内的 REC 灯熄灭。请通过实际操作体会摄像机在 VTR SAVE/STBY 两种模式下,按下 VTR 键后,开始录制等待时间的长短。

(7) 使用位于镜头上的 VTR 键重复步骤(5)和步骤(6)的操作。

(8) 按下复位键 RESET,确认计数器显示为"00:00: 00:00"。

(9) 将 LIGHT 开关设为 ON,确认显示窗口点亮。

(10) 按下倒带键 REW,将磁带倒带几秒钟,之后按下 PLAY/PAUSE 键。检查磁带录制、播放和倒带正常。

(11) 按下快进键 FF,确认磁带快进正常。

4. 检查自动音频电平调节功能

(1) 将 AUDIO SELECT CH1 和 CH2 开关设为 AUTO。

(2) 将 AUDIO IN CH1 和 CH2 开关设为 FRONT。

(3) 将连到 MIC IN 插孔的麦克风对准合适的声源,CH1 和 CH2 的电平显示变化反映了声音强度的变化。

5. 检查手动音频电平调节功能

(1) 将 AUDIO IN CH1 和 CH2 开关设为 FRONT。

(2) 将 AUDIO SELECT CH1 和 CH2 开关设为 MAN。

(3) 转动 AUDIO LEVEL CH1 和 CH2 控制钮。确认顺时针转动时,电平显示增加。

6. 检查耳机和扬声器

(1) 将 VTR SAVE/STBY 设为 STBY。

(2) 转动 MONITOR 控制钮,并确认扬声器的音量变化。

(3) 将耳机连到 PHONES 插孔。检查扬声器被静音,且在耳机内可以听到来自麦克风的声音。

(4) 转动 MONITOR 控制钮,并检查耳机的音量变化。

7. 使用外部麦克风进行检查

(1) 将外部麦克风连到 AUDIO IN CH1 和 CH2 插孔上。

(2) 将 AUDIO IN CH1 和 CH2 开关设为 REAR。

(3) 根据外部麦克风的电源类型,将后面板上的 LINE/MIC/+48V 选择开关设为 MIC 或+48V。MIC 表示使用内部供电麦克风,+48 表示使用外部供电麦克风。

将麦克风对准声源,并检查显示窗和寻像器上音频电平计的显示变化。也可以通过把一个麦克风依次连接到每一个通道进行检查。

(三) 摄像机部件复述练习

三人为一组,参照摄像机实物,依据表 1-1 中列出的摄像机各部件的名称,识别相关的部件和功能键,并复述各部件和功能键的作用。

表 1-1　摄像机部件及按钮功能复述表

部件/功能键名称	英文标识	功能和作用
一、镜头		
聚焦环		
自动变焦选择开关		
光圈自动/手动选择开关		
光圈临时自动调节按钮		
视频返回按钮		
录像机启停按钮		
二、寻像器		
亮度控制钮		
对比度控制钮		
峰值控制钮		
斑马纹开关		
演播指示开关		
三、机身		
电源开关		
色温滤色片		
警告音量控制钮		
监听音量控制钮		
增益开关		
输出信号选择/自动拐点开关		
白平衡存储选择开关		
自动白/黑平衡调节开关		
快门开关		
电池仓		
音频通道 1 和 2 录音电平调节控制钮		
音频通道 1 和 2 录音自动/手动电平调节选择器开关		
音频输入选择器开关		
音频监听选择开关		
音频输入通道 1/2 接口		
音频输出接口		
耳机插孔		
外部电源输入接口		
视频输出插孔		
锁相入接口		

六、实验注意事项

1. 注意防雨、防潮、防尘、防强磁、防震、防摔。

(1) 防雨。摄像机在拍摄时请勿遭雨淋，如果确有拍摄需要，一定要做好防雨措施，如在摄像机上加装遮雨罩等。在雨天室外使用过的摄像机一定要进行除湿处理，粘在机身上的、镜头上的水迹、污迹一定要及时擦去，并放入有干燥剂的干燥箱内。

(2) 防潮。摄像机的磁头属于易损部件，寿命除了和磁头的材料以及使用的磁带质量有关外，还和使用环境中空气的湿度密切相关。空气湿度越大，视频磁头磨损越快，一般情况下，磁头工作在相对湿度为40%时寿命最长，所以使用和保存摄像机的环境湿度保持在40%左右最为适宜。

(3) 防尘。灰尘等落在镜头上会影响摄像的清晰度，还会增加调节开关和旋钮的惰性，磁头和磁带在拍摄中做着相对高速运动，落在磁头或磁带上的灰尘会损伤磁头和磁带。为了防止灰尘侵入摄像机污染机芯、磁鼓、寻像器、液晶屏和镜头，必须采取有效的防尘措施。例如，在风沙环境中拍摄时，最好使用防尘罩，或自己制作简易的防尘袋包住机身等。携带摄像机时，应将摄像机放入专用包或箱内，停止拍摄时要随时盖好镜头盖，最好在镜头前面安装一个UV镜，它可以有效地防止灰尘和雨滴侵入镜头。

(4) 防强磁。由于在强磁场中，摄像机拍摄的图像会失真，因此最好不要在强磁场中存放和使用摄像机。

(5) 防震、防摔。如果要携带摄像机外出拍摄则要注意防震、防摔。外出旅行途中应取出电池和磁带，要避免使摄像机受到剧烈震动。不要在不平稳的地面或人多的地方使用三脚架自拍，以防三脚架被游人撞倒，尽量不要让小孩操作摄像机。同时要远离磁场、电场，在工作中不要任意切断电源，特别是在装带、退带过程中不要突然切断电源，因为摄像机的所有功能，包括机械部分的动作都是有微电脑控制指挥的，在摄像机工作过程中切断电源后再接通电源，很可能造成控制中断、动作混乱，损坏录像带并使机械转动部件产生错位而不能使用。

2. 拍摄前，要将摄录系统连接好，不要接通电源后才接线，以免因接错线而损坏设备。

3. 拍摄时，尽量避免摄像机长时间对着强光源，尤其是不能直接对准太阳。否则会对摄像机的成像器件造成损伤，严重的会在图像上形成垂直拖影，摄像机的寻像器和打开的液晶屏幕也应避免强光的长时间照射。

4. 拍摄时，不要经常或长时间使用“暂停”键，否则，容易磨损磁鼓、磁头、磁带。

5. 摄像完毕，首先关闭摄像机的光路，将镜头盖罩住镜头，然后断开电源，将放在三脚架上的摄像机置于水平状态，最后用干净布盖上摄像机与录像机的外壳，防止灰尘进入机内。

七、实验记录方式

1. 利用提供的“摄像机功能复述表”记录摄像机各部件、旋钮、按钮、开关的功能和主要作用。

2. 对摄像机进行拍摄前的检查工作，调节摄像机上的各旋钮、开关，通过摄像机寻像器和外接显示器观察图像变化，并记录图像的变化情况，加深对相关功能键作用的理解。

八、实验讨论与评价

通过小组合作学习和讨论，准确掌握摄像机各功能键的使用方法。本次实验的评价将依据学生对摄像机部件及各种旋钮、按钮、开关的功能和主要作用的掌握情况进行。

九、实验报告

1. 填写摄像机部件及按钮功能复述表(表 1-1)中的相关内容。

2. 写出对摄像机进行拍摄前的检查步骤，以及调节摄像机各功能键时摄像机图像的变化情况，并总结各功能键的使用方法及功能。

3. 思考题：

(1) 在对摄像机进行检查时，如果 HUMID 显示出现，为什么要一直等到它熄灭？

(2) 自动变焦的速度和手动变焦的速度分别和哪些因素相关？

(3) 在聚焦过程中，顺时针和逆时针旋转聚焦环时，焦点是怎样变化的？

(4) 在手动/自动两种光圈调节模式下，分别进行推拉、摇移、逆光拍摄，观察图像亮度的变化规律。

实验二　摄像机的基本操作

一、实验目的

在完成本实验的学习和实践后，学习者能够：

1. 掌握摄像机的基本操作流程。
2. 掌握寻像器、白平衡、光圈、聚焦和变焦的调节方法。
3. 掌握固定执机、肩扛执机、徒手执机三种执机方式的摄像方法。

二、实验要求

本实验要求学习者完成：

1. 分别进行寻像器、白平衡、光圈、聚焦和变焦的调节练习，并掌握调节方法。
2. 分别进行固定执机、肩扛执机、徒手执机的拍摄练习。
3. 认真完成本实验"实验方法与步骤"中"提高练习"部分的各项操作，认真记录完成每项提高练习的具体操作方法，并理解这些操作方法所依据的原理。

三、实验场地与器材

1. 户外实验，也可以在灯光条件良好的大/中/小型演播室进行。
2. 广播级/专业级摄像机多台(视设备配备条件和学生人数而定)。
3. 与摄像机配套的三脚架。
4. 监视器。
5. 白平衡调节卡(或其他白色质地的物质，如白纸、纸巾等)。

四、实验方法与步骤

摄像机是电视节目声画采集的前端设备，摄像师正是依靠它来摄录视觉形象，表现现实生活中各种事物的本来面貌，创造出节目需要的画面形象。为此，摄像师必须充分了解摄像机，在熟练掌握其使用方法的基础上达到对摄像机的灵活使用，方能拍出美观、生动、符合编导要求的画面素材。

摄像机的操作主要包括安装电源和存取介质，黑白平衡调节，手动/自动拍摄模式的选择，查看视频返送，寻像器的调节，光圈的调节，聚焦的调节，变焦的调节等，下面将以 Panasonic AG-HPX173MC 和 Panasonic AJ-D908MC 两款摄像机为案例，逐一对这些操作予以介绍。

(一) 安装电源和存取介质

以 Panasonic AJ-D908MC 为例，请结合图 2-1 理解下述操作步骤：

(1) 装入充满电的电池。

(2) 将电源开关 POWER 设为 ON。

(3) 检查 HUMID(潮湿度)显示是否点亮，且剩余电量显示至少有 5 段点亮。

如果 HUMID 显示点亮，请等它熄灭。当摄像机由温度低的地方移到温度高的地方时，磁鼓和导带机构可能会结露。当结露发生时，摄像机会出现“HUMID”结露显示，摄像机除装取磁带功能正常外，其他功能均不起作用，并有报警声音响起，此时，应该立即停止工作，放到干燥的环境中，待结露完全消除后，方可使用。

图 2-1 AJ-D908MC 拍摄准备步骤

如果剩余电量显示只有不足 5 段点亮，请首先检查电池设置。如果电池设置没有问题，请换一个充满电的电池。

(4) 确认盒式磁带仓和顶板上没有电缆缠绕，然后按下摄像机上方的弹出键(EJECT)打开盒式磁带仓。

(5) 插入盒式磁带，关上盒式磁带仓，注意在插入磁带前要检查磁带的防误抹开关拨片的位置和磁带的松弛情况。

以 Panasonic AG-HPX173MC 为例，请结合图 2-2 理解下述操作步骤：

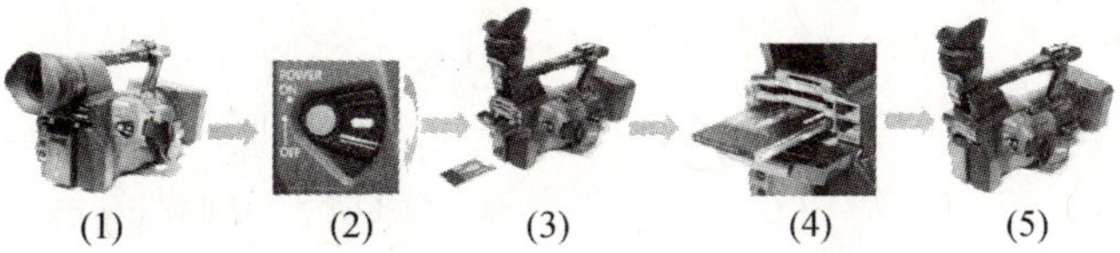

图 2-2 AG-HPX173MC 拍摄准备步骤

(1) 装入充满电的电池。

(2) 将 POWER 开关设定为 ON。

(3) 将寻像器抬高，按下卡插槽盖 A 的侧面，滑动仓盖 B 以将其打开。

(4) 将 P2 存储卡牢固地插入卡槽。

(5) 沿箭头所指方向推动 P2 卡弹出按钮，并关闭卡的插槽盖。

(二) 调节黑白平衡

1. 白平衡的调节

白平衡的调节是为了确保在照明条件发生变化时图像中的白色还原良好，图像的色调保持自然。

白平衡的调节包括粗调和细调两个过程。所谓粗调指的是根据当时的光源情况选择适当的色温滤色镜，是在大范围内的调节。细调是真正的线路调节，它可以保证正确的色彩还原。

在下列情况下,需要对白平衡进行调节:

① 刚拿到摄像机,不知道摄像机的状态如何。

② 拍摄时光源色温发生了变化。

③ 拍摄环境的光源照度发生了变化。

④ 改变了所选用的滤色镜。

⑤ 使用时超过了摄像机白平衡的有效记忆时间。

(1) Panasonic AJ-D908MC 的白平衡调节

① 按图 2-3 所示设置开关。

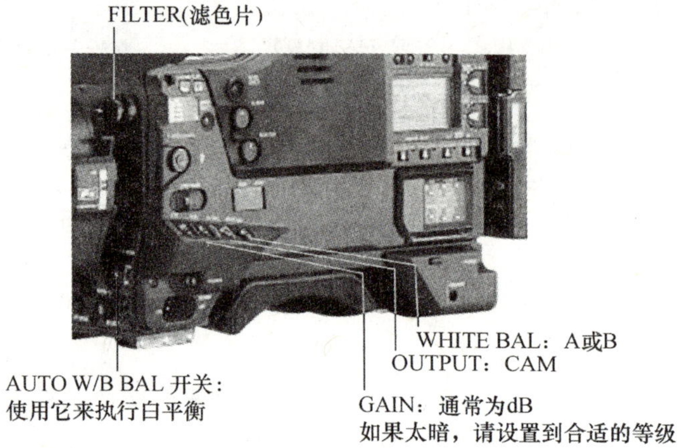

图 2-3　白平衡调节开关设置

② 根据照明条件,选择 FILTER(滤色片)控制按钮设置。

③ 在与照亮被摄对象的光源同样条件的地方建立白色图形,将镜头推近并在屏幕上拍摄此白色图形。被摄对象附近的白色物品(如白布或白墙)可用做白色图形的替代物。注意此时应保证摄像机所拍摄的画面上没有高亮度斑点,并保证白色物体置于画面中心。要求白色物体尺寸如图 2-4 所示。

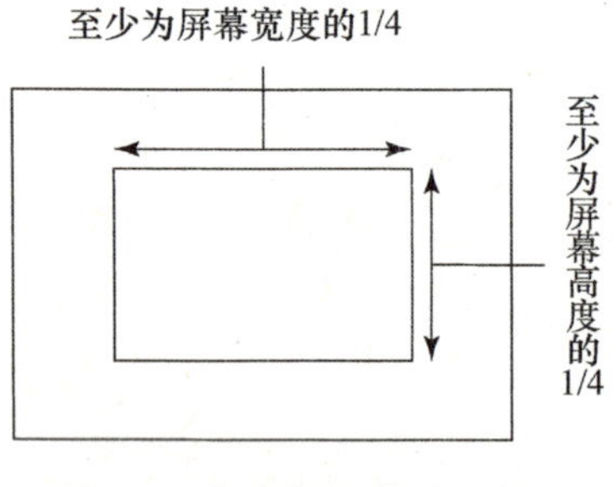

图 2-4　白平衡调节时要求寻像器充满白色的尺寸

④ 调节镜头光圈。

⑤ 将 AUTO W/B BAL(自动白/黑平衡开关)拨至 AWB(自动白平衡),然后释放开关。开关回到中央,此时摄像机开始自动调节白平衡,白平衡自动调节期间,若再次将 AUTO W/B BAL 按向 AWB 侧,则调节操作将停止。此时的调节即是自动调节前的值。

⑥ 调节进行时,取景器屏幕上会出现如下提示信息。

AWB ACTIVE

⑦ 几秒钟后,看到取景器屏幕上显示如下信息,表示白平衡调节完毕。此时的调节值会自动保存在第一步设置的白平衡存储器 A 或 B 内。

AWB A OK 3.2 K

⑧ 如果滤光片被设置在3200开，当被摄对象的色温低于2300开或高于5600开时，会出现如下的白平衡调节提示信息。向下箭头表示色温低于显示温度；相反，向上箭头表示色温高于显示温度。

AWB A OK 2.3 ↓

拍摄时如果没有时间调节白平衡，可将WHITE BAL（白平衡开关）设为PRST（预置状态）。摄像机会根据FILTER（滤色片）的设定使用预先设定好的白平衡值。

当白平衡调节未能正确完成，将在取景器屏幕上出现表2-1所列的某一种出错提示信息。显示出错信息时，请采取推荐的措施，并尝试再次调节白平衡。如果重复尝试后，出错信息仍然存在，必须检查本机内部。

表2-1 与白平衡相关的摄像机提示信息

提示信息	意义	推荐的措施
COLOR TEMP HIGH	色温太高	请选择合适的滤光片
COLOR TEMP LOW	色温太低	请选择合适的滤光片
LOW LIGHT	光照不足	请增加光量，开大光圈或提高增益
LEVEL OVER	光照太强	请减少光量，缩小光圈或降低增益
UNSTABLE CONDITION	拍摄条件不稳定（在荧光灯、非稳定的摄像机姿态等条件下拍摄）	请安装摄像机稳定装置或开启摄像机快门
CHECK FILTER	滤光片选择控制钮的设置位置不正确	请检查滤光片，选择控制钮

（2）Panasonic AG-HPX173MC的白平衡调节

① 如果摄像机处于自动模式中，就使用AUTO/MANUAL（自动/手动切换开关）切换到手动模式。

② 设置快门速度。

③ 将一幅白色图案放在光线条件和光源相同的位置当做拍摄物体，然后放大并用白色填充整个显示屏。也可以用物体附近的白色物品（如白布或白墙）代替。

④ 将WHITE BAL设置为A或B。

⑤ 按AWB按钮开始调节白平衡，该过程约需要几秒钟的时间，以下信息会显示在显示屏上。

调节时的提示：

AWB ACTIVE

调节后的提示：

AWB Ach OK

- 如果ATW（自动跟踪白平衡）运行正常，则不能使用上述方法调节白平衡。
- 出现表2-2中某一错误信息时，请进行必要的摄像机调节，然后重新尝试调节白平衡。

表 2-2 白平衡调节时的相关提示信息

错误信息	调节
LOW LIGHT	增加亮度或提高增益
LEVEL OVER	降低亮度或减少增益

当没有时间调节白平衡时，摄像师可以使用白平衡预设。

① 如果摄像机处于自动模式，可使用 AUTO/MANUAL 切换到手动模式（寻像器和液晶显示屏上的 A 熄灭）。

② 将 WHITE BAL 设置为 PRST。

- 白平衡值 3200 K 和 5600 K 是 PRST 状态下的预设值。
- P3.2 K（3200 K）：适用于用卤素灯照明的环境。
- P5.6 K（5600 K）：适用于户外的拍摄环境。

③ 按 AWB 按钮，可使白平衡在 3200 K 与 5600 K 之间切换。

（3）ATW

使用自动跟踪白平衡功能，摄像机会自动根据不同的拍摄环境调节白平衡。因环境不同，可能会出现调节错误。当需要更精确的白平衡时，摄像师可以选择手动调节白平衡。使用自动跟踪白平衡功能时，请勿遮挡白平衡传感器（如图 2-5 所示），否则自动跟踪白平衡将无法工作。出厂时，自动跟踪白平衡功能设置在自动模式下运行。

图 2-5 白平衡传感器的位置

（4）白平衡调节的注意事项

① 采用自动光圈测光，正确选择滤色片（CC）和中性滤光片（ND），画面需要充满白色物体且不要反光。

② 虚焦调白，调白期间不要抖晃，约 1～3 秒后，如果调节成功则显示"OK"，如果调节失败则显示"NG"。

③ 不要在强光和较暗的环境下调白。

④ 转移拍摄场景需重新调白，遇到紧急情况可用白平衡预置配合适当的滤色片进行拍摄。

⑤ 调白时避免受附近光线、色温干扰（如有颜色的墙、窗帘、幕布等）。

（5）调白技巧

① 正常情况下：室外色温为 4500～7500 开，室内卤钨灯灯光色温为 2500～4000 开，用冷日光灯照明的环境色温约为 5400 开，射灯筒灯约为 2500 开。

② 在被摄主体附近调白，用有一点偏黄的白纸调白后拍摄亚洲人，可得到较好的肤色效果。

③ 大面积单色环境下，不要使用 ATW 功能。

2. 黑平衡调节

黑平衡是视频信号电压的参考电平，对于负极性信号，当黑平衡升高时，亮度范围变小，图形影调显得比较柔和；当黑电压降低时，图像影调就显得比较硬。

在 R(红)、G(绿)、B(蓝)三基色视频信号中，如果黑电平的大小不一致，那么，在彩色监视器所显示的图像中就会出现黑色物体，并非纯黑而是偏向于某种彩色的情况，即使此时的白平衡正确也无济于事。因此需要进行黑平衡的调节，而且应该在白平衡调节之前进行。

黑平衡，在正常情况下一般无需调节，在以下情况则需要进行调节：

① 首次使用摄像机。

② 长时间没用后，再次使用摄像机。

③ 周围温度变化强烈。

④ 切换至正常快门速度或慢快门模式后。

⑤ 在逐行和隔行记录模式之间切换之后。

(1) Panasonic AJ-D908MC 的黑平衡调节

调节步骤如下：

① 如图 2-6 所示设置开关。

图 2-6 黑平衡调节

② 在自动光圈状态下，将 AUTO W/B BAL 设置到 ABB 位置，然后释放此开关。开关回到中央后，摄像机开始自动调节黑平衡。

③ 当调节进行时，下列信息出现在取景器屏幕上。

ABB ACTIVE

④ 几秒钟后调节完毕，寻像器中显示下列信息。最终的调节值会自动保存在存储器内。

ABB OK

调节黑平衡需注意：

① 要检查镜头接口有否连接，镜头的光圈是否设置为 CLOSE。

② 黑平衡正在调节时，光圈自动设为遮光状态。

③ 黑平衡在调节时，增益选择电路自动切换。取景器屏幕内可能出现杂波和抖闪，但这不表示出现故障。

④ 如果即使显示了 ABB OK(自动黑平衡调节完成)，黑色阴影也不能满足要求。请用菜单操作打开 MAIN TENANCE 菜单进行摄像机单元的维修和检查。

⑤ 黑平衡在自动调节(ABB ACTIVE)时，若再次将 AUTO W/B BAL 按向 ABB(自动黑平衡)一侧，则调节操作将停止，此时的调节值即是自动调节前的值。

(2) Panasonic AG-HPX173MC 的黑平衡调节

调节步骤如下：

① 按住 ABB 按钮，调节黑平衡。

② 在按 ABB 按钮首次调节黑平衡时，请采取必要的预防措施。

③ 拍摄过程中，不能调节黑平衡。

调节时的信息

ABB ACTIVE

调节后的信息

ABB END

④ 按住 ABB 按钮以调节黑平衡。

白平衡、黑平衡调节的顺序一般是：白平衡→黑平衡→白平衡。

(三) 选择自动/手动拍摄模式

1. 自动拍摄模式

(1) 将 AUTO/MANUAL 切换到 AUTO 以选择自动模式。

字母 A 将出现在寻像器和液晶显示屏上，此时焦距、增益、光圈和白平衡均为自动状态。

(2) 将摄像机对准摄像对象，调节变焦。

(3) 按下 POWER 开关上的记录/停止按钮(红色)来开始拍摄。

再次按下将摄像机恢复到拍摄待机模式。使用手柄记录/停止按钮，在低角度拍摄时更加容易拍摄。

注意：

在下列情况下，即使按 STOP(停止录制按钮)也需要一段时间才能停止，以待 P2 卡上的写入结束为止。因此，如果过早按 START(开始摄录按钮)，下列操作将不会得到执行：

① 进行短暂记录后要停止时；

② 当记录刚刚变换到第二张 P2 卡后要停止时。

2. 手动拍摄模式

当需要手动调节焦距、光圈、增益和白平衡时,可以把摄像机设定为手动模式。

如图 2-7 所示,将 AUTO/MANUAL 滑动至 MANUAL,以切换至手动模式。此时寻像器和 LCD 显示器上的字母"A"熄灭。之后的操作程序大致如下。

图 2-7　AG-HPX173MC 手动拍摄

(1) 选择与照明条件匹配的 ND 滤光镜。

(2) 调节白平衡。

① 如果白平衡事先保存在存储器内,将 WHITE BAL 设为"A"或"B"。

② 如果白平衡没有被保存在存储器内,且没有时间调节白平衡,将 WHITE BAL 设为 PRST(预置状态)。根据 FILTER 控制钮(外侧)的设置位置获得滤光镜的白平衡。

③ 现场调节白平衡时:一般按白平衡→黑平衡→白平衡的调节顺序进行。首先选择与照明调节匹配的滤光镜,将 WHITE BAL 开关设为"A"或"B",并按如下操作调节白平衡:

- 按 AWB 按钮,自动调节白平衡。
- 按 AWB 按钮,调节黑平衡。
- 再次按 AWB 按钮,自动调节白平衡。

(3) 将摄像机对准被摄物,调节聚焦和变焦。

(4) 当使用电子快门时,设置快门速度和操作模式。

(5) 按下 VTR START(机身上的录像机启停键)或 VTR(镜头上的录像机启停键)开始录制。录制期间,取景器内的 REC(记录指示灯)点亮。

(6) 再次按下 VTR START 可停止录制。停止录制后,取景器内的 REC 熄灭。

(四) 视频返送(录制复审)

1. 以 Panasonic AJ-D908MC 为例:

在拍摄暂停模式中,按下镜头上的 RET(录制复审键)时,磁带的最后 2 秒钟被自动倒回,磁带这部分的播放图像出现在寻像器屏幕上,以便摄像师检查录像机是否正确执行了录制。在播放了磁带的 2 秒钟后,摄像机再次被设置为拍摄待机模式。

(1) 如果按住 RET,能倒回并播放最后 10 秒的磁带。

(2) 只有在录制持续 1 秒或更长时间时,才能使用录制复审功能。

(3) 如果在录制复审操作过程中，侧部面板上的 OUTPUT SEL（输出选择开关）处于 VTR（录像机）位置，可将录制复审图像同时输出到 VIDEO OUT 接口和 MON OUT 接口（寻像器和视频输出接口）。此时如果连接了一个备份录像机进行备份图像的录制，这些录制复审的图像最终也将被录制。

2. 以 Panasonic AG-HPX173MC 为例

在拍摄暂停模式中，按下 REC CHECK 按钮。这样会将最后所拍摄场景片段的视频和音频播放大约 2 秒钟，然后恢复到暂停模式。

(1) 如果已经设定了任何设备用于备份记录内容，REC CHECK 操作播放的内容也会被备份设备记录下来。

(2) 在摄像机与计算机连接进行数据交换的 PC 模式和拍摄模式（MCR）中，REC CHECK 功能不起作用。

(五) 调节寻像器

1. 以 Panasonic AJ-D908MC 为例

(1) 调节寻像器左右位置，如图 2-8 所示

① 先松开 RELEASE（控制释放钮），再松开寻像器左右位置固定环。

② 向左或向右滑动寻像器，将其调节到方便摄像师观看的位置。

③ 紧固寻像器左右位置固定环，并扭紧 RELEASE。

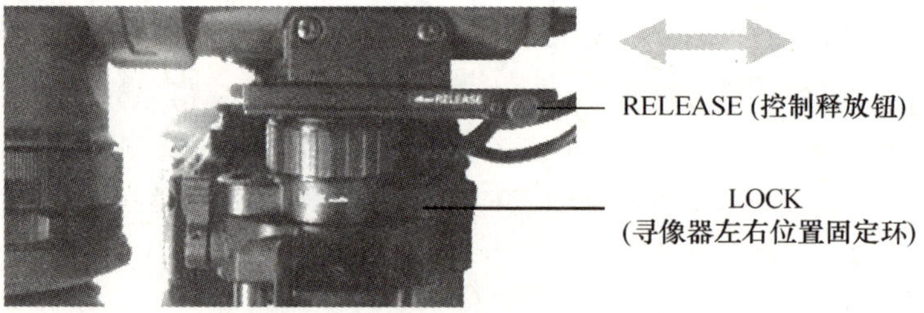

图 2-8　寻像器左右位置的调节

(2) 调节寻像器前后位置，如图 2-9 所示

图 2-9　寻像器前后位置的调节

① 松开寻像器前后位置固定环。

② 向前或向后滑动寻像器，将其调节到方便摄像师观看的位置。

③ 紧固寻像器前后位置固定环。

(3) 调节寻像器屈光度,如图 2-10 所示

① 打开摄像机上的 POWER 开关,在寻像器中查看图像。

② 旋转屈光度调节环直到在寻像器中获得最清晰、明亮的图像。

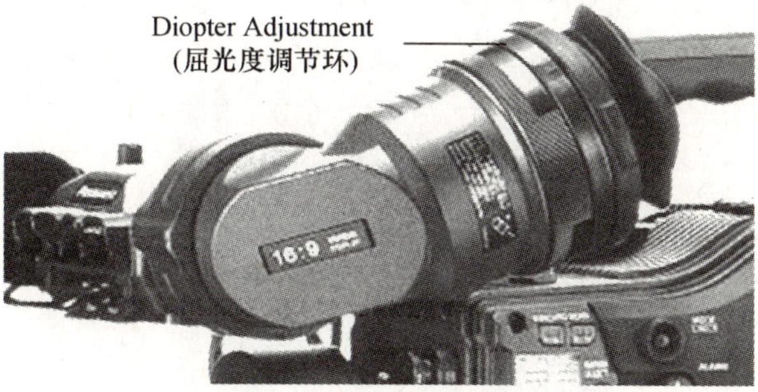

图 2-10　寻像器屈光度的调节

(4) 调节寻像器屏幕

使用以下控制钮来调节寻像器屏幕,如图 2-11 所示。

① 亮度:旋转 BRIGHT 控制钮。

② 对比度:旋转 CONTRAST 控制钮。

③ 峰值:旋转 PEAKING 控制钮。

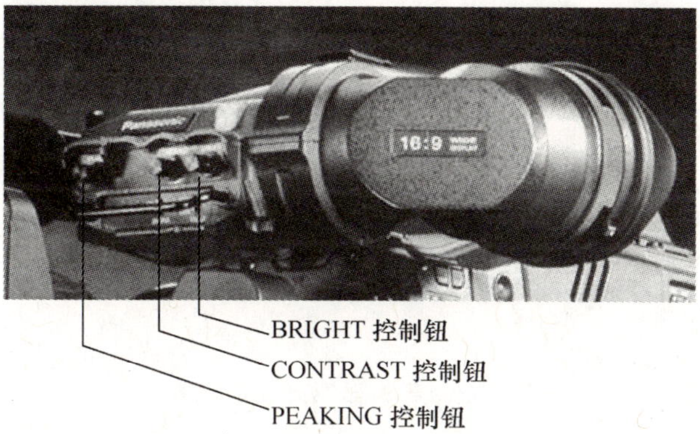

图 2-11　寻像器屏幕的调节

调节步骤如下:

① 打开摄像机上的 POWER 开关。

② 将摄像机的 OUTPUT 开关拨置“BARS”。

③ 选择寻像器的 BRIGHT 和 CONTRAST 控制钮来调节寻像器的亮度和对比度。旋转 PEAKING 控制钮以获得轮廓勾边的图像,因为一般情况下,在寻像器中显示较亮的图像便于聚焦。

2. *以 Panasonic AG-HPX173MC 为例*

Panasonic AG-HPX173MC 摄像机有两个寻像器:一个是寻像器的微型 LCD,一个是

可收缩 3.5 英寸 LCD。在拍摄过程中，摄像师应该根据实际情况使用最适合的寻像器。需要注意的是在寻像器、LCD 显示器和电视显示屏上显示的图像，亮度与色彩可能有所不同。如想查看最终图像的显示效果，需在电视显示器上查看。

(1) 使用寻像器

① 将 POWER 开关设定到 ON(如图 2-12 所示)，检查图像是否显示在寻像器上。

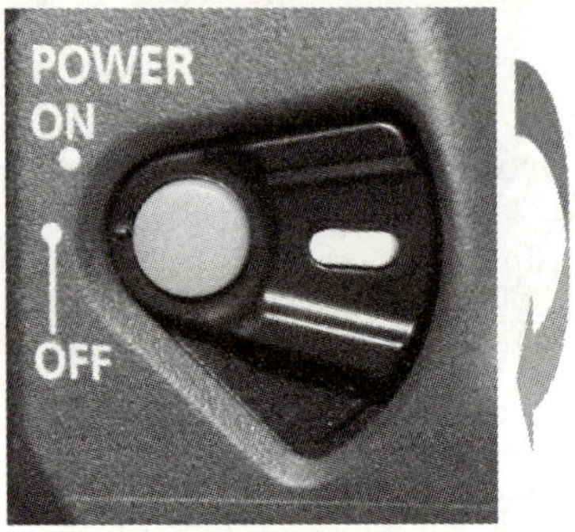

图 2-12 POWER 开关设置

使用寻像器的同时，应该关闭 LCD 显示器。

② 调节寻像器的角度，这样可以将显示屏固定在最方便摄像师进行观察、取景的位置。可以向外拉出寻像器，约与摄像机垂直。

③ 调节屈光度调节环，这样就可以在寻像器显示屏上清晰地看到图像，如图 2-13 所示。

图 2-13 寻像器屈光度的调节

(2) 使用 LCD 显示器，如图 2-14 所示

图 2-14 打开 LCD 显示器

① 设置 POWER 开关为 ON。

② 按住 OPEN 按钮,以打开 LCD 监视器。

LCD 可展开 120 度,不能进一步展开,否则会损坏摄像机。

③ 将 LCD 显示器固定在最容易取景的位置。

显示器可朝向镜头旋转 180 度,朝后只能旋转 90 度,如图 2-15 所示。

打开 LCD 时,请勿用力过大,否则会损坏摄像机。

图 2-15　LCD 旋转角度

(3) 加强轮廓

该功能可用于加强在寻像器或 LCD 上看到的图像轮廓,以方便聚焦。此外,加强轮廓不会影响拍摄的图像。

① 在 CAM 模式下,按 EVF DTL 功能键,见图 2-16 所示。“EVF DTL ON”将在显示屏上显示约 2 秒钟。

图 2-16　LCD 加强轮廓

② 再按一下 EVF DTL 功能键,将返回原显示屏。

(4) 调节显示屏显示

① 将 POWER 开关设定为 ON。

② 按下 MENU(菜单)按钮。

在设置菜单“显示设置”屏幕中的“寻像器设置”下选择“是”,可进入寻像器调节。

在设置菜单中的“显示设置”显示屏的“LCD 设置”下选择“是”,可进行 LCD 显示器调节。

③ 向上或向下推动操作杆来选择需要调节的项目,向左或向右推动操作杆进行相应参数的调节。

④ 按三下 MENU，退出菜单。

显示设置

▲	
变焦 · 聚焦	数值
卡 / 电池	打开
P2 卡余量	全部
其他显示	部分
LCD背光补偿	标准
LCD设置	-----
寻像器设置 ▶	-----
自拍	镜像
▼	

按MENU键返回

显示设置

寻像器彩色电平

[−] ----------+---------- [+]

寻像器亮度

[−] ----------+---------- [+]

寻像器对比度

[−] ----------+---------- [+]

按MENU键返回

(六) 调节光圈

光圈是一个有许多互相重叠的金属片组成的张开度可调的圆形光阑，能在一个很大范围内变化镜头的有效孔径，可以用来控制通光量的多少。

调节光圈能改变图像的亮度和景深(光圈孔径变大时，景深变小)。光圈的调节方法有三种，分别是自动调节、手动调节和光圈临时自动调节(见图 2-17)。

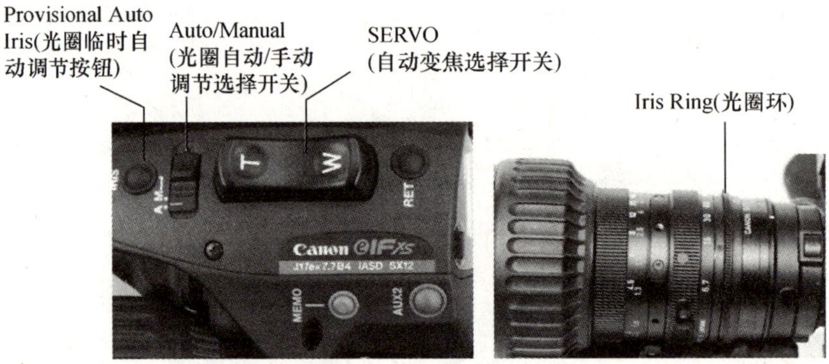

图 2-17　光圈的调节

1. *以* Panasonic AJ-D908MC *为例*

(1) Auto Iris(自动调节)

将光圈自动/手动调节选择开关置于“A”位置，摄像机会根据被摄体的亮度情况自动调节光圈，这是一般摄像机使用的模式。

(2) Manual Iris(手动调节)

将光圈自动/手动调节选择开关置于“M”位置时，通过调节光圈环可手动调节光圈。在某些情况下，如以明亮的天空为背景拍摄人物，或拍摄对比度极强的物体时，手动调节光圈效果比自动调节好。

(3) Provisional Auto Iris(光圈临时自动调节)

将光圈自动/手动调节选择开关置于“M”位置时，如果按住光圈临时自动调节按钮，光圈就处于临时的自动调节状态，当把这个按钮松开时，光圈就固定于刚才自动调节的位置，如果需要还可再进行手动调节，此按钮可在手动调节光圈时为摄像师提供一个参考值。

2. 以 Panasonic AG-HPX173MC 为例

(1) 如果摄像机处于自动模式中，就使用 AUTO/MANUAL 开关切换到手动模式。

(2) 按下 IRIS 按钮切换调节镜头光圈的方式：

AUTO IRIS：自动调节光圈。

MANUAL IRIS：手动调节光圈。

(3) 手动光圈模式下可使用 IRIS 拨盘调节镜头光圈。在自动光圈调节模式中，可以使用此拨盘校正镜头光圈。

如果在“自动开关”选项中对“自动光圈”设置菜单项目设定了“打开”，当自动模式生效后，就只能使用自动光圈拍摄。

如果将聚焦/光圈切换开关(FOCUS/IRIS)开关设置为 IRIS，则可以使用镜头上的聚焦环来调节和控制光圈。如图 2-18 所示。请注意，既然此时聚焦环不控制聚焦调节，因此需将 FOCUS 开关设置为 A(自动聚焦状态)。

图 2-18　光圈调节

(七) 调节聚焦

图 2-19 中的聚焦环用于调节被摄物的虚实，以达到聚焦的目的。聚焦环的调节方法主要有以下两种方法。

1. 以 Panasonic AJ-D908MC 为例

① 测量法：采用测量的方法，测出从镜头至被摄物表面的距离，然后调节聚焦环到相应的距离刻度，焦点一般就对准了。

图 2-19　聚焦环的调节

② 特写聚焦法：选定机位、角度和画面构图之后，选择构图中的主体推至主体特写或大特写，观察寻像器调节聚焦环使主体清晰，调好后再改变焦距回到原定画面构图进行拍摄聚焦。调节应确保从 W(广角)到 T(摄远)镜头之间的变焦均能使图像清晰。这是经常采用的一种聚焦方法。

2. 以 Panasonic AG-HPX173MC 为例

① 使用 AUTO/MANUAL 开关切换到手动模式。

② 使用 FOCUS 开关选择如何控制聚焦。

A(自动):自动聚焦模式。

M(手动):手动聚焦模式。

∞:摄像机首先在远处聚焦,然后切换成手动聚焦。

当将 FOCUS 开关移动至∞后,开关自动返回至 M(手动)。

③ 使用 FOCUS/IRIS 开关(聚焦/光圈切换)更改分配给聚焦环的功能。

FOCUS RING(聚焦环):用于调节焦距。

IRIS(光圈环):用于调节光圈。

将 FOCUS 开关设置为 M 时,也就将 FOCUS RING(FOCUS/IRIS)设置为 FOCUS,即聚焦环此时是用于聚焦。如图 2-20 所示。

图 2-20　Panasonic AG-HPX173MC 与聚焦调节相关的按钮和开关

(2) 临时切换至自动聚焦

即使你已经将 FOCUS 切换至 M,但按下 PUSH AUTO 后,摄像机仍可自动聚焦。

(3) 使用对焦辅助

当按下 FOCUS ASSIST 辅助对焦按钮时(见图 2-21),图像的中心区将会放大,或者图像的右上角将会出现频率分布图,用以在手动聚焦过程中帮助聚焦(见图 2-22,2-23)。可以使用“开关模式”显示屏上的辅助聚焦设置,来更改按下辅助聚焦按钮后寻像器和 LCD 监视器的显示内容。

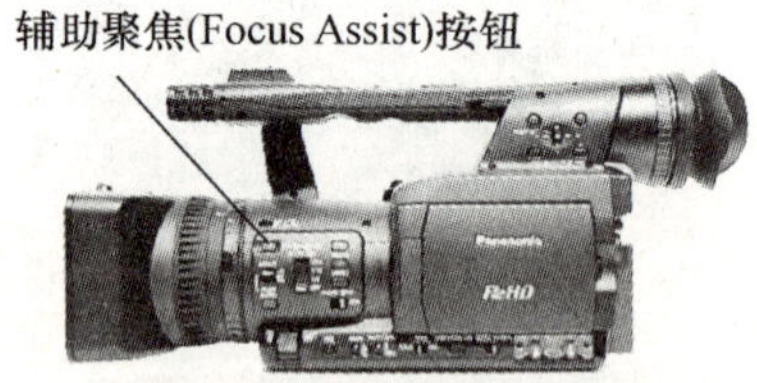

图 2-21　辅助对焦功能

辅助聚焦按钮设置:

① 扩大显示:将图像中心的尺寸扩大为原来的两倍。

② 柱状图:在寻像器和 LCD 监视器的右上角显示频率分布图。转动镜头上的焦点环可向右移动分布图。

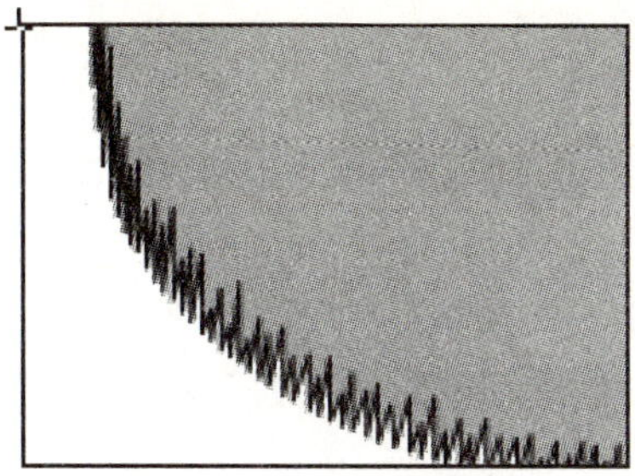

图 2-22　焦点不实图像

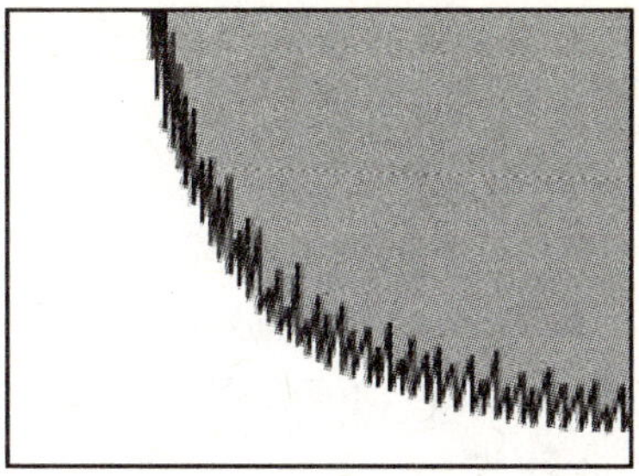

图 2-23　进入焦点范围，空白区域则右移

在使用辅助聚焦功能所提供的“扩大显示”和“柱状图”两种模式时，须注意：

① 在“扩大显示”模式下使用辅助聚焦按钮时，LCD 监视器与取景器中的图像可能稍有不同。

② “扩大显示”模式可在 1080i(一种高清的隔行扫描格式)和 720P(一种高清的逐行扫描格式)模式记录过程或待机过程中使用，在外部输入模式中不起作用。

③ 采用 576i SD(一种标清的隔行扫描格式)格式时，仅可使用“柱状图”显示。当设置为“扩大显示”模式时，对焦辅助功能不起作用。即使设置为“同时”模式，也只有“柱状图”显示可用。

④ 采用数字变焦功能时，FOCUS ASSIST 按钮无效。要返回上一屏幕，请再次按下辅助聚焦按钮。

(八) 调节变焦

(1) 摄像机的变焦功能，用来改变镜头视场角的大小，以达到改变景别的目的。变焦一般有手动变焦和自动变焦两种方式。

① 当位于镜头下方的 MANUL/SERVO(手动/自动)变焦选择开关(见图 2-24a)在手动位置时，转动镜头上的手动变焦杆可以达到手动变焦的目的。变焦的速度由转动的速度决定，当转动的速度快时，变焦速度快；当转动的速度慢时，变焦速度慢。

② 当摄像机手动/自动变焦选择开关置于 SERVO 位置时，按镜头上自动变焦开关的两端，可将拍摄景别在 T(摄远)和 W(广角)之间变换(见图 2-24b)。自动变焦的速度可由开关选择，也可由按动的力度控制。当变焦速度开关置于 FAST 或用力按下时，变焦速度快；当变焦速度开关置于 SLOW 或轻按时，变焦速度慢。

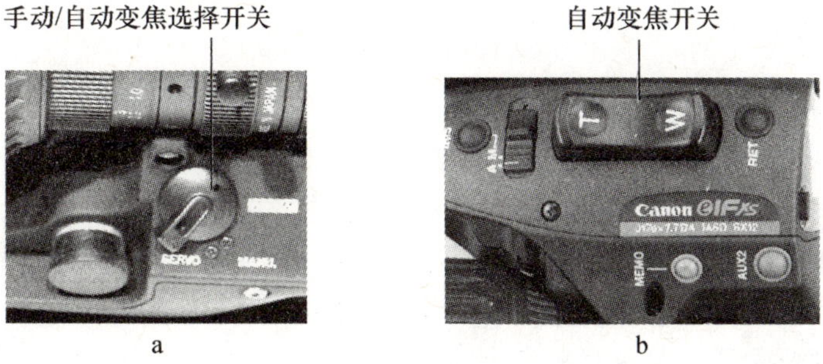

图 2-24　变焦模式选择和自动变焦开关

(2) 使用变焦功能。Panasonic AG-HPX173MC 摄像机具备 13 倍变焦功能,可用变焦按钮或变焦环进行变焦。

① 变焦挡位按钮。将 ZOOM 开关设置为 SERVO,这样即可使用马达驱动变焦(见图 2-26)。T(Tilt)为摄远端,W(Wide)为广角端。

在手柄上轻轻按下变焦按钮进行缓慢变焦,用力按下变焦按钮则迅速变焦。

用手柄上的自动变焦挡位选择开关选择三种速度之一,可更改自动变焦开关的变焦速度(见图 2-25)。

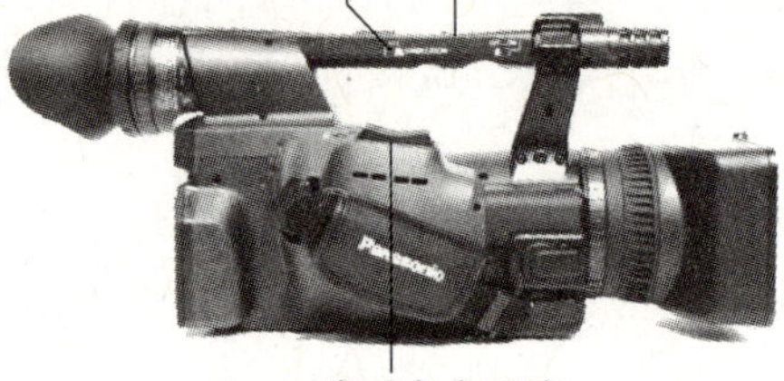

图 2-25　变焦挡位

进入设置菜单,在"开关模式"显示屏的"手柄变焦挡位",设置手柄变焦挡位开关速度。

② 变焦环。将 ZOOM 开关设置为 MANUAL,这样即可使用变焦环(见图 2-26)。

当 ZOOM 开关设置为 SERVO 时,不能使用变焦环,否则可能会损坏摄像机。

图 2-26　变焦模式选择(Zoom Mode Selection)

(九) 提高练习

1. 白平衡的调节和色彩处理

(1) 在不同的光线条件下,进行白平衡调节,并准确还原景物色彩。

(2) 在同一光线条件下,用不同的色温滤色镜进行白平衡调节,再拍摄一组近景画面,观察画面色彩的细微变化。

(3) 有意识地让画面偏某一种色彩(有意识地使白平衡失调)。

(4) 利用太阳光拍摄一组夜景画面。

(5) 利用曝光过度和曝光不足的方法,拍摄两组内容相同的画面,观察色彩的变化。

(6) 利用顺光、逆光分别拍摄两组镜头,观察色彩的变化。

2. 三种不同的执机方式和光学镜头的性能把握

参考图 2-27 中三种常见的执机方式做如下操作:

(1) 固定执机,利用不同的景深(大景深和小景深)分别拍摄两组景别相同的画面。

(2) 固定执机,选择一个有层次的景物,分别用长、中、短焦距镜头拍摄同一个景别的画面,分析不同焦距对空间表现的造型特点。

(3) 固定执机,分别用长、短焦距镜头拍摄纵向走来的人物(运动速度不变),分析长、短焦距镜头的纵向速度感。

(4) 固定执机,用长焦距拍摄一组焦点前后变换的镜头(前实后虚→前虚后实,前虚后实→前实后虚)。

(5) 肩扛执机,分别用长焦、中焦、短焦距镜头拍摄同一景别的画面,分析不同焦距镜头对画面稳定性的影响。

(6) 徒手执机,常用于使用小型摄像设备拍摄时,练习用该种执机方式拍摄稳定的远景和全景,并尝试用这种执机方式拍摄跟镜头和移镜头。

固定执机

肩扛执机

徒手执机

图 2-27 常见执机方式

(十) 高清素材的拍摄

高清摄像机目前在民用和广播级制作领域的应用日益广泛,本次实验中使用的 Panasonic AG-HPX173MC 就具备拍摄高清素材的能力,下面对该机拍摄高清素材的相关操作予以介绍。

高清电视标准规定了视频必须至少符合 720 线逐行(720P)或 1080 线隔行(1080i)扫描标准(明显高于目前 DVD 标准的 480 线),屏幕纵横比为 16∶9,音频输出为 5.1 声道(杜比数字格式)。

AG-HPX173MC 兼容多种高清和标清摄录格式,高清格式包括 1080i/ 50i,1080i/25P,720P/50P,720P/25P,720P/25P,标清格式包括 576i/50i,576i/25P,拍摄者可以通过调节摄像机的菜单选项来变换摄像机的记录格式。具体设置记录格式的操作如下:

在设置菜单"记录设置"显示屏上进入"记录格式"选项,选择需要的高清或标清记录格式即可。在逐行模式时,每秒拍摄 25 帧。但在逐行模式下拍摄时,须注意,此时的摄像机无法获得 18 分贝的增益。同时可以通过将快门速度设置为 1/50 秒,来获得最佳的拍摄效果。

五、实验注意事项

1. 摄像机是精密贵重的设备，请在使用前认真学习摄像机的使用注意事项。
2. 摄像机及其附件设备，需要在老师的指导下使用。
3. 如实验机时不够，学生可与实验室联系，利用开放机时完成实验。

六、实验记录方式

1. 记录调节摄像机不同功能键时摄像机图像效果的变化情况。
2. 记录常见的调节摄像机参数的操作步骤。

七、实验讨论与评价

1. 分小组讨论前述提高练习中各种操作的实现方法，并尝试在摄像机上完成这些操作。

2. 本实验的评价将根据学习者完成摄像机白平衡调节、手动/自动光圈、手动/自动聚焦等特定操作的熟练程度进行评价。

八、实验结果分析及实验报告要求

（一）实验结果分析要求

1. 记录和分析摄像机使用的注意事项。
2. 写出摄像机的基本组成部件及其功用。
3. 分析光线、白平衡和画面色彩三者之间的关系。
4. 分析光学镜头的性能以及三种不同执机方法的要领。

（二）实验报告要求

1. 请根据实验的结果和实验指导书的要求，如实地撰写实验报告。其中，“实验记录”填写实验的步骤和过程，“问题与讨论”根据个人实验情况如实记录所发现的问题。

2. 写出前述提高练习中各项操作的实现过程和相关画面效果的观察和对比结果。

实验三　电视摄像要领与摄像艺术

一、实验目的

在完成本实验的学习和实践后，学习者能够：

1. 掌握电视摄像平、稳、准、匀的基本要领。

2. 学会在拍摄实践中，掌握画面主体、陪体、前景、背景等画面成分的功用，正确处理主体、陪体、前景和背景的关系，掌握取景、构图的要求和基本法则并能够灵活运用。

3. 掌握固定画面拍摄的特点和方法，理解固定画面的表现功用与局限，掌握固定镜头的拍摄、构图要求。

4. 掌握不同类型运动镜头的拍摄要领，熟悉运动拍摄的特点和镜头拍摄、构图的要求，掌握各种镜头运动形式的造型特点和表达功能。

5. 了解摄像机自身机位运动和镜头焦距变化的功用及在画面造型效果上的区别。

6. 理解和掌握摄像机的机位设置原则（轴线规则与机位设置的三角形原理），掌握克服“越轴”问题的常用方法，掌握电视画面的场面调度方法。

二、实验要求

本实验要求学习者完成：

1. 多方向（正面、侧面、斜侧面、背面），多角度（仰、平、俯），多景别（远、全、中、近、特）地进行拍摄，体会机位、景别、角度对画面造型和构图的影响。

2. 运用线条构图（水平线、垂直线、斜线、曲线构图），黄金分割构图，九宫格构图等几种构图方式中的两种或两种以上拍摄一组画面，要求要有分镜头的意识，每个镜头的长度要合适。

3. 通过摄像机镜头运动和机位运动拍摄一组运动画面，要求综合运用多种镜头运动形式，注意捕捉动感因素，增强画面的内部活力，同时要求要有分镜头的意识，每个镜头的长度要合适，画面的形式和内容要一致。

4. 拍摄一组两人对话的镜头，注意机位的设置和构图的艺术性、可视性。

5. 拍摄一组人物运动的画面，要求要有分镜头的意识，每个镜头的长度要合适，并遵守视线方向、运动方向、关系轴线的要求。

6. 分别拍摄一组符合轴线规律的镜头和一组反轴镜头，通过两组镜头的对比加深对轴线规律和机位设置规律的认识。

三、实验场地与器材

1. 实验场地：户外（外景拍摄），或配备灯光系统的大/中/小型演播室。

2. 实验器材：Panasonic AG-HPX173MC 或 Panasonic AJ-D908MC、三脚架、白平衡卡（或其他白色质地的物质，如白纸等）。

四、实验方法与步骤

（一）摄像机的准备

（1）开机。

（2）光圈选择自动。

（3）增益选择“LOW”。

（4）MANU/SERVO（手动/自动）变焦选择开关打到 SERVO（自动）。

（5）电池装入摄像机的电池仓。

（6）磁带装入带仓。

（二）构图、取景的练习

（1）分别进行线条构图、九宫格构图、黄金分割构图的练习。

（2）根据所表现的内容、目的和不同需要来确定被摄体的画面取舍与范围，排除一切多余的、次要的部分，保留本质的、重要的，能够引起观众充分注意的画面内容。

（三）固定画面的练习

（1）练习拍摄用于表现静态环境与静态人物的固定画面。

（2）练习拍摄运动主体的固定画面。

（3）利用框架因素拍摄强化与突出动感的固定画面。

（四）围绕某一环境进行拍摄

教师给出大致的拍摄内容，如校园某处的外景、校园周边某处的街景等，由同学确定具体的拍摄内容并进行镜头设计，之后以小组为单位按设计好的镜头序列进行拍摄，镜头数量在 10～15 个之间为宜。要求尽量做到无剪辑拍摄，以锻炼分镜头意识和蒙太奇意识。拍摄完成后各组同学互相观摩作品。

（五）围绕某一主题进行拍摄

教师给出大致的主题要求，如校园文化现象、校园学生活动等，由同学议定具体主题并设计镜头，进行拍摄（10～15 个镜头）。要求尽量做到无剪辑拍摄，以锻炼分镜头意识和蒙太奇意识。

（六）运动画面的练习

（1）练习推、拉、摇、移、跟、升降、晃动、综合运动镜头的拍摄，注意不同运动方式中主观镜头的表现方法。

（2）练习变焦距的推拉与改变拍摄距离的推拉画面拍摄，观察并总结两者之间的区别。

（3）练习对运动镜头中起幅与落幅画面的控制，注意运动镜头中镜头运动的起点、终点、运动方向、运动速度的控制。

（4）练习不同范围的摇镜头与移镜头，练习拍摄景别和拍摄方向同时变化的综合运动镜头，如推加摇、拉加摇等。

（5）练习拍摄跟镜头，注意空间的展现。

（七）围绕某一情节进行拍摄

选择一段具有鲜明节奏变化的动作或情节作为拍摄对象，拍 10～15 个镜头。要求按照事先写好的选题和分镜头脚本的顺序进行拍摄，要求不能用编辑机，以锻炼同学的分镜头意识和蒙太奇意识，不给出具体范本，让同学们充分发挥。

（八）练习三种含有轴线场景的机位设置

1. 大三角形布局中的机位设置

大三角形布局中的机位设置如图 3-1 所示。

（1）1 号镜头

关系镜头：是一个在场景中充当主机位置的镜头。

画面景别：多为大远景、远景、大全景、全景。

画面特点：应该力图表达空间的最大范围，在画面中要为镜头的调度提供视觉依据。

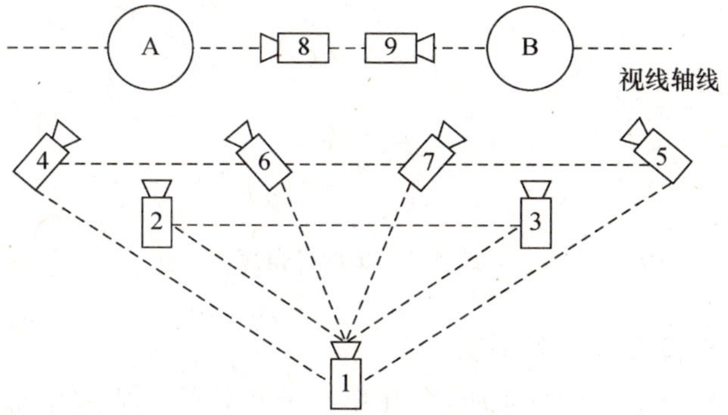

图 3-1　大三角形布局

（2）2、3 号镜头

动作镜头：是用来表现单个主体物的镜头。

画面景别：多为中景、中近景、近景。

画面特点：与 1 号镜头在视轴方向上基本平行，只表达空间的局部范围，主体为单一主体。与 1 号镜头相比，背景和主体物均没有大的改变，导致 2、3 号镜头的画面效果与 1 号镜头相比没有根本变化，因此影视画面中 2、3 号镜头很少与 1 号镜头直接相连。

平行位置：平行位置中的摄像机位于接近关系线的三角形的底边，但三台摄像机的视轴是平行的，倒三角形底边上的两台摄像机各拍一个人物（如图 3-2 所示）。

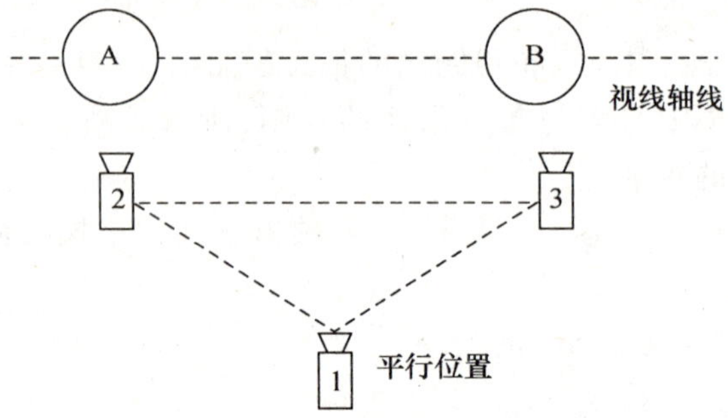

图 3-2　平行位置

（3）从外反打角度设置 4、5 号镜头

反拍镜头：又称越肩镜头，是用来表现局部关系的镜头。影视节目中使用频率最高。

画面景别：多为中景、中近景、近景。

画面特点：如图 3-3 所示，4 号镜头越过 A 的肩拍摄 B，5 号镜头越过 B 的肩拍摄 A。从画面效果上看，面对镜头的人物处于主导地位，动作是开放的，形体也是开放的；而背对镜头的人物则处于次要地位。这类镜头能够强化人物之间的位置关系和交流关系。

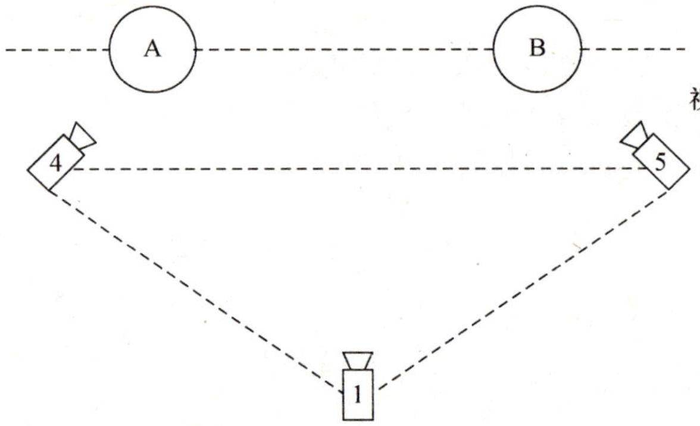

图 3-3　外反打角度

（4）从内反打角度设置 6、7 号镜头

内反打镜头：镜头位置如图 3-4 所示，在影视节目中是完成叙事重点、突出人物、塑造形象的重要镜头。

画面景别：多为中近景、近景、特写。

画面特点：画面创作时越接近轴线，人物越有交流感、参与感、渗透感。画面外的空间、距离、位置、人物等完全靠观众想象与丰富，并在上下镜头的联系中得以证实。

在描述两人对话场景时，正面镜头（1）和两个侧面镜头（4、5）表现出环境的 3 个面，而反打镜头（6、7）则表现出环境的第 4 个面，因此正、反打镜头的组合运用能把环境表现得更加完整、场面更加真实。同时，正、反打镜头的组合运用还有助于表现被摄主体的多面和立体形态，并可以起到对比、暗示、强调和渲染的作用。

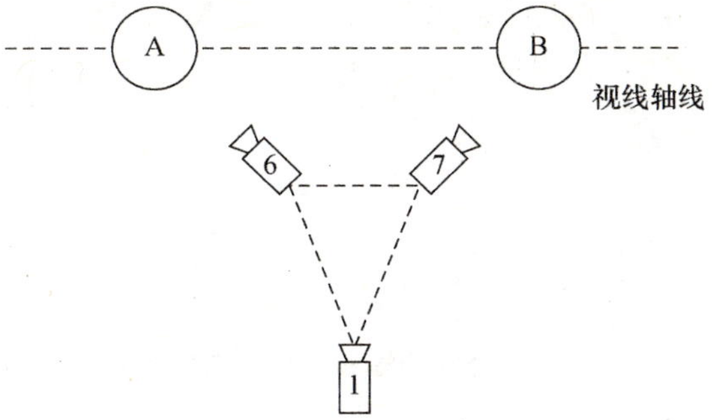

图 3-4　内反打角度

(5) 从主观角度设置 8、9 号镜头

骑轴镜头：又称视轴镜头，镜头位置如图 3-5 所示。主要用来强调叙事、刻画和表现人物特征。

画面景别：多为近景、特写、大特写。

画面特点：人物视线朝正前方，形成与观众之间的强交流感，使画面产生剧中人物主观视点的镜头效果。画面构图一般处理在画幅中间。

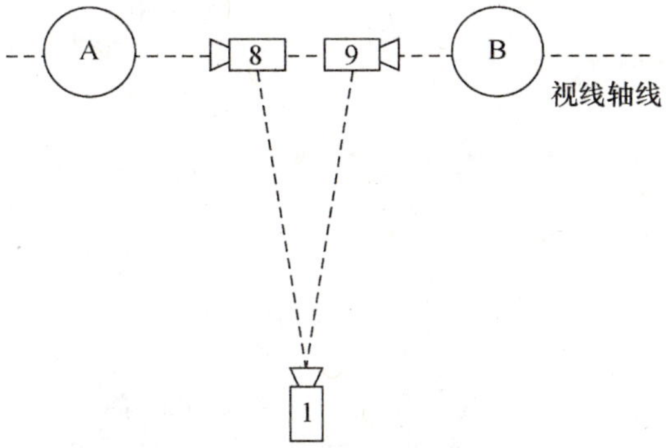

图 3-5　主观角度

2. 练习

(1) 在“一对一”对话场景中，运用轴线规则设定机位。

(2) 在“一对一”对话场景中，综合运用三角形原理设定机位。

(九) 练习克服“越轴”的方法

1. 克服“越轴”的方法

越轴是指在镜头转换、改变视角时，摄像机超越轴线一侧 180°范围的界限拍摄。在场面调度时，为了突出某个重点，充分发挥情节的戏剧效果，有的镜头需要从轴线另一侧进行拍摄，这就需要通过越轴来完成。通常所使用的越轴方法有以下几种。

(1) 通过摄像机的运动实现越轴

如图 3-6 所示，人物沿着虚线所示的动作或运动轴线的方向进行，摄像机由 1 号机位逐渐移至 2 号机位，从而实现越轴。

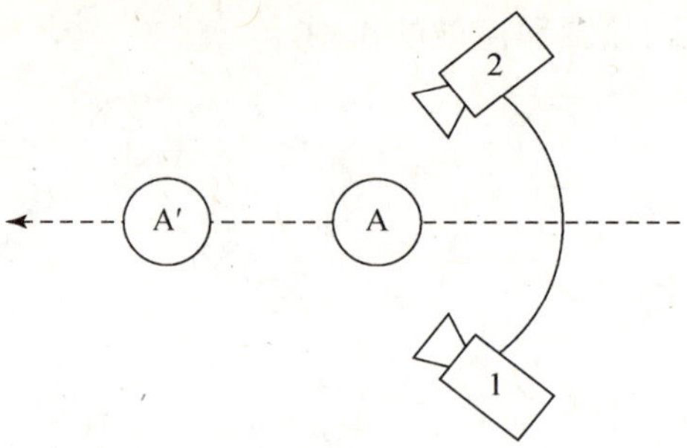

图 3-6 通过摄像机的运动实现越轴

(2) 通过场面调度实现越轴

这种方法较为常见,如图 3-7 所示。当一行人或某辆车开始时在画面中是向左行,此时机位在 1 号机位。在人物转过弯后,镜头切至 2 号机位,摄像机的位置就可以根据新的轴线选择新的角度,从而实现越轴。由于 1 号镜头结尾和 2 号镜头开始都交代了转弯的过程,所以越轴所产生的方向改变是可以被观众理解的。

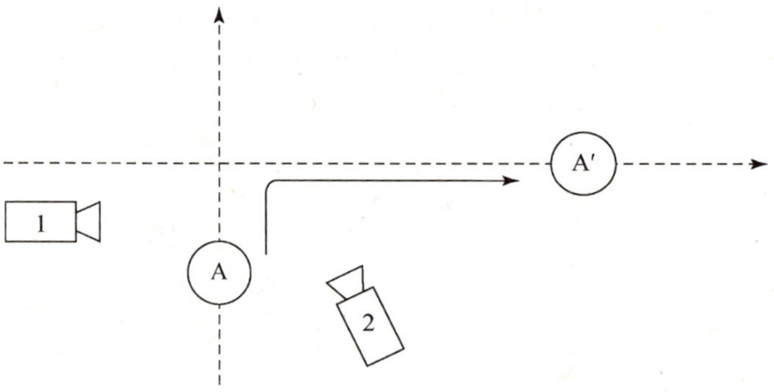

图 3-7 通过场面调度实现越轴

(3) 利用中性镜头(无明显方向性的镜头)过渡实现越轴

间隔一个正面或背面拍摄的中性镜头也可以实现越轴。当摄像机处于图 3-8 中的 2 号机位时,所拍镜头和景物特写的作用就如同在轴线两侧架一座桥。更确切地说,2 号机位拍摄的内容就像铺垫在小溪中的一块石头,使我们只要在石上垫一下脚,就可以从小溪的一侧跨到另一侧。从 1 号机位经过 2 号机位,再到 3 号机位就完成了轴线的转换。

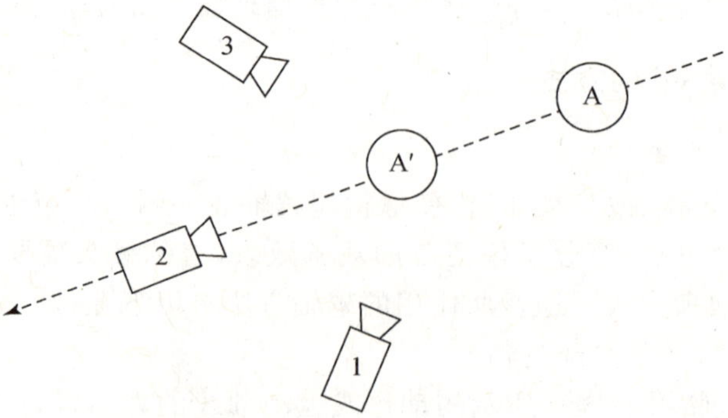

图 3-8 利用中性镜头过渡实现越轴

(4) 通过动作的衔接剪辑实现越轴

这是一种最为常见的方法。如果将屏幕上一个比较突出的动作在前一个镜头中进行到一半时即暂停,未完成的动作留在第二个镜头中接着完成。这样在拍摄第二个镜头时,就可以重新选择新角度了。

(5) 通过插入特写镜头实现越轴

这种越轴有两种情况:

第一种情况是,在同一空间的一场戏中,不断插入特写改变总角度,摄像机位置时而处于动作轴线的左侧,时而处于动作轴线的右侧。

第二种情况是,在不同空间的两场戏,摄像师在拍摄时根本不去考虑轴线的原则,总是选择最有利的角度来表现主体。这种方法所依据的原理就是由于不同空间的事物交替出现,冲淡了轴线的方向感。

(6) 关系轴线和运动方向轴线同时存在时的越轴处理

拍摄时可能出现两个人或一组人向同一方向边走边谈,或坐在汽车里的两个人边开车边谈话的场景,在拍摄这类场景时,关系轴线和运动方向轴线同时存在,如图 3-9 所示。这种情况下可以以运动方向轴线为准选择拍摄角度,而越过关系轴线(图中 1 及其对面的越轴机位),也可以以关系轴线为准选择拍摄角度,即越过运动方向轴线拍摄(图中 2 及其对面的越轴机位)。最常见的是后者。这种情况拍摄的画面人物方向是正确的,但运动方向轴线会出现一个镜头向左而另一个镜头向右的情况,这是允许的。

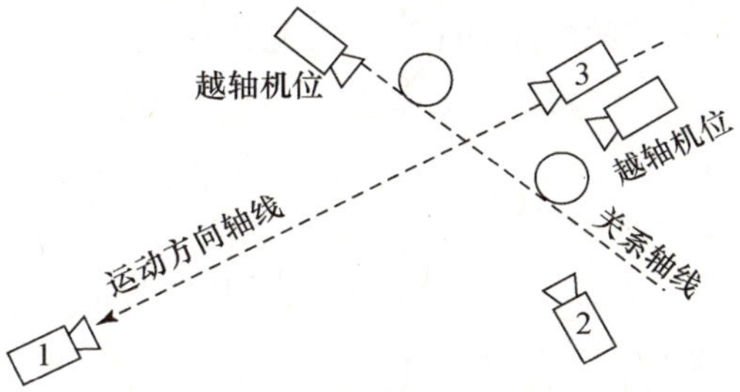

图 3-9　两种轴线同时存在的情况

以上介绍了越轴的 6 种基本方法,在实际拍摄中还有其他一些方式可以采用。另外,若想使原本不衔接的镜头组接在一起,还必须知道在什么时候切换才能使画面流畅。

一般来说,镜头的切换有 3 条基本原则,即位置匹配、运动匹配和视线匹配。

2. 练习

尝试用上述实现越轴方法中的三种以上,做轴线变化的拍摄,并观察拍摄效果是否自然地实现了越轴的效果。

(十) 高清素材拍摄实践

1. 高清素材拍摄的特点

(1) 清晰度提高带来画面聚焦的高要求

按照国际电信联盟无线电委员会的定义,高清晰度电视应是这样一个系统,即一个具有正常视觉的观众在距离该系统显示屏高度的 3 倍距离上所看到的图像质量应具有观看原始景物或表演时所得到的质量。从技术指标上看，高清晰度电视的水平清晰度可以达到1000线以上，是现行模拟电视画面清晰度的2～3倍。如此高的清晰度加上高清画面水平视角比标清画面大，画面包容的景物多，在全高清的显示终端(液晶监视器或等离子显示器)上即使轻微的聚焦不实都会清晰可见，因此高清拍摄时对焦点的准确性要求非常高，这对于高清摄像师来说是一项必须尽快适应并需要熟练掌握的技能。

高清拍摄时画面的景深明显比标清画面浅，而摄像机的寻像器受外在尺寸限制，能够表现出的分辨率有限，加上外景拍摄时又无法随时用大尺寸的外接监视器监看图像画面，这都从客观上提高了摄像师聚焦的难度。此外，推、拉、摇、移的速度有时也为高清聚焦带来困难，由于高清画面清晰度的提高，使画面信息量增大，从而提高了对摄像机处理画面像素能力的要求，此时如果摄像机运动速度较快时也会给观众造成画面虚焦的感觉。

但是，虚实变化明显，画面的层次感就变得很强，容易突出主体，对于追求画面的艺术效果又是一件好事。

(2) 丰富的层次带来对曝光和布光的高要求

对图像色彩还原和对画面层次的丰富表现是高清摄像机的独特优势和重要卖点。就目前的使用来看，高清晰度摄像机在还原画面暗部和中间亮度部分时能够提供很好的色彩还原，反差层次也非常好，但是在处理高光、高亮，尤其是曝光过度的时候，其还原能力颇低。在高清中，亮度和画面层次的关系，基本上就是细节量随曝光量的增加而减少的关系，所以高清摄像对曝光准确性和布光工作的要求也有显著提高。

此外，由于高清带来了丰富的细节和色彩，因此光线的变化会被充分表现出来，这往往会导致高清摄像的效果随自然光线的变化而出现前后不统一的现象，这也对高清摄像的曝光和布光提出了更高的要求。

(3) 画幅的变化对构图带来新要求

高清采用宽高比为16∶9的画幅结构，接近早期电影的1.85∶1。16∶9的画幅为最大限度的完整构图和前后景变换提供了更多选择，实现了信息量和构图美观的完美结合，而这样的构图比例也更接近人们生理视觉感受的范围。但是在给创作者带来更大创作空间的同时，其构图关系也完全改变了，原有的井字构图方式在高清拍摄中已经不再适用。

此外，目前的电视制作还有将高清下变换为标清的需要，加上目前新闻节目制作不允许采用上下遮幅(信箱模式，即letter box mode)的下变换方式，只能对原有的16∶9画面进行左右切边方式的变化，因此在构图方面既要考虑到高清状态下的构图，也要考虑高清画面下变换后的画面构图，这从客观上增加了高清拍摄时构图的难度。

2. 高清拍摄技巧和注意事项

(1) 技术因素

① 监视器

为了准确地还原现场画面，高清监视器和寻像器的校准非常重要。监视器的校正包括白平衡校正、颜色调节，以及面板上的亮度、对比度和色度旋钮调节。有些高清监视器有自动颜色和自动白平衡调节功能，完成自动调节后，再进行面板功能钮的调节。用高清摄像机内部产生的100%的SMPTE 16∶9的彩条测试图，手动校准高清监视器的亮度、对比度和色度。寻像器的校正方法同监视器的校正方法相同。

由于普通监视器与高清监视器视频处理电路的差异，不仅清晰度有很大差别，还在亮度和色度上有差别，有时甚至会出现在普通监视器上光圈控制已曝光过度，而在高清监视器上感觉还有余量的现象。因此，高清拍摄时一定不能用普通监视器来监视图像质量。监视器的尺寸也要尽可能大一些，因为后期剪辑的时候，在14英寸监视器上不容易发现的小瑕疵，在20寸监视器上就非常明显，甚至会导致整个镜头画面不能使用。例如，一些外拍的空镜头以标清的标准衡量已十分美观，但在大监视器上重放时，画面中被忽视的脏物等细节都被原样表现出来，使镜头无法使用。

② 摄像机参数调节

虽然高清摄像机提供了非常详细的参数菜单调节功能，但这些功能需要使用者根据环境的光照条件做出相应的调节方能发挥作用。摄像机在出厂时相关拍摄参数的设定是针对光照条件好而光比适中的环境而设定的，在这种情况下拍摄的画面层次丰富、色彩均衡、图像通透。但如果用同样的参数在环境光线反差较大的情况下拍摄，就容易出现画面明、暗部层次不清楚，暗部发黑而亮部发毛的情况，因此，在环境光照条件发生变化后，要重新调节摄像机中与信号动态范围和画面明暗对比有关的参数（如伽玛曲线、拐点控制和黑电平等）。通常在户外拍摄时，光照条件经常不理想，明暗对比不是过强就是过弱，因此采用摄像机的出厂设置拍摄难以获得令人满意的结果，必须实时调节摄像机的相关参数并做好记录。摄像机的白平衡在光线色温有变化或者更换镜头后都需要重新调节；黑平衡在环境温度变化大、增益设置改变或者更换了镜头后都需要重新调节。

（2）聚焦

高清拍摄对聚焦提出了更高的要求，如果摄像师把握不准，建议使用标准监视器，而且越大越好。高清电视拍摄时，为了获得最佳清晰度的影像，其聚焦技术与标清摄像的聚焦技术有所不同。正确的调焦方法如下：高清拍摄静态镜头时，应把变焦距摄影镜头变焦至一定焦距处（即适当景别），当做定焦距镜头使用，拍摄时具体使用哪一挡焦距拍摄，就应直接在该挡焦距状态下精确调焦，直到使寻像器中被摄主体的影像最清晰时为止，或直到调焦基线所指示的刻度值刚好等于用皮尺所直接测量出的调焦距离值时为止。

高清摄像机的图像因为清晰度提高，使得拍摄内容边缘锐度高，尤其对人的面部和服装的勾边现象（高清画面由于锐度的增加导致画面物体边缘出现黑边的现象）十分突出，容易给人生硬的感觉，这是CCD感光器件的特性和细节调节电路造成的。可以通过关闭或降低细节电平调节功能，模拟出柔和的电影效果。但是对风光画面就不一定要这样做。

标清拍摄静态镜头时，往往习惯于先将变焦环变焦至最大焦距处精确调焦，然后再将其变至需要的短焦距处拍摄。这种方法不适合高清摄像技术的调焦要求，因为变焦距镜头在变焦时，普遍存在着微量的焦点漂移现象，不同焦距处的最佳焦点位置未必精确一致。此外，使用推拉式变焦距镜头时，还容易在调焦完毕后的变焦过程中，使调焦位置在无意中被误触动而改变。因此，在高清摄像时，为了获得被摄主体的最清晰影像，就必须在所用焦距状态下直接精确调焦后拍摄。

（3）曝光

曝光是摄像的基本问题，曝光量直接影响到画面的层次、细节、色彩饱和度，所以只有准确把握曝光量，才能得到更完美的图像。所谓最好的曝光数值，就是从暗部到亮部，把我们想重现的亮度都能重现，想保留的层次与色彩都能还原。虽然高清摄像机都提供自动曝光功能，但是由于自动曝光是采用反射式测光表，对画面曝光只能采取暗则开光圈、亮则收光圈的机械式反应，所以并不一定能够满足我们实际拍摄中对画面曝光的具体要求。

高清摄像机水平清晰度的提高使其画面宽容度更接近电影胶片，层次也比标清更加丰富。在拍摄景物时，须认真观察被摄景物的明暗程度及明暗部分的分布范围，根据亮部和暗部的取舍及与拍摄主体的关系，确定曝光量并调节光圈的大小。

摄像机提供的斑马纹可以覆盖寻像器画面中达到某一亮度（如 70% IRE 或 100% IRE）的部位，这是一个很重要的曝光参考，但对于整个画面的明暗控制，仍不够。而在确定曝光时，大监视器是非常有用的设备，它可以让摄像师和导演实时地看到亮度、色彩、色还原的效果。

高清摄像机还提供了伽玛曲线的调节。当拍摄的景物高亮度部分比较大且超过了 CCD 所能表现的范围时，图像的高光部分就会出现泛白现象，导致高光部分层次和细节丢失，这时可以通过调节拐点、伽玛曲线和黑伽玛曲线补偿和修饰画面。

另外，根据一些高清摄像师的经验，高清拍摄时，拍暗一挡或两挡光圈，通过调色，其还原能力还是非常强的，但如果高清画面曝光过度，亮部就会损耗，且在后期无法还原。

通常，为保证高清拍摄时曝光的准确，往往综合使用示波器、斑马纹、监视器和独立的手持式测光表等工具。

（4）布光

在高清拍摄时人们有一个误解，认为亮度要比较强、曝光比较高，才有比较好的图像。而事实上，曝光过度是对高清摄像的一个致命打击，应小心处理。摄像机 CCD 对暗部景物还原能力出色，因此一般纪实类节目在拍摄室内环境时，采用室内原有的照明设备，在暗部略微补光即可。高清电视本身的特定技术条件，决定了高清电视对照明有如下要求：

① 光线要柔和，并适当扩大布光范围。照明时应采用软光照明，尽量少用硬光 特别是用于人物脸部的光线，最好采用柔和的散射光，灯具中柔光灯的比例要大一些，也可在聚光灯前加上柔光片或纱网使光线变软。另外，由于画幅变宽，布光的范围要比传统演播厅宽近 1/3，相应的灯位设置要顾及传统画面以外的东西可能在高清画面内出现。

② 布光要均匀，亮度要足够。即演区的光线要均匀。在布光时，不同方向的光线照向演区时，同一方向光线的照度要一致，以保证摄像机变换机位连续拍摄时，前后画面影调的一致性。高清演播厅演区综合垂直照度要在 2000 勒左右。高清演播厅的适用照度要根据摄像机灵敏度与灯光亮度的关系来确定，一般情况下当摄像机光圈设定为 5.6 时，高清摄像所需灯光亮度要求如下：综艺节目背景照度为 1000 勒，综合垂直照度为 1600～2000 勒，因此需要提供布光范围更大、亮度更高的光照条件。

③ 要注意反差的一致性。光比小就要调节被摄对象与背景以及被摄对象本身各个不同方向灯光的相对亮度比，以及画面中不同的物体之间的相对亮度比。高清电视照明的光比一般为 2∶1 到 3∶1，但随着光线角度的不同和我们需要突出的重点应增大或缩小光比。高清电视照明的光比要小，是与电影照明相比较而言的。

④ 透视感要强。透视感与很多因素有关，但高清电视照明必须要注意影调与色调的阶调变化，着力于立体感、层次感、空间感的表达，这是高清电视照明区别于标清电视照明的显著特点。

(5) 构图

首先,高清电视 16∶9 的画幅使电视画面包含了更多的信息量,这在拍摄大场面或大全景时非常有表现力,更接近于电影的视觉效果。在镜头的选择方面,高清镜头是以电影镜头为参考,画面不仅柔和,而且清晰度高、景深小、立体感强,对镜头的透光率要求也高。在相同焦距段时,高清镜头比标清摄像机镜头的视角大。高清摄像机所用的标准镜头近似于标清 4∶3 摄像机的小广角镜头。高清 16∶9 的画面比例,更加符合观众的视觉习惯,画面里的信息量比 4∶3 的画面多,拍摄大全景或一些宏大场面的画面可以给人视觉上带来强大的冲击力。但拍摄人物特写镜头时需要对画面进行填补,否则会有空旷的感觉,拍摄人物时画面构图偏重于多给近景。此外,由于使用了 16∶9 模式取景,使水平方向视角变大,导致水平运动的物体在屏幕上停留的时间变长,考虑到人眼的视觉感受,可能要求摄像师加快摄像机镜头的摇摄速度,以加快镜头节奏。

由于目前广播电视领域高标清混合制作的现状,经常需要把高清素材下变换为 4∶3 画幅的标清素材。如果考虑到拍摄的高清节目与标清的兼容,前期摄像构图就要根据下变换方式作适当的调节。16∶9 的高清信号下变换成 4∶3 的标清信号有三种不同模式,即挤压模式、信箱模式和边缘裁剪模式,效果如图 3-10、3-11、3-12 所示。

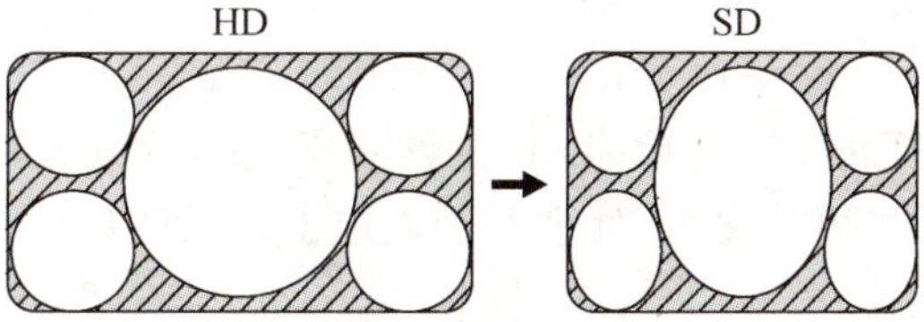

图 3-10　挤压模式

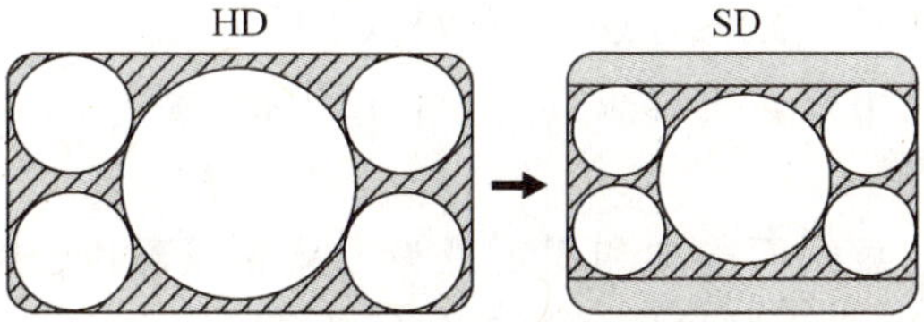

图 3-11　信箱模式

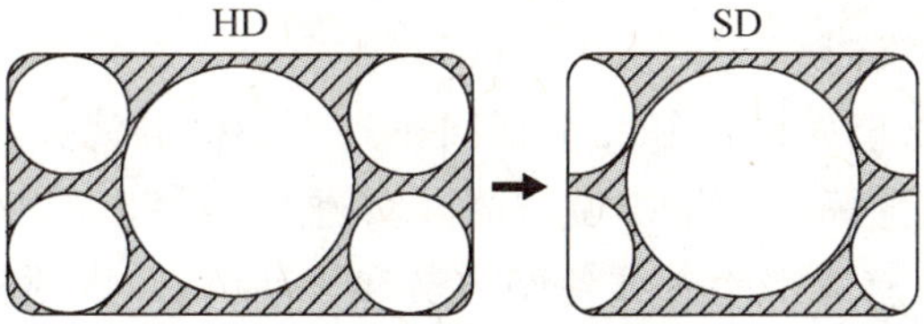

图 3-12　边缘裁剪模式

以上三种下变换模式各有其优缺点。第一种模式保留了画面的全部内容,清晰度好,但图像被挤压拉长。如下变换到标清再制作成可变形 16∶9 画面的 DVD 时可采用此模式。第二种模式保留全部内容,画面比例正常,但清晰度有较大损失。这是实际拍摄中使用较多的模式，如制作遮幅式专题或电视剧等。第三种模式使画面两边部分被剪掉，清晰度好，画面比例也正常，但失去了16∶9宽幅画面的边缘部分，所以适用于对画面构图要求不高的普通节目拍摄。

不论采用哪种模式，最好在拍摄前确定一种下变换模式，以便实际拍摄时，设置相应类型的取景框来获得正确的构图。

在确定了下变换模式之后，在拍摄过程中，可以在寻像器中打开4∶3的提示框，作为构图参考。在体育节目拍摄和制作的过程中，需要考虑下变换时画面宽高比的不同所带来的构图问题。首先是对应于下变换后的字幕和台标，需要考虑字幕的宽度、相对画面的垂直位置以及台标的挂角位置。其次是安全范围的变化。传统的4∶3构图时，画面还有一个安全范围的设定，也就是可以在寻像器中选择安全框提示来进行拍摄时的画面大小规范，但是在高清拍摄过程中，寻像器中看到的画面就是实际得到的拍摄画面，而没有任何的冗余空间，这一点在拍摄中一定要注意拍摄习惯的改变。特别是在构图时尽量避免不必要的人物或者景物进入画面。

在高清摄像的构图创作方面，并没有什么条条框框。在视觉效果上，需要掌握一些规律，尤其是使用16∶9画幅比进行构图时。从突出主题出发，画面离不开线、形、色调、影调这四大元素。根据上述要求，在16∶9的构图中，由于水平视角的增大，更需要留意线条在画面上的延伸感，形成视觉上的透视感；形状上要注意主体和陪体的合理位置，既要有对比、又要不失平衡，虚实的比例也要控制恰当；在色调和影调的处理方面，要根据光线和色彩的特性、变化、位置及色彩间的相互关系，处理好画面层次，发挥自己的创意。

五、实验注意事项

1. 注意主体、陪体、前景、后景、背景、空白和纵深的处理。

2. 注意掌握好如何使用摄像机镜头，如光圈、白平衡、聚焦、变焦的调节和操作及运用。注意用光对镜头效果的影响。

3. 固定镜头拍摄要注意画面构图和固定镜头定义的理解和运用。

4. 在拍摄时，要结合特定主题培养拍摄时的镜头意识。

5. 注意运动摄像的起幅、落幅和过程，镜头的运动要符合观众的观看习惯，保证运动镜头的稳定性，并注意画面节奏的表现。

6. 注意身体的升降和移动。

7. 对于越轴镜头可以事先设计好几个相同场景下拍摄的镜头，然后练习拍摄。

8. 在拍摄时，可以结合短片制作或模仿的办法进行实验。在本实验中可以模拟访谈对话节目进行拍摄。在实验前请实验者准备好演员和谈话内容，以便模拟拍摄。

六、实验记录方式

1. 真实记录实验的步骤和过程。

2. 记录实验过程中遇到的问题及解决方法。

七、讨论与评价

1. 什么是电视画面？电视画面的构成有哪些？怎样正确处理构成成分间的关系？

2. 通过实验，讨论和总结景别、拍摄角度、构图方式对画面造型的影响。

3. 详细分析实验过程中的机位设置规律，讨论不同类型电视节目对摄像机机位的要求。

八、实验报告

1. 详述本次实验的拍摄过程中，在固定镜头、运动镜头、轴线规律和三角形机位设置的拍摄和实践过程中遇到的问题，小组对这些问题的解决方法及你自己的理解。

2. 常用的固定画面构图形式及在摄像中的应用。

3. 主要的镜头运动形式及各种运动镜头在叙事、表意上的特点和功用。

4. 轴线规律和三角形机位设置原理在实际拍摄中的意义及作用。

实验四　线性编辑设备系统及操作

一、实验目的

在完成本实验的学习和实践后，学习者能够：

1．了解线性编辑系统的组成，掌握线性编辑系统的用法与功能，熟练操作线性编辑设备。

2．理解线性编辑的优点和缺点。

3．理解插入编辑和组合编辑的区别，并能正确选用和熟练完成这两种编辑方式的编辑操作。

4．完成常见的线性编辑任务，提高实验动手能力。

二、实验要求

本实验要求学习者完成：

1．选择小组合作拍摄的几段不同素材，利用组合编辑的方式分别将其按照事情的发展顺序编排好。

2．分析自己的那几段素材，找到它们的逻辑关系，通过主持人说串词的方式，使用组合编辑的方式将上述几段素材串接起来。

3．将任务 2 的实验结果仔细审阅，通过插入编辑的方式修改其中出现的视音频错误，并调节每段素材的声效，使全片的音量大小达到素材所要求的效果。

4．使用插入编辑的方式给任务 3 的实验结果加上素材所需的配音，并根据素材混录各个声音通道并且调节音量大小。

三、实验场地与器材

1．场地：线性编辑实验室。

2．器材：

① 编辑录像机：SONY Beta CAM SP(见图 4-1)或 SONY DV CAM DSR 1800AP(见图 4-2)。也可根据实验室条件自行准备所需的编辑录像机。

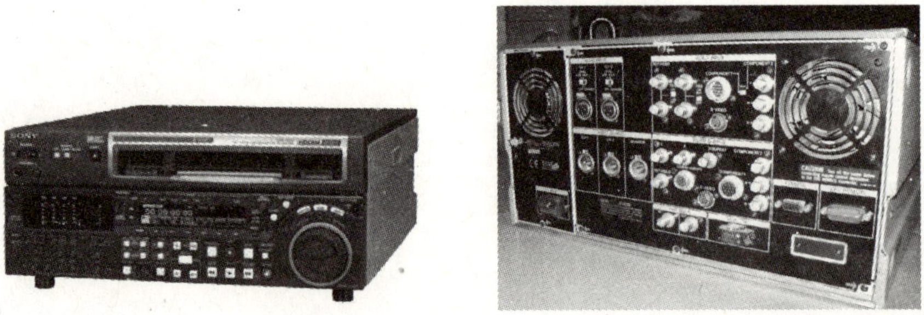

图 4-1　SONY Beta CAM SP 录像机

图 4-2　SONY DV CAM DSR 1800AP 录像机

② 编辑控制器：SONY PVE-500(见图 4-3)。

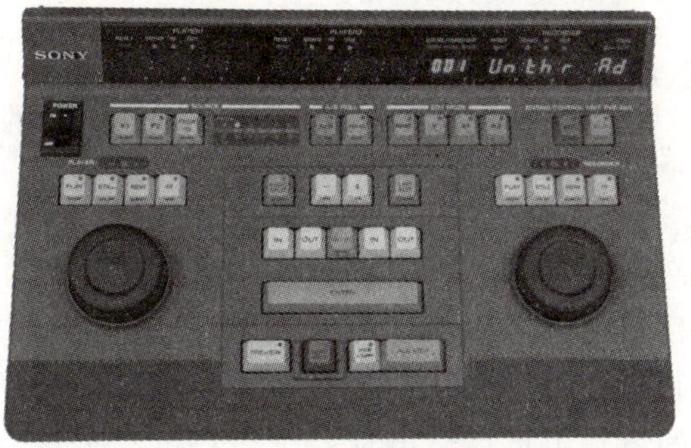

图 4-3　SONY PVE-500 编辑控制器

③ 视音频连接线：RCA 莲花插头视音频线(见图 4-4),BNC 视频线(见图 4-5),XLR 型音频线(见图 4-6)。

图 4-4　RCA 莲花插头视音频线

图 4-5　BNC 视频线

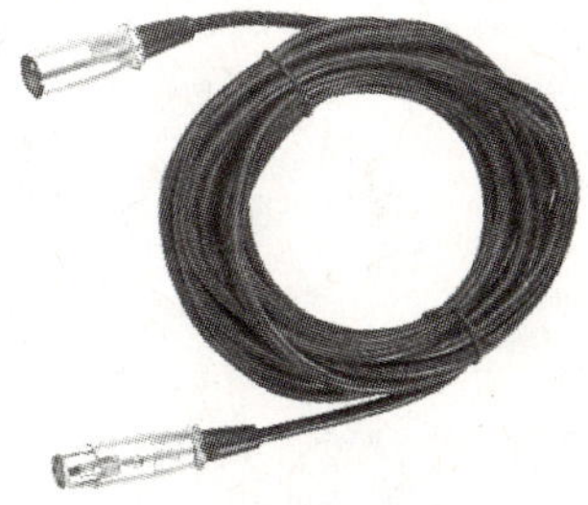

图 4-6　XLR 型音频线

④ 录有素材的素材带和空白的节目带：SONY Beta CAM SP 磁带(见图 4-7),SDNY DV CAM 磁带(见 4-8)。

图 4-7　SONY Beta CAM SP 磁带

图 4-8　SONY DV CAM 磁带

⑤ 监视器两台。

四、实验预备知识

(一) 录像机

录像机又叫磁带录像机,本质上是一种电磁信号互转设备,该设备能把图像和声音信号同时记录在磁带上,又能从磁带上把图像和声音信号重放出来。它是一种重要的电视制作设备,用于录制、编辑、播放、上载电视素材和电视节目。

(二) 组合编辑与插入编辑的区别

组合编辑和编辑是磁带录像机编辑的两种基本方式,无论编辑流程如何,最终编辑图像和声音的方式都是这两种。

组合编辑是将素材带上的画面及声音同时按照事先编排好的顺序,逐个记录在节目带上,串编成一个完整的节目。在该过程中录像机的全消磁头工作,节目带上原有的所有磁迹(视频磁迹、音频磁迹、控制磁迹)将全部被改写。由于全消磁头和写入新磁迹的磁头之间有一定距离,因此组合编辑的编辑出点后会出现一段磁迹的空白区域,如图 4-9 所示。因此组合编辑只能用于首次编辑,而不能用于修改已完成编辑的节目带。

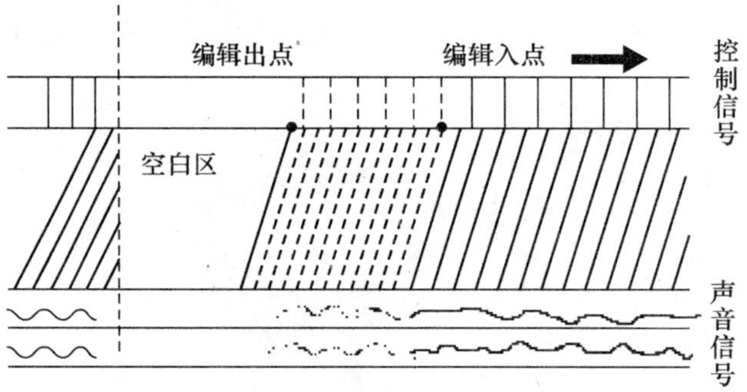

图 4-9　组合编辑

插入编辑是将节目带上的图像信号、声音信号的某一部分分别或同时替换成新素材的编辑方式,它可以将节目带上不需要的图像和声音素材用有用的素材替换下来,如图 4-10 所示。

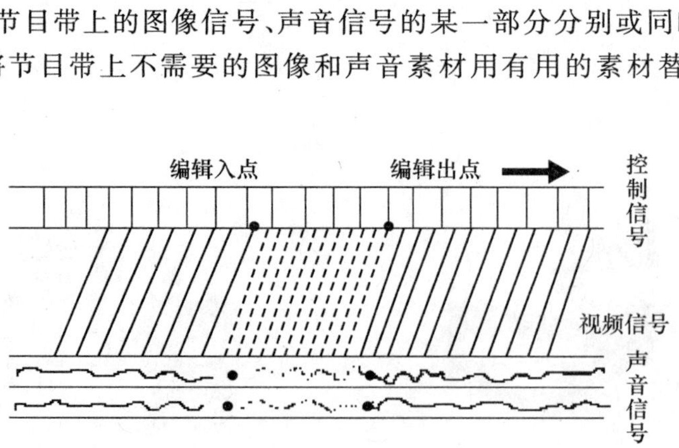

图 4-10　插入编辑

在组合编辑时,节目带上的视频信号、音频信号和控制信号将全部被重写,它们全都是新记录的。在插入编辑时,并不改写原有磁带上的控制磁迹。插入编辑能分别修改节目带上的图像或者两个声道的声音,也能同时对图像和声音进行修改。

插入编辑方式有以下几种形式:

① 在已有完整节目的磁带中间用等长度的图像或声音片段代替原来的图像和声音。

② 在已有声音的磁带上加图像。

③ 为编辑好画面的节目配音乐或解说词。

④ 分别修改节目带的画面和两个声道的声音。

(三) 编辑模式

1. 手动编辑

手动编辑是指不需要专门的编辑控制器,直接用录像机面板上的编辑操作键来进行节目编辑。当使用无预卷功能的录像机编辑时,不能保障编辑入点的准确性。

2. 自动编辑

自动编辑有两种形式。

(1) 遥控线连接的双线编辑

放像机与录像机之间连接一根多芯遥控线,以传递控制信息,这样就可以单机操作,通过录像机的面板控制放像机。一般通过 PLAYER 和 RECORDER 键切换,来分别控制录像机和放像机。

(2) 编辑控制器连接的双机编辑

用遥控电缆将编辑控制器与放像机、录像机连接起来,放像机与录像机的本机/遥控开关均置于遥控(REMOTE)位置。此时全部功能操作都转移到编辑控制器上。

(四) 四种编辑系统

1. 无编辑控制器的一对一编辑系统

本系统由一台放像机、一台录像机、一台或者两台监视器组成。录像机通过遥控电缆与放像机连接,通过 PLAYER 和 RECORDER 键切换,来分别控制录像机和放像机,并将放像机的素材画面编辑到录像机的节目带上。系统结构如图 4-11 所示。

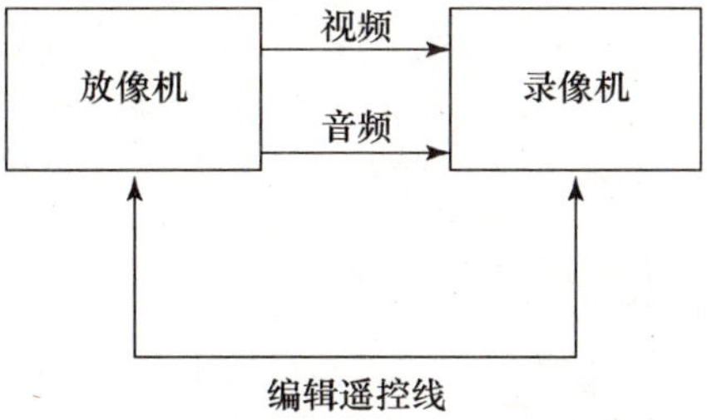

图 4-11　无编辑控制器的一对一编辑系统

2. 有编辑控制器的一对一编辑系统

由一台放像机、一台录像机、两台监视器和一个编辑控制器组成。编辑控制器通过遥控电缆分别控制录像机和放像机,并将放像机的素材画面编辑到录像机的节目带上。系统结构如图 4-12 所示。

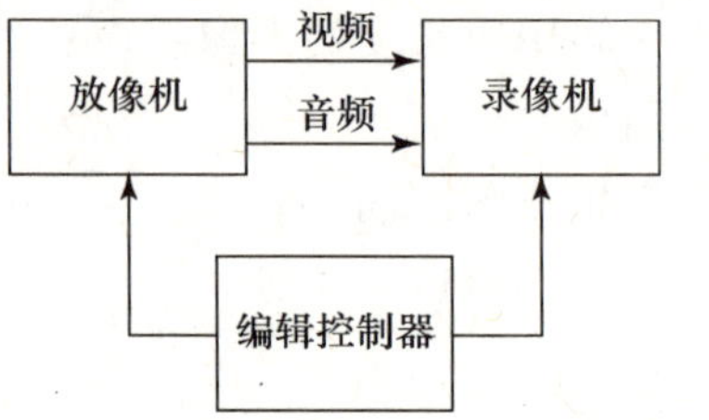

图 4-12 有编辑控制器的一对一编辑系统

3. A/B 卷编辑系统

简单地对编系统只能将两个画面连接在一起,不能做叠化、淡入淡出、划像等特技转换编辑。如果要实现这些功能就必须要有两台放像机,这样才能将两个放像机播放的图像选择并转录到录像机的磁带上,这就是 A/B 卷编辑系统,如图 4-13 所示。

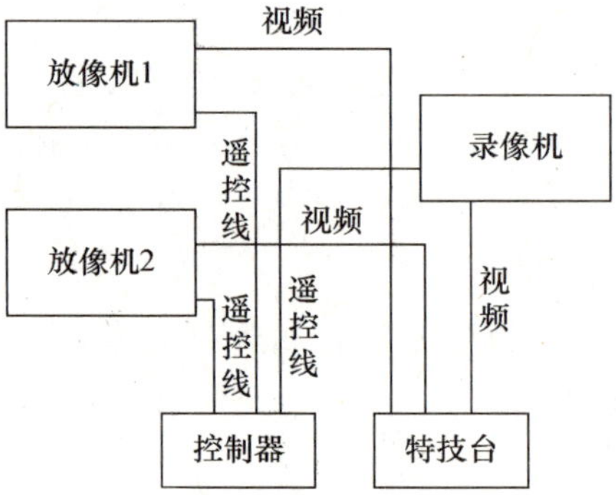

图 4-13 A/B 卷编辑系统

4. 多机联动编辑系统

两台以上的放像机的编辑系统,称多机联动编辑系统。它的自动编辑性能很高。通常由带微机功能的编辑控制器控制,通过微机程序的设置,可操纵多台录像机,进行自动寻找编辑的入点、出点,自动编辑还可以控制特技画面的实施,是一种自动程序控制的编辑系统。

(五) CTL 码和 TC 码的概念

CTL 码是由专用的 CTL 磁头在录像带控制磁迹上记录的控制信号,与画面对应的编码是相对的。TC 码是 Time Code(时间码)的缩写,磁带上记录的每一帧画面均对应一个时间码,因此它是一种绝对时间码。

CTL 码是一种相对时间码,编辑时可以在任意时刻清零,以便实时掌握编辑时间。但是其缺点也是显而易见的,如果计数错误,就容易造成编辑跑点的现象,不利于准确编辑。使用 CTL 码时,若节目中有某段磁粉脱落,引起 CTL 信号丢失,则整个节目的计时长度会与实际走带时间不相符,而 TC 码不存在这个问题,虽然在节目中间可能有 TC 码丢失,但节目结束时的TC码依然是一个不变的数值，与实际走带相比没有误差。CTL码以0:00:00:00方式显示，TC码以00:00:00:00方式显示。TC码是一个绝对值，不可以清零，CTL码是一个相对值，可以复位清零，所以节目中的任何一幅画面，无论放在任何一台编辑机内，其显示的TC码是不变的，根据这个TC码可以知道走带时间和节目在磁带中的位置，而用CTL码计数，只有先找到参照物，才能知道节目中特定画面的位置及走带时间。

五、实验方法与步骤

一套完整的线性编辑系统由放像机、录像机、监视器、编辑控制器组成。本实验主要实践和掌握录像机、编辑控制器和线性编辑的基本操作三个主要内容。

（一）录像机

这里我们以SONY DV CAM录像机为例介绍录像机的使用。

1. 录像机界面介绍

录像机界面的介绍具体如图4-14所示。

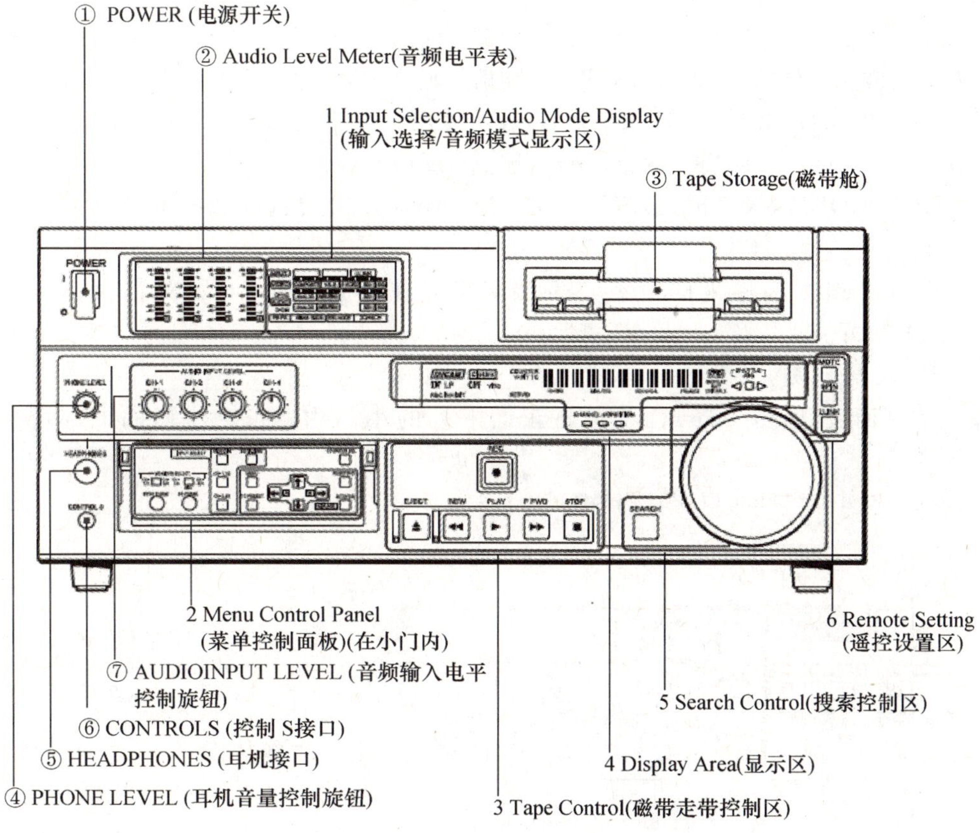

图 4-14　DSR 1800AP 前面板

2. 输入选择/视音频模式显示区

该区图示见图4-15。

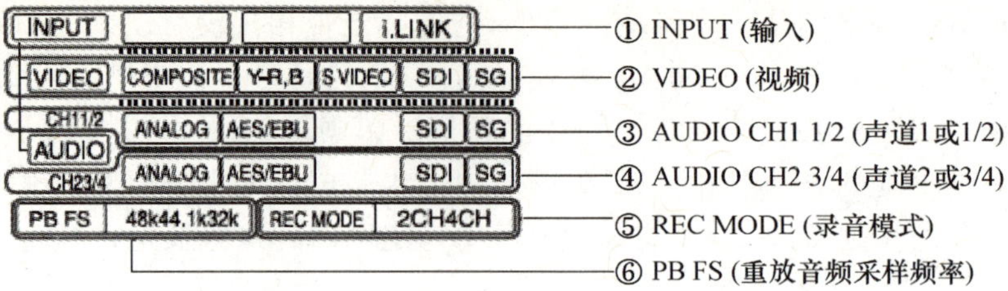

图 4-15　输入选择/视音频模式显示区

(1) INPUT (输入)显示框中 i. LINK 指示灯亮时,表示已在 INPUT SELECT (输入选择)区中选择了 SDTI/i. LINK 键,也就是说当前选择的数字视频和音频信号输入是兼容 i. LINK 的 DV 格式。

(2) VIDEO (视频)显示使用 INPUT SELECT (输入选择)区中的 VIDEO IN (视频输入)键选择的输入视频信号的类型。其中,“COMPOSITE”指复合视频输入;“Y-R、B”指分量视频信号输入;“S VIDEO”是指 S 端子视频信号输入;“SDI”是指视频信号通过串行数字接口输入;“SG”是指视频测试信号。

(3) AUDIO CH1 1/2(声道 1 或 1/2),表示使用 1 声道输入的音频信号(当使用 4 声道时表示选择 1/2 声道)。其中“ANALOG”表示模拟音频信号输入;“AES/EBU”表示 AES/EBU 格式的数字音频信号输入;“SDI”表示 SDI 音频信号输入;“SG”表示音频测试信号输入。

(4) AUDIO CH2 3/4(声道 2 或 3/4),表示使用 2 声道输入的音频信号(当使用 4 声道时表示选择 3/4 声道)。所提供的指示与上述 AUDIO 1 1/2 (声道 1 或 1/2)显示内容相同。

(5) REC MODE (录音模式)表示使用 REC MODE 菜单选项选择的录音模式(2 声道或 4 声道)。

(6) PB FS (重放音频采样频率)表示音频信号在磁带上记录时的采样频率(48 千赫、44.1 千赫或 32 千赫)。

3. 菜单控制面板

菜单控制面板(见图 4-16)位于设备正面下方的小门内。拉动小门的上部可以将它打开。

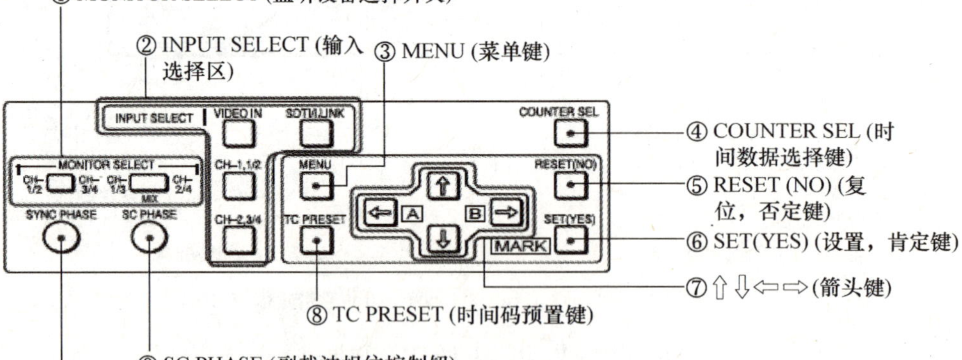

图 4-16　菜单控制面板

(1) MONITOR SELECT (监听设备选择)开关。使用这些开关在后面板上的 AUDIO MONITOR OUT(监听设备输出)接口和前面板上的 HEADPHONES(耳机)接口之间选择音频输出的声道。使用左边的开关选择基本的声道设置,然后使用右边的开关选择输出的格式(单声道、立体声或混响)。

(2) INPUT SELECT (输入选择区),可以选择视频和音频的输入来源。

对于视频输入源的选择,每次按下 VIDEO IN(视频输入键),下面的输入视频信号选项就会循环地出现。

① 输入到 VIDEO IN(视频输入接口)的复合视频信号。

② 输入到 COMPONENT VIDEO IN (分量视频输入接口)的分量视频信号。

③ 输入到 S VIDEO IN(S 视频输入接口)的视频信号。

④ 输入到 SDI IN 接口的 SDI(串行数字接口)视频信号。

⑤ 内部信号发生器所产生的视频测试信号。

对于音频输入的选择,分别使用 CH-1 1/2 和 CH-2 3/4 两个键即可实现。每次按动这两个键,输入音频信号选项就会循环地出现。

对于输入接口的选择,可以通过 SDTI/i. LINK 键在 SDTI 接口和 i. LINK 接口之间选择一个用于输入数字视音频信号。

(3) MENU (菜单键)。按此键在监视器屏幕和时间数据显示区中显示菜单。再次按此键则从菜单显示返回到常规的显示。

(4) COUNTER SEL (时间数据选择键)。选择需要在时间数据显示区中显示的时间数据类型。按动这个键,会有三种指示显示选项循环出现:COUNTER (CNT:计时器的计数值)、TC (时间码)和 U-BIT (用户比特)。当遥控设置区中的 REMOTE (遥控)键亮灯时,COUNTER SEL (时间数据选择)键不工作。在这种情况下,需要通过连接在后面板上 REMOTE(遥控)接口的遥控设备进行时间数据的选择。

(5) RESET(NO) (复位,否定键)可以:使菜单设置复位;使时间数据显示区中显示的 COUNTER(时间计数)归零;对本机发出的提示信息作出否定的响应。

(6) SET(YES) (设置,肯定键)可以:在设备的内存中保存新的设置;对本机发出的提示信息作出肯定的响应。

(7) ⇧⇩⇦⇨(箭头键)。使用这些按键可以在菜单选项中四处移动,还可以设置时间码和用户比特数据。

(8) TC PRESET(时间码预置键)。在设置初始时间码数值和用户比特数据时使用这个键。

(9) SC PHASE(副载波相位旋钮)。转动这个旋钮,可以根据基准视频信号精确地调节设备的复合视频输出信号的副载波相位。

(10) SYNC PHASE(同步相位旋钮)。转动这个旋钮,可以根据基准视频信号精确地调节输出视频信号的同步相位。

4. 磁带走带控制区

磁带走带控制区的外观如图 4-17 所示。该区的按钮功能与常见的家用录像机、DVD 播放机上的播放控制按键功能类似,在此不做赘述。

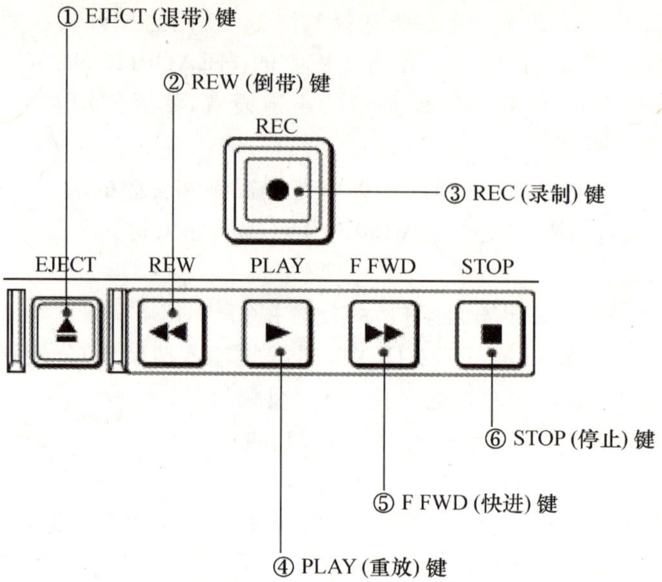

图 4-17　磁带走带控制区

5. 显示区

显示区外观如图 4-18 所示。

(1) 录制/重放格式指示

① DVCAM：以 DVCAM 格式录制的磁带重放时，这个指示灯点亮。

② DV：以家用 DV 格式录制的磁带重放时，这个指示灯点亮。

③ LP：以 LP 格式录制的磁带重放时，这个指示灯点亮。

以 DVCPRO (25 兆)格式录制的磁带，或以上述格式外的任何其他格式录制的磁带重放时，以上指示灯均不亮。

(2) ClipLink 指示

当磁带存储器中存储有 ClipLink 记录数据的磁带被装载时，这个指示灯点亮。ClipLink 功能可以在拍摄当中将各种编辑所需的数据(如场景编号和时间码数据)记录在磁带上，从而极大地提高视频制作的整体效率。在开始拍摄一个场景时，有 ClipLink 功能的录像机会将 ClipLink 记录数据(如场景编号和时间码数据)自动记录到带盒存储器中，方便后期编辑时对镜头素材的查找。

(3) VITC(场消隐时间码)指示

读取或记录 VITC 时，这个指示灯点亮，而不管时间数据显示区所显示的数据如何。

(4) 时间数据类型指示

三种指示(COUNTER、U-BIT 和 TC)之一亮灯，表示时间数据显示区当前所显示的时间数据类型。

① COUNTER：时间数据的计数值。

② U-BIT：用户比特数据。

③ TC：EBU 时间码(DSR-1800AP)。

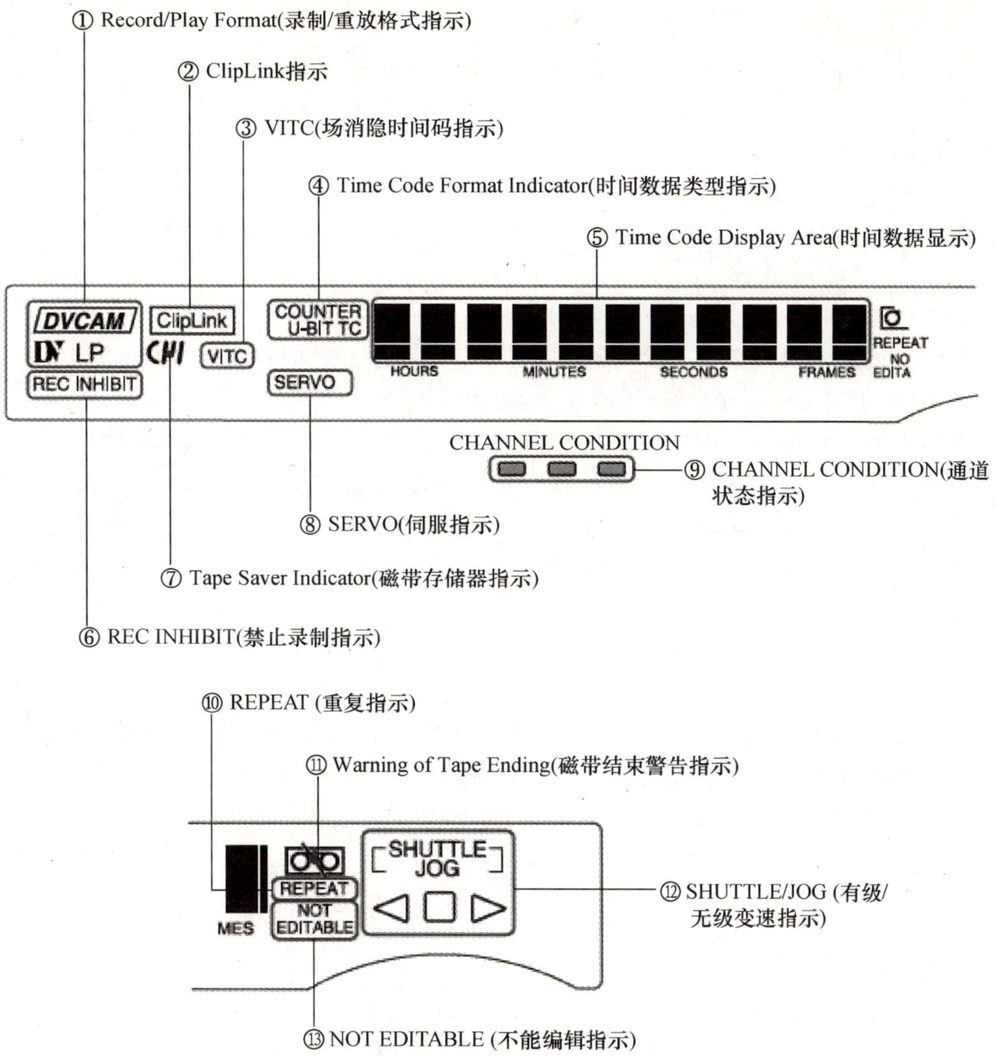

图 4-18　显示区

（5）时间数据显示

该区根据设定的时间数据类型显示相应的时间码和数据，此外，还用来显示错误提示和设置菜单数据。

（6）REC INHIBIT（录制禁止指示）

该指示在以下情况时亮灯：

① 所装载磁带的 REC/SAVE（录制/ 保存）开关被置于 SAVE（保存）的位置。

② REC INHIBIT（禁止录制）菜单选项被置于 ON（打开）的位置。

（7）磁带存储器指示

当装载的磁带带有记忆芯片（磁带存储器）时，这个指示灯点亮。

（8）SERVO（伺服指示）

在磁鼓伺服系统和主动轮伺服系统锁定时，这个指示灯点亮。

(9) CHANNEL CONDITION(通道状态指示)

这些三色的指示灯显示重放信号的状态。绿色表示重放信号状态良好,黄色表示重放信号有些恶化,但是仍然可以进行重放,红色表示重放信号恶化。如果红色指示始终亮灯,则需要进行磁头清洗或内部检查。

(10) REPEAT(重复指示)

当 REPEAT MODE(重复模式)的菜单选项设在 ON(打开)的位置时,这个指示灯点亮。

(11) 磁带结束警告指示

磁带剩余的录制时间还剩下 2 分钟左右时,这个指示开始闪烁。

(12) SHUTTLE/JOG(有级/无级变速指示)

当使用搜索转盘以有级变速模式进行搜索时,SHUTTLE(有级变速搜索指示灯)点亮,而当使用搜索转盘以无级变速模式进行搜索时,JOG(无级变速搜索指示灯)点亮。顺时针转动搜索转盘使重放向前进行时,▷指示灯点亮。逆时针转动搜索转盘使重放向后进行时,◁指示灯点亮。当磁带停止时,□指示灯点亮。

6. 搜索控制区

搜索控制区外观如图 4-19 所示。

(1) SEARCH (搜索键)

要使用搜索转盘以有级或无级变速搜索模式进行重放,请按 SEARCH(搜索)键使其点亮。转动转盘可以在有级或无级变速搜索模式之间转换。在有级变速搜索模式下,显示区中的 SHUTTLE 点亮,在无级变速搜索模式下,显示区中的 JOG 点亮。

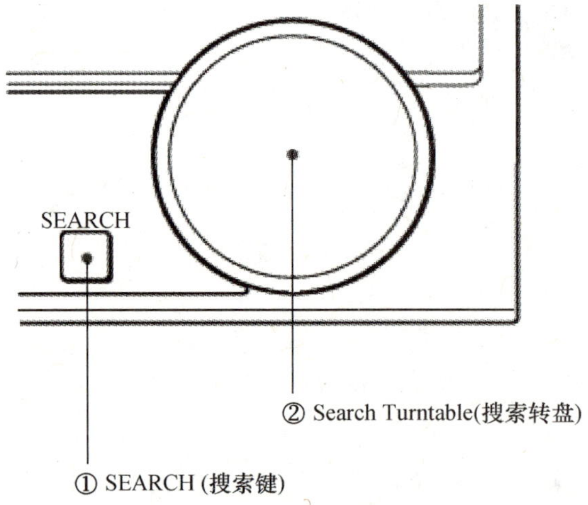

图 4-19 搜索控制区

(2) Search Turntable(搜索转盘)

该转盘可对素材进行变速搜索,提高编辑时寻找素材的效率。顺时针转动转盘时,重放以前进方向进行。逆时针转动转盘时,重放以后退方向进行。

通过按下这个转盘可以在有级变速搜索模式和无级变速搜索模式之间转换。以有级变速搜索模式重放时,显示区中的 SHUTTLE 点亮,以无级变速搜索模式重放时,显示区中的 JOG 点亮。

7. 遥控设置区

遥控设置区的外观如图 4-20 所示。

(1) REMOTE(遥控键)

当从 REMOTE(遥控器接口)或 DV IN/OUT(DV 输入/输出接口)所连接的装置上对本机进行遥控时,按这个键使其点亮。

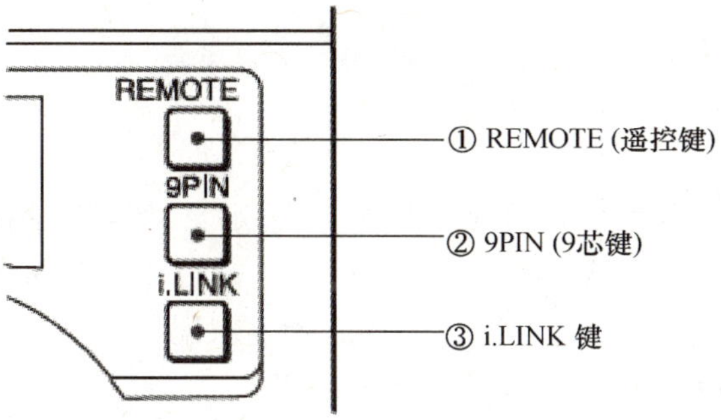

图 4-20 遥控设置区

在返回本地模式以使用走带控制区中的按键时,再次按这个键使之熄灭。

(2) 9PIN (9 芯键)

在本机和 REMOTE(遥控器接口)所连接的设备之间进行遥控时,按这个键使之点亮。

(3) i. LINK 键

在本机和 DV IN/OUT(DV 输入/输出接口)所连接的设备之间进行遥控时,按这个键使其点亮。

(二) 编辑控制器

这里以 SONY PVE-500 编辑控制器(如图 4-21 所示)为例介绍编辑控制器的使用。

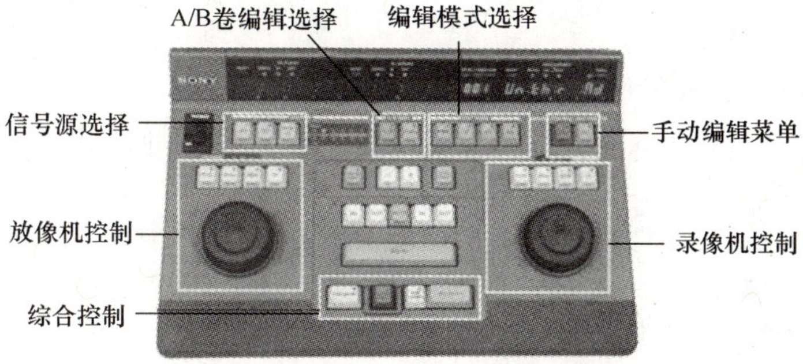

图 4-21 SONY PVE-500 编辑控制器

1. 预设区

位于"SONY"商标下,用于编辑系统的综合设置,直接影响编辑精度,首次编辑应检查设定,如图 4-22 所示。

具体设定位置:

(1) LEARN(启动延迟检测键):自动检测被连接的录放像机的启动延迟特性,以提高控制精度。在编辑控制器的使用过程中,应定期进行检测操作。

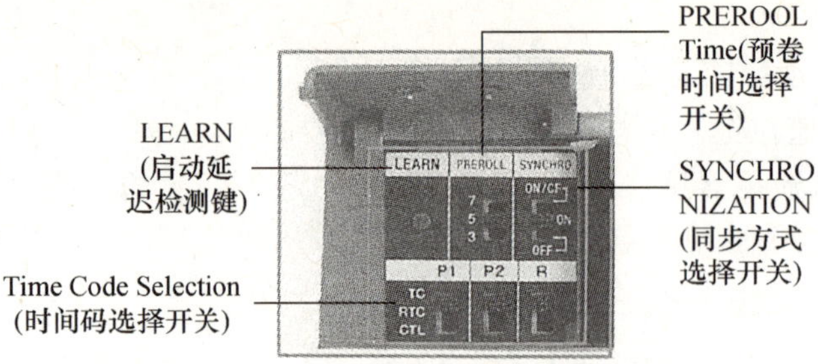

图 4-22　预设区

(2) PREROOL TIME(预卷时间选择开关)：决定自动编辑过程中对编辑入点的提前预卷时间，有 7～10 秒、5 秒、3 秒三挡，一般选 5 秒挡。此设置关系到录放像机的视频同步锁定性能，当素材带信号质量较差时，应适当加长预卷时间以利于同步锁定。

(3) SYNCHRONIZATION(同步方式选择开关)

① ON/CF——同步锁定并使用彩色成帧位置调节。此设置能获得稳定的图像，但编辑精度稍差。

② ON——同步锁定，这是常规选项。

③ OFF——不需同步。

(4) Time Code Selection(时间码选择开关)

① TC——显示已记录的 TC 格式时码，即使按 RESET 键也不能清零。

② RTC——显示复位后增加或减少的时码，按 RESET 键可清零。

③ CTL——显示清零后的 CTL 格式时码，按 RESET 键可清零。

2. 显示区

用来显示并控制素材和节目的时间码、编辑点、编辑模式、编辑状态等。

(1) RESET(清零键)：单独使用，可清除 CTL 时码显示或编辑点显示；与 IN/OUT 同时使用可清除当前编辑点。

(2) EDIT NO(编辑序号键)：用于设置编辑序号。

(3) TRANS(效果时间键)：用于设定视频切换效果持续时间(单位为帧)。

(4) DUR(编辑时间键)：用于设定编辑持续时间。

(5) TOTAL(统计时间键)：用于显示编辑时间的总长度，配合 RESET 键可清零。

3. 信号、模式设定区

用来选择素材信号的来源、设定编辑模式等。

(1) 信号源(SOURCE)设定：用于选择编辑放像机等素材信号源，如图 4-23 所示。

图 4-23　信号源设定

① P1(放机 1 键)：选用放机 1 的信号并对其进行控制。与 ENTRY 键配合则选择辅助信号端口 1(AUX 1)。

② P2(放机 2 键)：选用放机 2 的信号并对其进行控制。与 ENTRY 键配合则选择辅助信号端口 2(AUX 2)。

③ FROM TO(信号切换键)：选择 A/B 卷信号的编辑顺序。与 ENTRY 键配合则选择辅助信号端口 3(AUX 3)。

(2) A/B ROOL(A/B 卷编辑设定)：如图 4-24 所示。

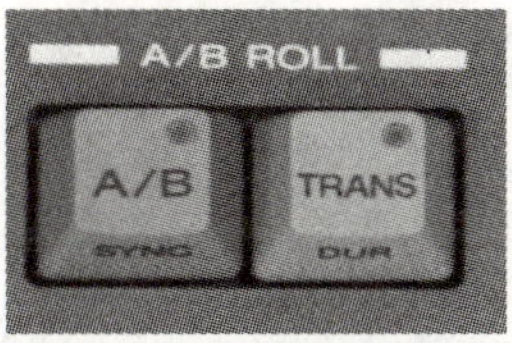

图 4-24　A/B 卷编辑设定

① A/B(A/B 卷编辑模式键)：用于二对一编辑系统。与 ENTRY 键配合则选择同步卷(SYNC ROOL)编辑模式。

② TRANS(切换时间)：设定视频切换效果持续时间(单位为帧)。与 ENTRY 键配合则设定编辑持续时间。

(3) EDIT MODE(编辑模式设定)：如图 4-25 所示。

图 4-25　编辑模式设定

① ASMBL(组合编辑键)。

② V(视频插入编辑键)。

③ A1(音频 1 声道插入编辑)。

④ A2(音频 2 声道插入编辑)。

(4) 手动编辑设定：如图 4-26 所示。

图 4-26　手动编辑设定

① REC(手动记录键)，与 ENTRY 键配合可记录编辑表数据。

② EDIT(编辑监视键)：使录像机将输入信号直接转接至监视器但不记录，只有同时按下 PLAY 键时才记录。与 ENTRY 键配合可调出搜索盘设置菜单。

4. 搜索盘

录放机搜索盘如图 4-27 所示。

(1) PLAY/STOP(播放/暂停)：单独按下时可播放录/放像机内的磁带。与 ENTRY 键同时按下则停止播放。

图 4-27 录放机搜索盘

(2) STILL/STB OFF(静像/待机)：单独按下时可播放静止图像(使用搜索盘后，让搜索盘处于初始位置时，机器自动进入静像状态)。与 ENTRY 键同时按下时可退出静像等待状态。

(3) REW/EJECT(倒带/弹出磁带)：单独按下时可快速倒带。与 ENTRY 键同时按下则可弹出磁带。

(4) FF/VAR(快进/变速播放)：单独按下时可快速进带。与 ENTRY 键同时按下则可进入变速播放状态(需要录放机支持)。

(5) Search Panel(搜索盘)：见图 4-27 中圆形的转盘，使用者可根据转动角度大小以 0～32 倍速进行前后搜索，也可逐帧进行精确定位，这两种功能的转换可通过按下搜索盘实现。

5. 编辑设定区

编辑设定区外观如图 4-28 所示。

(1) AUDIO SPLIT(声画分离键)：就是把图像和声音分开编辑。

(2) －/＋(编辑点微调键)：用于修改编辑点。

(3) LAST EDIT/CLEAR(最后编辑/清除键)：单用可调出先前预演过的最后一个编辑内容；在联机 EDL 模式下，则可恢复被清除的最后编辑点。与 ENTRY 键配合可清除最后编辑点。

(4) IN/OUT(编辑入点和出点设置键)：左右两组分别为放像机和录像机专用。

(5) GO TO(跳转键)：与 IN/OUT 配合，可快速到达入点和出点。

(6) ENTRY(进入键)：与 IN/OUT 配合，可设定编辑入点和出点；与其他双功能键配合可实现第二功能(见相关功能键的说明)。

(7) PREVIEW(预演键)：当三个基本编辑点(素材的 IN/OUT 和节目的 IN)设定完毕，就可利用此键检阅效果，以便加以修改。

图 4-28　编辑设定区

(8) AUTO EDIT(自动编辑键)：让控制系统按指定模式和编辑点进行自动编辑。

(9) RVW/JUMP(复审/跳转键)：自动编辑(AUTO EDIT)完成后，利用此键查看实际编辑效果(复审)。按第一次，快速卷到 IN 点前 5 秒并开始播放；此时若再按一次，就快速卷到 OUT 点前 5 秒并开始播放。

(二) 线性编辑的基本操作

1. 准备

在断电状态下检查所有设备的开关是否在正确位置。

(1) 所有设备的 Power(电源开关)都置于 OFF(关闭)的位置。

(2) 素材带误消磁孔盖上红色记录帽。

2. 系统接线与调节

编辑系统线路如图 4-29 所示。

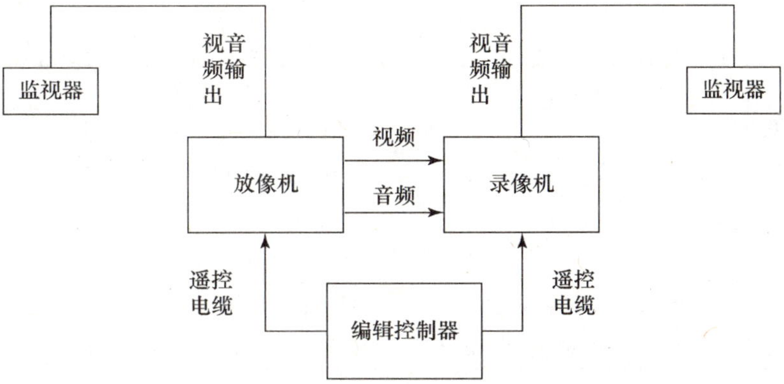

图 4-29　编辑系统线路连接图

(1) 按编辑系统线路连接图连接设备。

(2) 打开稳压电源,待电源稳定在220伏时,将所有设备的电源开关置于接通位置。

(3) 将素材带与编辑带分别放入放像机与录像机带仓中。

(4) 将监视器的亮度、对比度、色饱和度、音量调到适当的位置。

3. 组合编辑

(1) 编辑方式选择

按下自动编辑控制器上的ASSEMBLE(组合编辑键),使其灯亮。

(2) 放像机找入点

利用放像功能键中的FF(快进键)、REW(倒带键)、PLAY(放像键)找出所要编辑的镜头,调节TRACKING(刺激跟踪旋钮)使图像电平最大,再利用搜索盘慢速搜索直到找到该镜头的编辑入点,使其处于暂停状态,并用复位键进行清零。

(3) 放像机入点存储

同时按下放像机ENTRY(编辑输入键)和IN(入点键),使左边数字时间计数显示器上的IN(入点指示灯)亮起。

(4) 录像机找入点

按下录像机部分的PLAY(放像键),再用搜索盘进行搜索找到需要编辑的入点部分,使其处于暂停状态。用复位键清零。

(5) 录像机入点存储

同时按下录像机ENTRY(编辑输入键)和IN(入点键),使右边数字时间计数显示器上的IN(入点指示灯)也亮起。

(6) 编辑预演

为了检查所选的编辑点是否理想,可不按AUTO EDIT(编辑执行键),而先按PREVIEW(编辑预演键),此时编辑机将模拟编辑方式进行动作,监视器上显示的图像按编辑执行方式进行,但放像机的信号并没有记录在编辑带上。

(7) 编辑点帧间修正

经编辑预演,若认为编辑点不够准确,可通过TRIM(微调键)进行修正。方法是先按住放像机或录像机的IN(入点键),不要松手,再按微调键中的+(推后入点)或-(提前入点)键。每按一次,编辑点可推后或提前一帧。详细的修改编辑点的操作可根据表4-1中的操作方法进行。

表 4-1

按键组合	功能
只按 IN/OUT	查看编辑点位置的时间码
IN/OUT+GO TO	快速到达所需画面,静帧
IN/OUT	镜头总长度
+/- + IN/OUT	加帧/减帧
先按 IN 和 OUT 两个键,再按+/-	调节整个编辑段
先按住 IN 或 OUT,然后按 RESET	删除编辑点

根据上面方式,将放像机和录像机的入点打好。

(8) 执行编辑

确定编辑点无误后，按 AUTO EDIT（自动编辑键），这时除了监视器上显示的图像按编辑方式进行，放像机的信号也被记录在编辑带上。

(9) 终止编辑

按自动编辑键后，一个镜头结束，需终止两机的编辑时，按下 ALL STOP（终止编辑键），编辑结束，两机将处于暂停状态。

(10) 编辑点检查

为了确保编辑点的质量，每个镜头编辑结束后应进行编辑点的检查，可按下 RVW（重演检查键）或通过搜索盘慢速搜索，认真检查编辑点是否完好，如编辑点出现跳动、闪动、扭动或存在黑场等，则应重新进行编辑，直至完好为止。

(11) 按以上步骤进行下一镜头编辑，熟练组合编辑的操作。

注意：在进行组合编辑时，除了设定放像机和录像机的入点之外，放像机的出点可以设定也可以不设定。如果设定了放像机的出点，则在完成放像机入点和出点之间的镜头的编辑之后，编辑系统会自动停止工作。如果放像机没有设定出点，则需要在完成想要的镜头编辑后，由编辑人员手动停止编辑系统的编辑。组合编辑时，一般不设定录像机的出点。

4. 插入编辑

(1) 编辑方式的选择

按下自动编辑控制器中 INSERT（插入编辑）上的 V（视频键），如果需要插入声音信号可以同时或分别按下音频 CH1（1 声道）和 CH2（2 声道）键。检查视频键和音频键的指示灯是否点亮。

(2) 放像机找入点

利用放像功能键中的 FF（快进键）、REW（倒带键）、PLAY（放像键）找出所要编辑的镜头，调节 TRACKING（磁迹跟踪旋钮）使图像电平最大，再利用搜索盘慢速搜索直到找到该镜头的编辑输入点部分，使其处于暂停状态。用复位键进行清零。

(3) 放像机入点存储

同时按下放像机 ENTRY（编辑输入键）和 IN（入点键），使左边时间计数显示器上的 IN（入点指示灯）亮起。

(4) 录像机找入点

按下录像机部分的 PLAY（放像键），再用搜索盘进行搜索找到需要编辑的入点部分，使其处于暂停状态。用复位键进行清零。

(5) 录像机入点储存

同时按下录像机 ENTRY（编辑输入键）和 IN（入点键），使右边时间计数显示器上的 IN（入点指示灯）也亮起。

(6) 录像机找出点

按下录像机 PLAY（放像键）并用搜索盘进行搜索，找到需要插入镜头的结束点作为编辑出点，使录像机处于暂停状态。

(7) 录像机出点存储

同时按下录像机 ENTRY（编辑输入键）和 OUT（出点键），使右边数字时间计数显示器上 OUT（出点指示灯）亮起。

(8) 编辑预演

为了检查所选的编辑点是否理想，可不按 AUTO EDIT(编辑执行键)，而先按 PREVIEW(编辑预演键)，此时编辑机将模拟编辑方式进行动作，监视器上显示的图像按编辑执行方式进行，但放像机的信号并没有记录在编辑带上。

(9) 编辑点帧间修正

插入编辑的入点修正与组合编辑相同。出点修正必须按住录像机的 OUT(出点键)再按微调键中的＋(推后出点)或－(提前出点)键。每按一次编辑出点可推后或提前一帧，根据具体情况进行修正，可参照组合编辑中编辑点修正的相关操作方法。

(10) 执行编辑

插入编辑的执行操作与组合编辑相同。当编辑结束时，两机将在出点的位置上暂停下来，而不必按终止编辑键。

(11) 编辑点检查

按组合编辑的方法检查编辑入点和出点，如果其中有一个接点不好，应重新进行编辑，直到完好为止。

(12) 按以上步骤进行下一个编辑操作。

注意：插入编辑时必须准确设定录像机的入点和出点，以及放像机一侧的入点。放像机的出点一般不设定。

5. 混录配音或者音乐

画面编辑完之后，常常需复制一版配音带供配解说、配音乐使用。混录就是将同期声、解说、音乐三者之音量按节目需要有机地结合在一起，合成在一个声道上。

正规的混录工作需要相应的设备，如调音台、话筒、音源设备、能控制调音台音乐的编辑控制器等，并由专业调音师操作。进行一般性节目的混录，或者设备比较简陋时，如果能够充分利用设备的特性，也能混录出好的效果。

没有调音台设备时，可利用录像机音频输出的功能，即监听输出进行混录。监听输出是 CH-1 和 CH-2 的混合输出，分别调节录像机两个声道的音量大小，即两个声道的声音在混合输出时的大小比例。

具体做法是：母带上原有同期声在 CH-2 上，在需要解说的位置将解说录制在 CH-1 上。配音版的 CH-1 中录上音乐，母带装入放像机中，配音版装入录像机中，放像机的监听输出连接到录像机的 CH-2 输入接口进行声音插入编辑，调节放像机的 CH-1 和 CH-2 输入接口进行声音插入编辑，调节放像机两个声道的音量调节钮，则录像机 CH-2 上混录上同期声与解说。将两盘磁带调换位置，再进行上述操作。同期声与解说(CH-2)声音和音乐(CH-1)声音混录在母带的 CH-2 声道上，即可完成三者的混录。

混录工作中要掌握的是音响设备的准确操作，比如什么时间加入音乐或者解说，三者的音量大小如何处理等。通常情况下，解说的作用是交代背景，引导和概括画面；同期声的作用则体现在突出现场效果和真实感上；音乐的作用是渲染气氛。三者同时出现时，解说首位，同期声次之，然后是音乐。当然，不同的节目类型有不同的要求。就音乐而言，通常都是选用一些现成的音乐，而使用现成音乐的最大问题在于音乐的时间与实际配乐需要不吻合，此时可以使用音频编辑软件进行编辑，此外，为避免给观众留下音乐不完整的印象，应将音乐的起落控制在解说词或者同期声中。

用这种方法，将已经完成的画面编辑的节目配上音乐和解说词，再检查整个节目。如没问题，将起点和终点记入时码表。

6. 结束

(1) 按下编辑控制器上放像机和录像机对应的 EJECT(弹出键)，录像机和放像机会弹出素材带和编辑带，将弹出的两盘录像带装入磁带盒中。

(2) 将所有设备的 POWER(电源开关)置于 OFF(关闭位置)。

六、实验注意事项

(一) 关于断磁的问题

由于拍摄时的错误操作或者编辑录制时的错误，磁带会断磁，主要的现象就是时间码在磁带某处被断开(时间码不是连续的)，此时会对时间的记录工作产生很大的麻烦。

在组合编辑的操作中，很多时候习惯性地只记入两个编辑点，即放像机与录像机的入点，然后执行编辑，直到过了出点后停止编辑。这种时候在停止编辑处，其实是读不出信息来的，此时微调搜索盘会发现此处已断磁。因此要特别注意，如果采用这种编辑方式，在编辑下一镜头时，放机的入点最好设置在前一镜头结尾之前的位置(一般的操作是使用搜索盘将磁带倒到有信号的地方)，所以使用这种方式编辑通常都是在出点的后面少许停止编辑操作。

(二) 静止图像的编辑

在同一点记入画面的入点和出点。同时按 IN 键、OUT 键和 SHIFT/ENTRY 键，将这些点记入同一点。按 AUTO EDIT 键执行编辑操作，放像机入点处的静止图像就可被编辑到录像机的节目带上。但须注意，只有在 OPERATION MODE 开关设置为“INT”时，才能进行静止图像的编辑。

(三) 录像机的使用与维护

1. 录像机的维护

(1) 录像机内部具有复杂的电路和机械驱动系统。所以，录像机对工作环境要求较高，要在规定的电压、温度与湿度范围，且防尘、防磁、防振的环境中工作。一般应选择在清洁、干燥、通风环境中使用。

(2) 磁鼓是录像机的心脏，使用寿命约 1000 小时。所以，使用录像机之前，应事先做好各种摄像准备工作，减少录像机重复记录和重放的次数，以延长其寿命。如果经常或长时间使用暂停键，容易磨损视频磁头。当视频磁头弄脏时，图像会出现时有时无或有雪花和条纹干扰的现象。可用麂皮沾上磁头清洁剂或无水酒精，紧贴在磁鼓视频磁头部位的圆柱面上，用手慢慢旋转磁鼓，轻轻擦拭视频磁头。注意不要沿垂直方向擦拭，以免损坏视频磁头，也不要用棉花清洗，因棉花毛容易被磁头尖钩住，造成不良后果。

用清洁带清洗磁头，每次的时间不能太长，以运转十几圈为宜，否则会过快磨损磁头；录像机从阴冷处搬到热处，或在潮湿处，磁鼓和磁头会因凝结露水而容易损坏。所以，录像机有测温去湿装置，如果机内潮湿，通电后，录像机的功能键不起作用，待露水烘干后，才能正常工作。

(3) 录像机工作时，应水平放置，避免震动。搬运时，录像机内不要装磁带。使用完毕时，应取出机内磁带，以免损坏磁鼓、磁头和磁带。

(4) 定期清洗录像磁带走带时经过的部件，如磁头鼓、视频磁头、音控磁头、全消磁头、消音磁头、磁带导柱、主导轴、压带轮等。擦拭时要小心，防止损坏机件和碰断导线。定期润滑机械转动部分和轴承，每次注油量要少，使之不致溢出。

2. 录像带的使用与保管

(1) 录像带宜选择磁带带基比较厚，质量较好，不易变形和脱磁粉的磁带，以便反复使用和储存。

(2) 保管录像带的磁带库，要保持一定的温度(12～25℃)和相对湿度(40%～60%)，防止录像带粘连与发霉。

(3) 录像带柜最好用金属制造，以免录像带上的信号磁迹受到磁化，致使图像和声音信号失真。录像带要垂直放置，减少磁带的接触面，不易使磁带变形。

(4) 录像带用完后要快倒回带头，及时放入磁带盒内。这样既可以防尘，又能用带头包裹记录了有用信号的磁带，防止其磁粉脱落，也正是由于这个原因，每盘节目带的带头要录1分钟左右的彩条信号或无用的信号。

(5) 要长期保留的录像带要将其防抹帽、防抹片去掉，或将防抹键置于防抹处，防止内容被抹去。

(6) 新启用的空白带或放置时间较长的录像带要快走与倒带若干次后再使用，以去掉潮气，使录像带的张力一致。

七、实验讨论与评价

1. 通过小组讨论和实际操作体会组合编辑和插入编辑的异同，掌握对两种编辑方式的正确、灵活选用。

2. 认真思考线性编辑的优缺点，归纳线性编辑适合进行哪些类型节目的编辑或者适合电视编辑中哪些编辑任务的完成。

3. 展示自己编辑完成的作品，由同学及教师评价。

八、实验报告

完成实验报告，并思考以下问题：

1. 复述线性编辑系统的类型，画出各类型线性编辑系统的线路连接图。

2. 结合实验操作过程，总结组合编辑和插入编辑的区别和选用原则。

3. 结合实验操作过程，复述组合编辑和插入编辑的操作过程。

4. 结合实验操作过程，总结并复述使用插入编辑方式进行人声、音乐、效果声混录的方法。

5. 结合实验操作过程，总结线性编辑的优点和缺点，谈谈这种编辑方式适用的节目制作场合和节目类型。

实验五　非线性编辑的设备系统及操作

一、实验目标

在完成本实验的学习和实践后，学习者能够：

1. 掌握广播级和专业级非线性编辑系统中视音频素材的采集设置及采集的基本步骤。

2. 掌握利用广播级和专业级非线性编辑系统进行桌面编辑的基本方法，主要包括将各类素材导入素材库的方法，将不同类型的素材加载到“时间线”窗口的相应轨道，在“时间线”窗口对各类素材进行各种编辑处理，编辑和添加特技效果，导出“时间线”窗口的节目等。

二、实验要求

本实验要求学习者完成：

1. 以小组为单位使用DV拍摄一段外景素材（如校园风景等）。

2. 将拍摄的素材上载到非线性编辑系统，根据实验室实际条件自行选择所要使用的非线性编辑软件。

3. 选择一首歌曲作为背景音乐，将拍摄的素材进行剪辑，制作一部简单的MTV。

4. 根据歌曲风格给自己所完成的MTV里面的视频镜头添加视频转场特技，加强MTV的节奏感。

5. 按照个人确定的艺术风格给MTV的画面添加特技，丰富画面效果。

6. 以不同格式和参数输出节目成品，比较不同的格式和视音频参数设置在压缩时间、生成的节目质量上的差异。

三、实验场地与器材

场地：非线性编辑机房。

器材：非线性编辑软件一套，素材上下载设备（录像机、DVD、P2驱动器等），磁带若干，相关非线性编辑软件和数字视音频制作软件。

四、实验预备知识

非线性编辑也叫硬盘编辑，它是将节目内容转移到电脑，通过多媒体的各种技术实现视音频剪辑。其编辑工作流程包括：素材上载、镜头基本剪辑、添加视频和转场特效、音频、字幕等后期合成制作和节目输出。

非线性编辑的硬件平台分为带有视频压缩解压缩卡的有卡工作站和CPU＋GPU的非线性编辑工作站。用于非线性编辑的软件非常多样，主流的非线性编辑系统供应商几乎都有其配套的非线性编辑软件供应。本书选择目前在电视台电视节目制作中使用十分广泛的大洋系统和民用领域应用十分普遍的Adobe Premiere两种非线性编辑软件予以介绍。

五、实验方法与步骤

一般的非线性编辑过程可简单概括为如下几个步骤：素材上载—基本编辑—特技添加—声音制作和编辑—字幕添加—节目输出，以下将逐个介绍这些步骤。

（一）素材的上载、导入与管理

拍摄完成的视音频素材要从其存储载体中输入非线性编辑系统中进行编辑，这个过程叫采集或上载。根据信号上载方式的不同，可以分成传统的磁带上载方式、硬盘录像机的上载方式和P2卡方式的上载。

1. 传统的磁带上载方式和硬盘录像机的上载方式

传统的磁带上载方式和硬盘录像机的上载方式需要有一台放像机或硬盘录像机通过各种模拟/数字视音频接口与非线性编辑系统的接口箱连接，之后就可以在非线性编辑软件中开始素材的上载，以下是各种不同软件的具体上载操作步骤。

(1) 大洋系统

双击桌面上的D-Cube-Edit快捷图标，启动大洋系统（如图5-1所示）。输入用户名及密码后单击“确定”即可进入D^3-Edit系统。

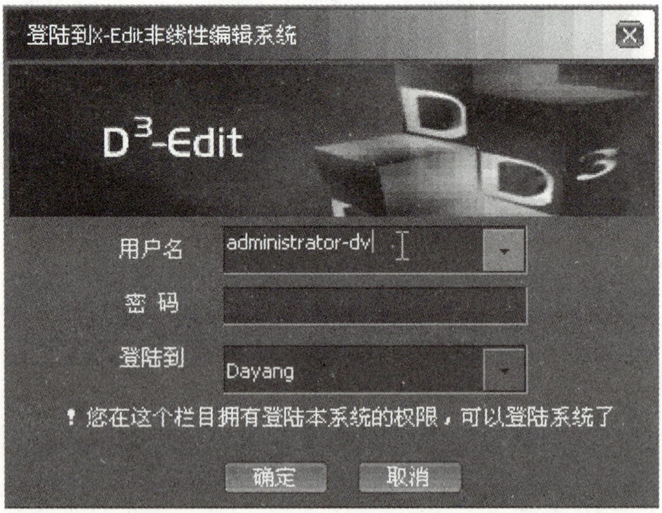

图5-1 大洋非线性编辑系统登录界面

连接好放像机与非线性编辑系统(如图 5-2 所示),从主菜单中选择“采集”→“视音频采集”,弹出素材采集窗口(如图 5-3 所示),此时按下放像机上的播放键,采集窗口中应该出现录像带上的画面;同时可观察到(指示音量的)VU 表有读数,说明视音频已经连通。然后进行如下操作:

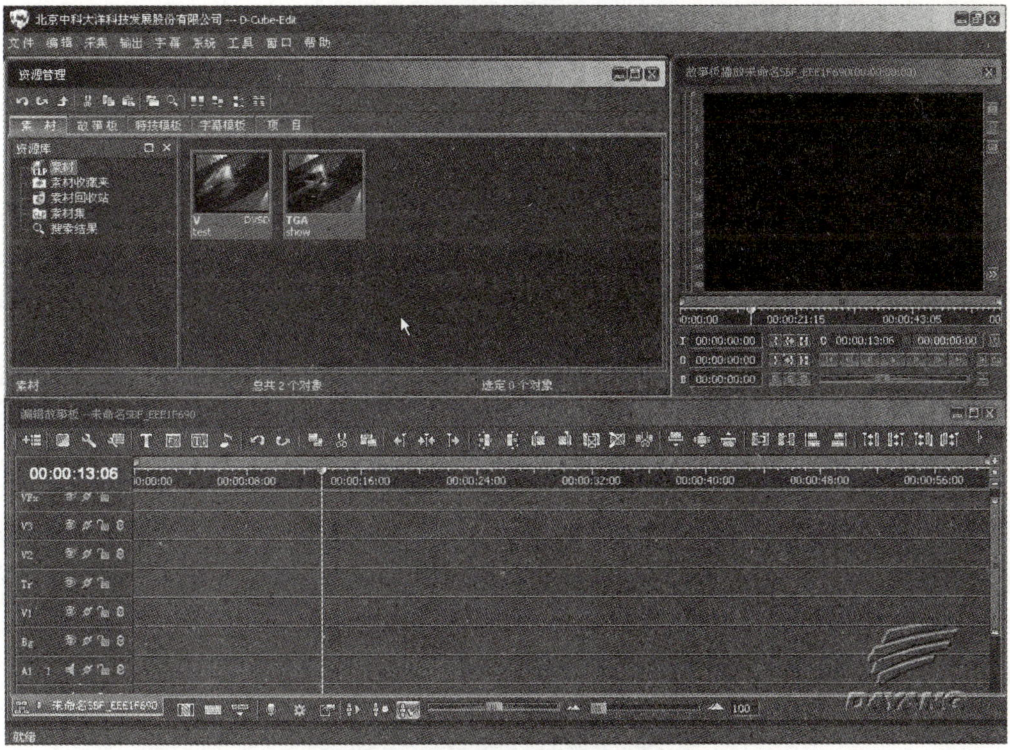

图 5-2 大洋非线性编辑系统操作界面

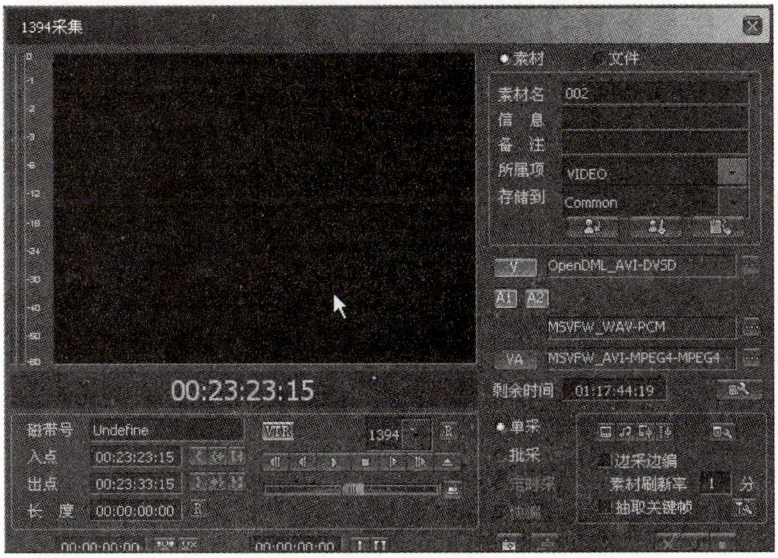

图 5-3 素材采集窗口

① 按下放像机上的 Remote(遥控键)。

② 单击 VTR 按钮使其处于“点亮”状态(VTR键)。

③ 给素材命名,然后选择路径(如图 5-4 所示)。

图 5-4 命名文件以及选择路径

④ 找到需要素材的出入点,视情况而定来选择“单采”或者“批采”。一般采集一段素材采用“单采”,采集多段的时候用“批采”。在使用“批采”的时候,可使用“添加”按钮将每一段素材的出入点记录下来。

⑤ 单击红色的采集按钮进行采集。单击旁边的停止按钮停止采集。

(2) Adobe Premiere 软件

在采集前必须确保将 DV 摄像机的电源打开并保证 1394 线连接正常,然后将 DV 摄像机打开,模式设置为 PLAY 挡。如果连接正常则会在“我的电脑”中发现 DV 设备。然后进行如下操作:

① 打开 Premiere Pro 软件,执行菜单命令 File→Capture 或者直接按 F5 调出素材采集窗口,如图 5-5,5-6 所示。

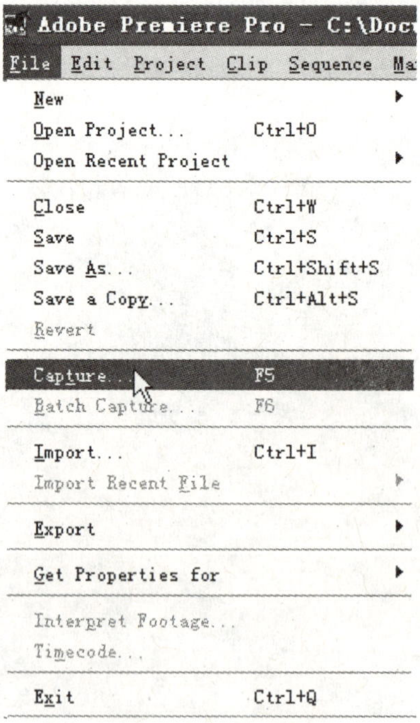

图 5-5 Capture 菜单

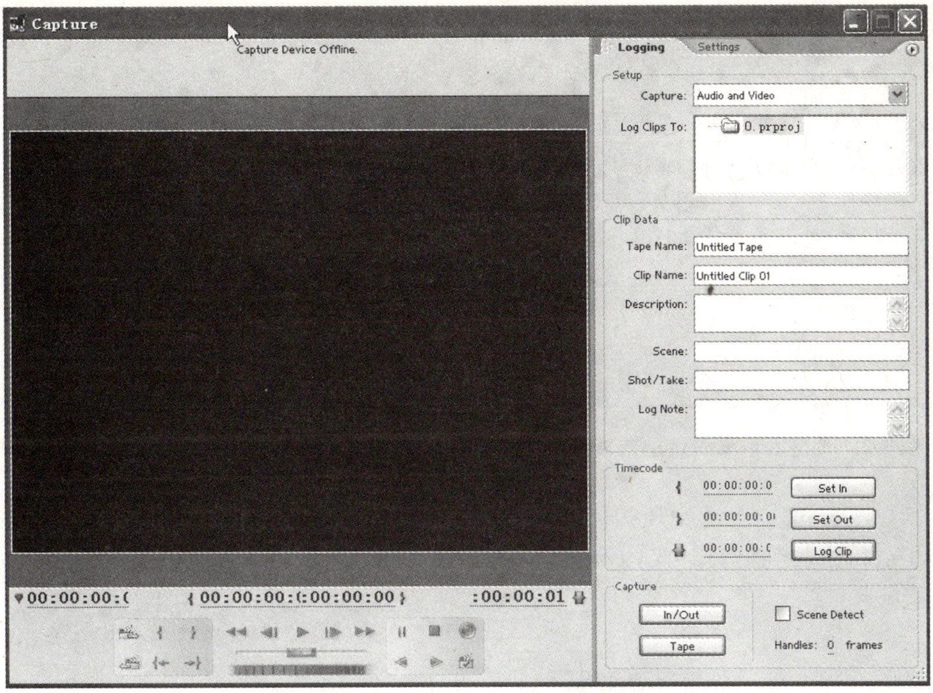

图 5-6　Premiere Pro 的采集窗口

② 在采集窗口中单击 ▶(播放)按钮,就可以在预览区看到正在播放的画面内容和信息。

③ 反复地预览所拍摄的内容,找到自己所要采集的区域,用 {(Set In Point 按钮)或者在 Timecode(时间码)控制区中单击 Set In 按钮来设置入点。在设置入点的时候,应该先暂停正在预览的画面。然后通过 I▶(前进一帧按钮)和 ◀I(后退一帧按钮)将画面逐帧的定位到想要进行采集的地方。

④ 用同样的方法来设置 Out Point(出点)。设置完出点后,就可以在 Timecode 控制区看到入点和出点的详细信息了。

⑤ 完成上述设置后在采集窗口右下角的 Capture 控制区内单击 In/Out 按钮,便可完成素材采集的准备工作。

⑥ 单击 ●(录制按钮),预览区所播放的内容就是采集到电脑里面的内容。单击同一按钮,停止采集。

⑦ 此时采集的素材保存到了硬盘中,执行 File-New Project 命令,新建一个项目文件。此时在工程窗口中只有一个空白的 Sequence 素材片段存在(如图 5-7 所示)。

⑧ 在 Project 窗口单击鼠标右键会出现一个小菜单(如图 5-8 所示),选中 Import;或执行命令菜单 File-Import;或使用快捷键〈Ctrl+I〉,就会出现如图 5-9 所示的"Import"窗口。在该窗口中将依据路径自动显示所有素材文件,当然,文件格式必须是该软件支持的。

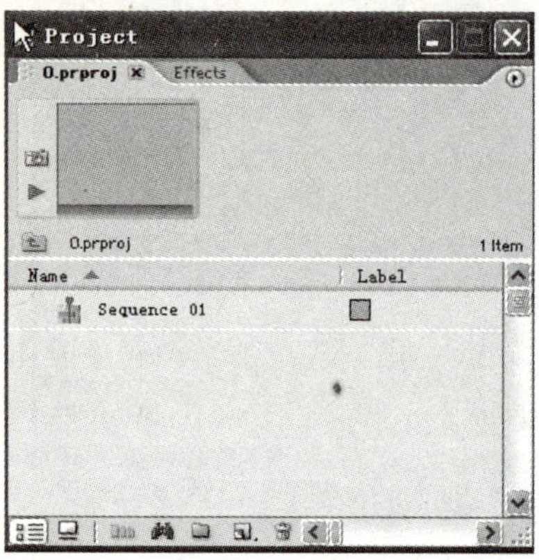

图 5-7　单击右键弹出的小菜单

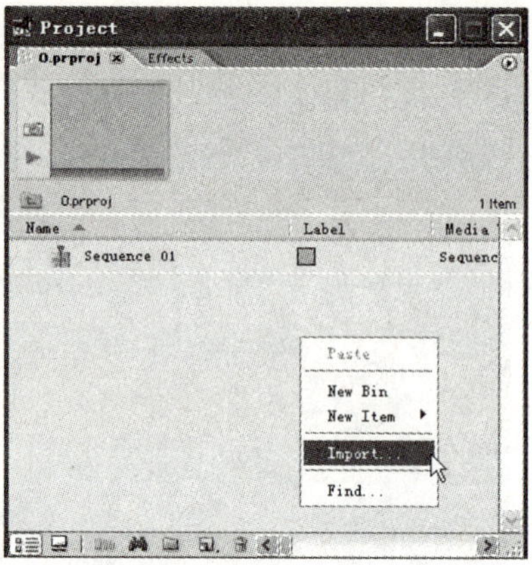

图 5-8　Project 窗口 Sequence 片段素材

⑨ 在 Import 窗口中选中所需素材，单击“打开”按钮，就将素材导入软件中了。此时可在 Project 窗口中看到已经导入的素材(如图 5-10 所示)。

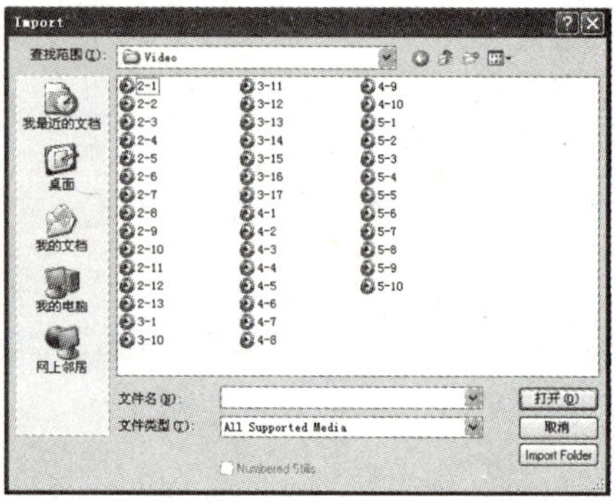

图 5-9　Import 窗口

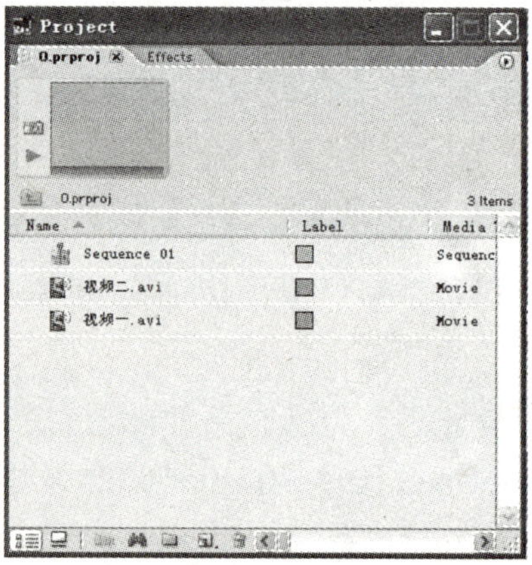

图 5-10　导入素材后的 Project 窗口

2. P2 卡方式的上载

P2 卡是一种全新的半导体视音频存储介质，是供 DVCPRO P2 系列专业录像制作和放送设备使用的记录媒体。目前使用 P2 卡的摄像器材越来越多，因此这里有必要介绍 P2 卡记录的视音频素材的上载。

P2 卡的全称是 Professional Plug-in Card，即专业用可插拔式存储卡。其本质的作用跟磁带并无区别，仍然是一种数字摄像机视音频信号的存储载体，但是由于其完全没有机械部分(可靠性和耐用性强)，又采用通用接口，故可与其他数字影视制作设备和 IT、网络设备良好兼容，所以这种存储介质以及使用该种存储介质的摄录像设备已得到越来越多的电视节目制作机构和个人的认可，使用也日益广泛。

在介绍 P2 卡素材的上载之前，我们有必要简单认识一下 P2 卡素材的封装格式，以方便我们对 P2 卡素材上载过程的理解。

因为以 DVCPRO P2 格式记录的数据是一种文件格式，因此其与计算机具有出色的兼容性。该文件结构采用一种独特的格式，除 MXF 文件内的视频和声频数据外，还含有各种其他重要的信息项目，完整而言，P2 卡所存储的素材封装了视频 MXF 文件、音频 MXF 文件、元数据 MXF 文件、缩略图 BMP 文件、文本提示文件及低码流文件。P2 卡素材的封装格式如图 5-11 所示。

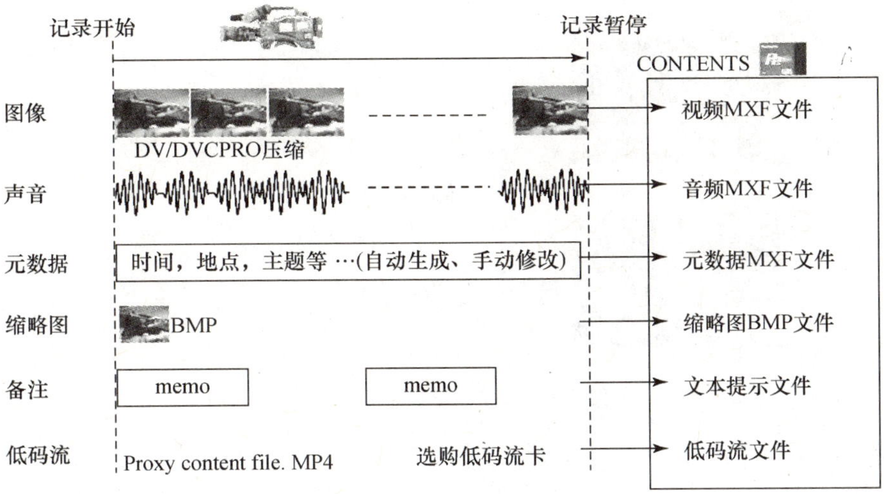

图 5-11　P2 卡素材的封装格式

对应于这种文件封装结构，当将 P2 卡与电脑连接后，在电脑分配给 P2 卡的盘符下，文件夹的结构如图 5-12 所示，图中 P2 驱动器盘符下的 LASTCLIP. TXT 文件记录的是用 P2 设备记录的最后场景片段有关信息的文件。

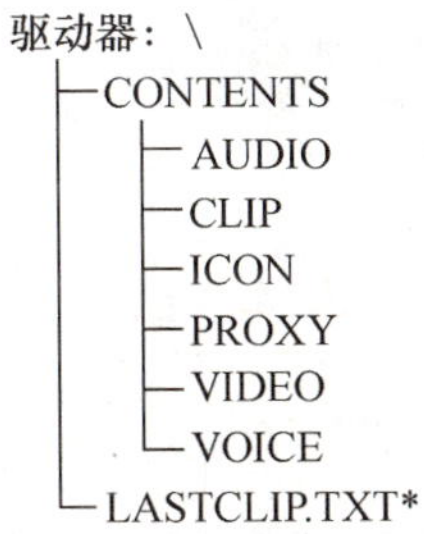

图 5-12　P2 卡内的文件夹的结构

由于是一种完整的文件格式，因此变更或删除 P2 卡文件夹的内容将导致 P2 卡中的数据不能作为 P2 数据识别或不能在 P2 设备内使用该卡。

当将数据从 P2 卡传送到计算机上或将保存在计算机上的数据重新写入 P2 卡上时，为防止数据丢失，必须使用专用的 P2 Viewer 软件。该软件的下载和使用会在下文中介绍。

图 5-13 是 P2 卡所能够记录节目的长度，一般而言在记录码流为 100MB 的素材时，P2 卡上 1GB 的空间可以记录 1 分钟的素材，也就是说一张 16GB 的 P2 卡能够记录 16 分钟 100MB 码流的素材，或者记录 32 分钟 50MB 码流的素材。

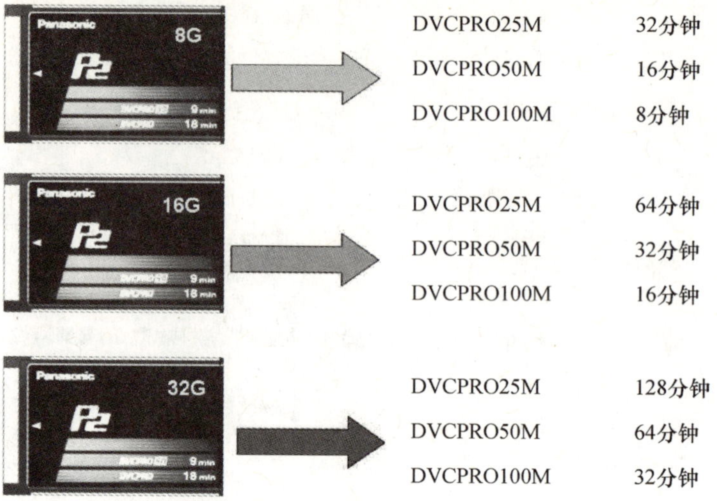

图 5-13　P2 卡记录节目的长度

图 5-14 是 P2 卡的几种素材上载形式，我们将分别从常见的基于 P2 卡的制作系统、P2 卡素材上载的硬件连接和设备设置、软件操作三个方面说明 P2 卡素材的上载。

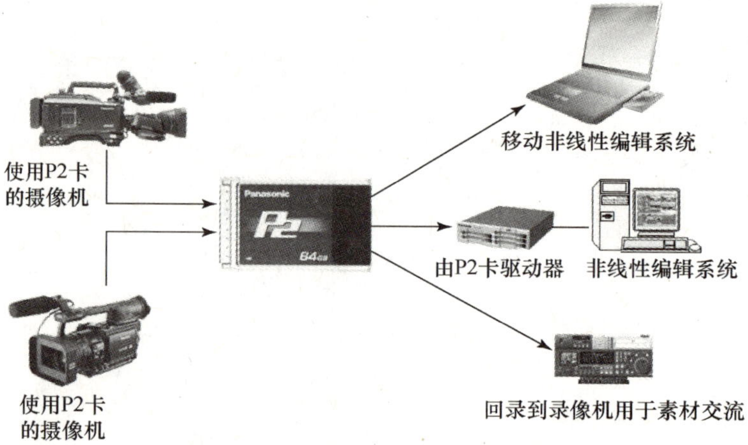

图 5-14　P2 卡的几种素材上载形式

1. 常见的基于 P2 卡的制作系统

图 5-15 是一种适用于异地新闻采访及电视制作的系统，在该系统中使用 P2 卡的摄像机在完成拍摄后，直接将 P2 卡插入移动非线性编辑系统的 PCMCIA 接口，即可直接将记录在 P2 卡上的视音频素材拷贝到移动非线性编辑系统的硬盘上进行编辑，不需要录像机等素材上载设备，同时由于是数字素材的拷贝，可以实现即时上载，不需要 1∶1 的上载时间，大大节省了素材上载时间，为新闻的后期制作节省了宝贵的时间。

如图 5-16 所示，经移动非线性编辑系统编辑完成的节目可以通过 PCMCIA 接口回写到采用电池供电的便携式录像机上。这种录像机配有 P2 卡插槽，并有液晶监视器，可以快速查看、复制 P2 文件（卡对卡）。也可以使用该数字录像机进行线路记录、备份记录（通过 IEEE 1394 接口），或者将文件复制到外部硬盘驱动器中（通过 USB 接口或 IEEE 1394 接口),用于节目的传送和交流。

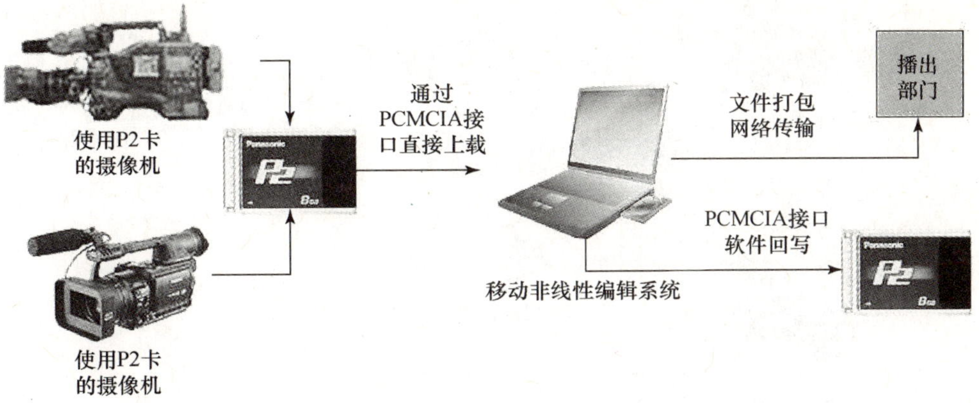

图 5-15　P2 制作系统(1)

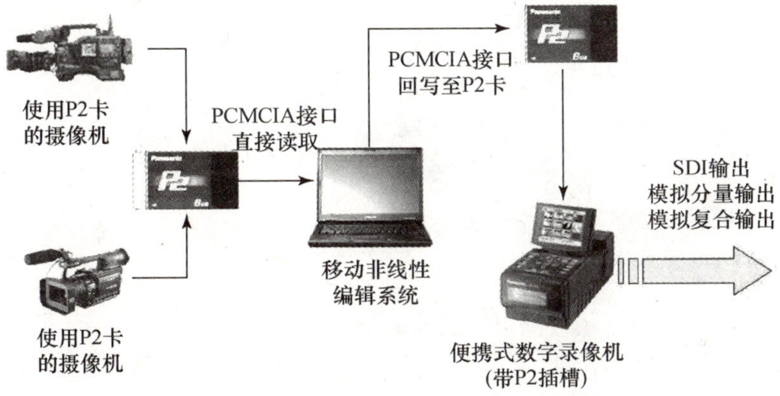

图 5-16　P2 制作系统(2)

如图 5-17 所示,利用 P2 卡编辑机可以直接对 P2 卡上的素材进行编辑,完成编辑后可利用 1394 接口或 USB 2.0 接口、HD-SDI、HD 分量接口等多种接口输出节目信号。另外 P2 卡编辑机通过输入信号,还可在 P2 卡上记录连续的素材,也可以插入记录有素材的 P2 卡,在另外一个插槽的 P2 卡上按照播放列表输出编辑后的节目,这样的系统可以解决从记录、审看到编辑、播出的所有问题。

2. P2 卡素材上载的硬件系统连接

(1) P2 卡素材上载到桌面非线性编辑系统

如图 5-18 所示,P2 卡可以通过 P2 驱动器或者 P2 摄像机(此时作为驱动器使用)的 1394 接口或 USB 2.0 接口与桌面非线性编辑系统连接,即可完成素材的上载。

(2) P2 卡素材上载到移动非线性编辑系统/笔记本电脑

如图 5-19 所示,除使用 P2 驱动器和 P2 摄像机作为上载工具外,由于笔记本电脑提供 PCMCIA 接口和 Express 接口,因此为 P2 卡素材的上载提供了更多便利。P2 卡可以直接插入笔记本电脑的 PCMCIA 插槽进行素材上载(如图 5-20),而如果笔记本电脑只有 Express 接口,可以通过 PCMCIA 到 Express 卡接口的转接适配器来实现 P2 卡到笔记本电脑的连接。

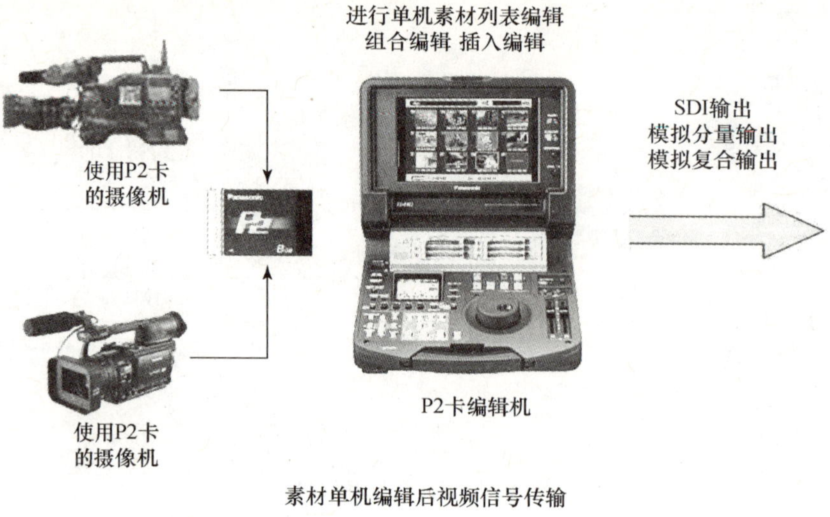

图 5-17　P2 制作系统(3)

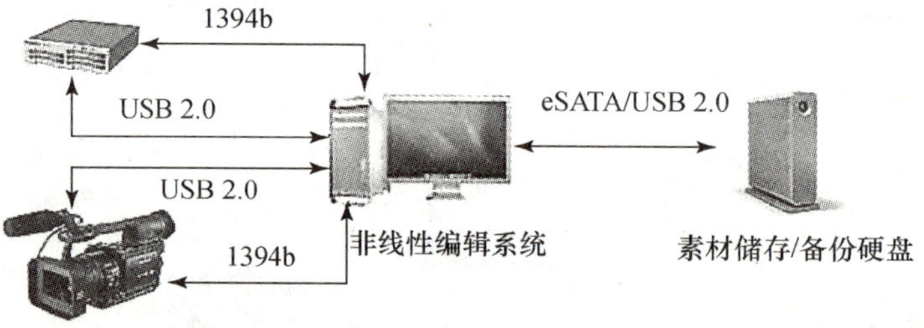

图 5-18　P2 卡素材上载到桌面非线性编辑系统

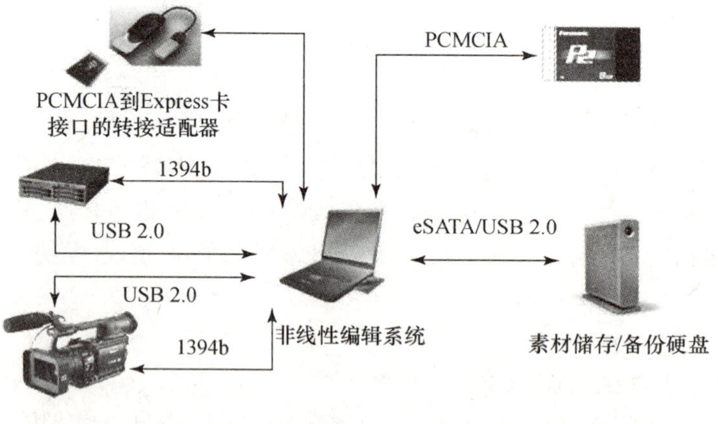

图 5-19　P2 卡素材上载到移动非线性编辑系统/笔记本电脑

3. P2 卡素材上载设备及摄像机的设置

(1) P2 卡上载的重要部件——P2 驱动器

虽然使用 P2 卡的摄像机可以作为 P2 卡素材上载的驱动器，但为使用方便，一般要为后期编辑系统配备 P2 驱动器。该驱动器有多个 P2 卡插槽，可适用于 PC 系统或 Mac 系统，驱动器通过 USB 2.0 接口或 1394 接口与电脑连接以上载素材。该设备外形如图 5-21 所示。

图 5-20　P2 卡插入笔记本电脑 PCMCIA 插槽

图 5-21　P2 驱动器

(2) 摄像机作为素材上载驱动器

如果没有专门用于素材上载的 P2 驱动器,可使用 P2 摄像机作为素材上载的驱动器,如图 5-22 所示,可以利用摄像机的 USB 输出或者 1394 输出将记录在 P2 卡中的视音频素材传输到移动非线性编辑系统中进行编辑。

但要注意在使用 P2 摄像机作为素材上载驱动器时,首先要在摄像机的菜单中设置摄像机在 PC 模式下输出视音频信号的接口,如图 5-22 所示,在摄像机菜单中选择“9. 其他功能”,在下一级菜单中选择“PC 模式”,在级联菜单中选择“1394 DEVICE”或者“USB DEVICE”,选定好输出设备后按两次摄像机的 MENU(菜单)键退出菜单设定模式即可。

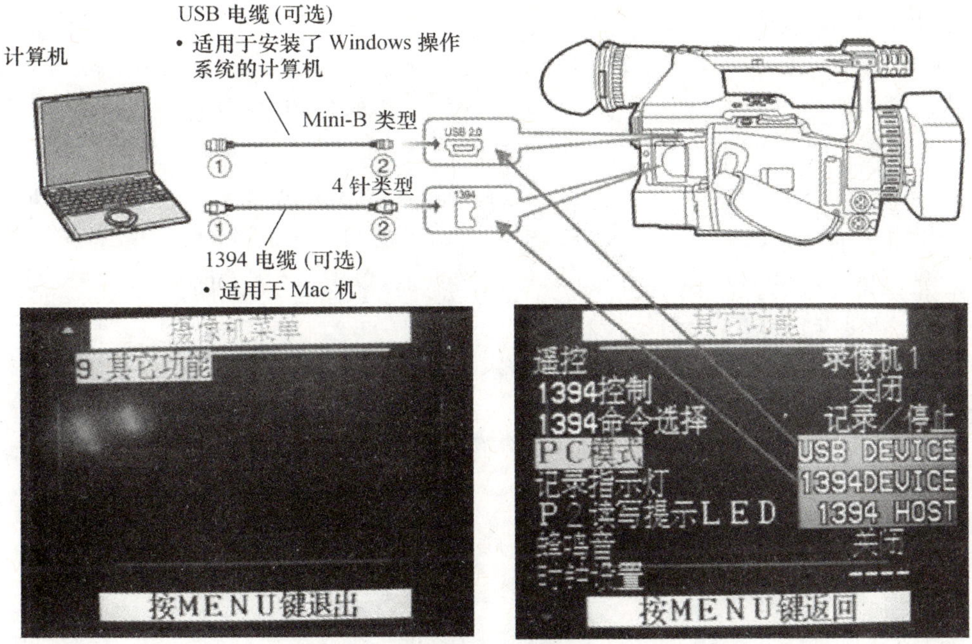

图 5-22　用 P2 摄像机作为素材上载驱动器

之后要调节摄像机到 PC 状态,具体操作如下:

如图 5-23 所示,按图中圆圈中的按钮,可以将摄像机的状态在 CAMERA 和 MCR 状态之间来回切换。如果要将摄像机作为 P2 卡素材上载的驱动器,则需要按住图 5-23 左下角的圆形按钮 3 秒不放,摄像机将转换至 PC 状态,如果摄像机要退出 PC 状态,只需关闭摄像机电源,再开机即可。

此时如果非线性编辑系统安装了相关的驱动程序和素材浏览/管理软件，就可以在非线性编辑系统的桌面上看到 P2 卡的图标，并可以通过相关的软件看到 P2 卡中的素材，并将 P2 卡中的视音频素材上载到非线性编辑系统的硬盘中。

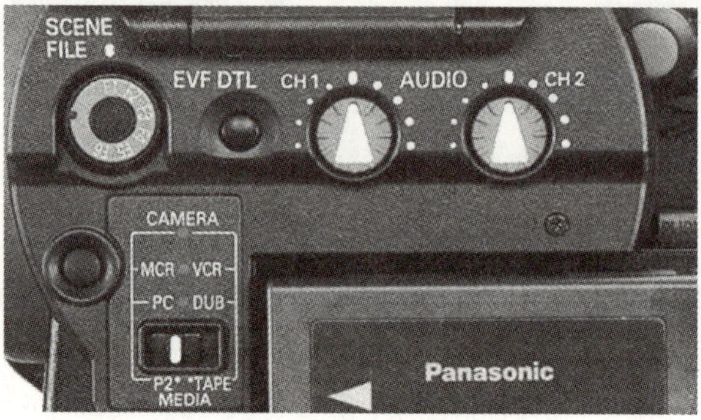

图 5-23　P2 摄像机工作模式调节

4. P2 卡素材上载的软件操作

(1) 采集模式(将素材上载到非线性编辑系统的硬盘)

采集模式下，首先要确定安装了相应的驱动程序才能让电脑识别到外接的 P2 卡设备，之后需要使用 Panasonic P2 Viewer 软件或者 Panasonic P2 Contents Management Software 软件(简称 P2 CMS，有 Windows 版和 Mac 版)在电脑上浏览、回放、拷贝、检索、管理 P2 卡中的素材以及编辑素材元数据。下面简要介绍这两款小软件的主要操作。

① P2 Viewer

P2 Viewer 是专用于 P2 卡和其他 P2 兼容设备的素材浏览和管理程序，可以使用这个软件将多张卡中的内容复制到一个文件夹中或者用于复制选中的片断。该软件可在网址为 https://eww.pavc.panasonic.co.jp/pro-av/的网页上，单击"P2 Support and Download(P2 支持和下载)链接进行选择下载。

P2 Viewer 的界面分为四个区域，分别是素材管理窗口、素材预览窗口、备忘窗口和属性窗口，如图 5-24 所示。

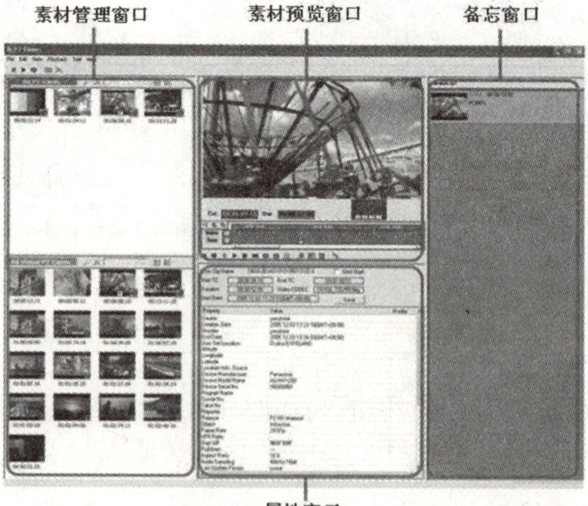

图 5-24　P2 Viewer 的界面

拷贝P2卡上的素材的操作：

第一，显示P2卡上的素材。

如图5-25所示，在下拉菜单中，选择“View”→“Show the Primary BIN”→“All P2 Cards”，用于显示P2卡上的所有片断。

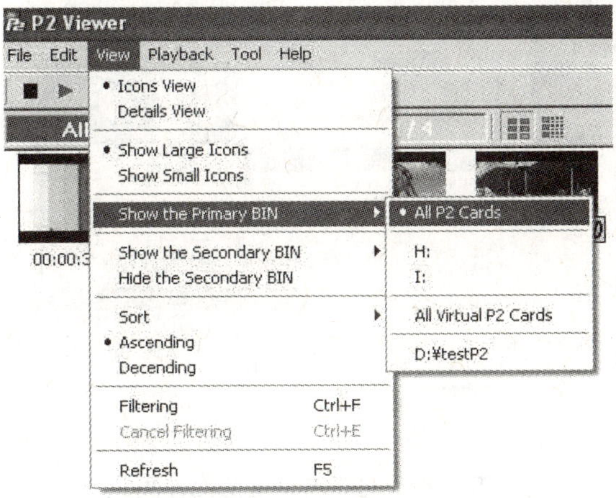

图5-25 显示P2卡上的素材

第二，如图5-26所示，选择“Tool”，在下拉菜单中选择“Setting Vitual P2 Cards”。

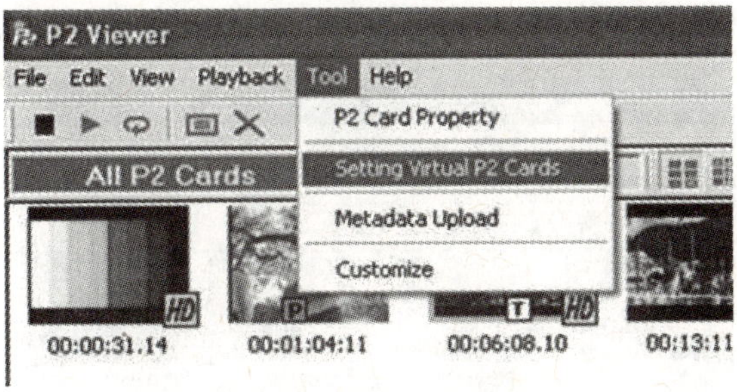

图5-26 设置虚拟的P2卡

第三，在“Setting Vitual P2 Cards”的窗口中，单击注册按钮，在硬盘中新建一个文件，用于存储数据(在图5-27中，“D:\testP2”是一个新建的文件夹，但必须注意，这个文件夹实际上是一个虚拟的P2卡)。

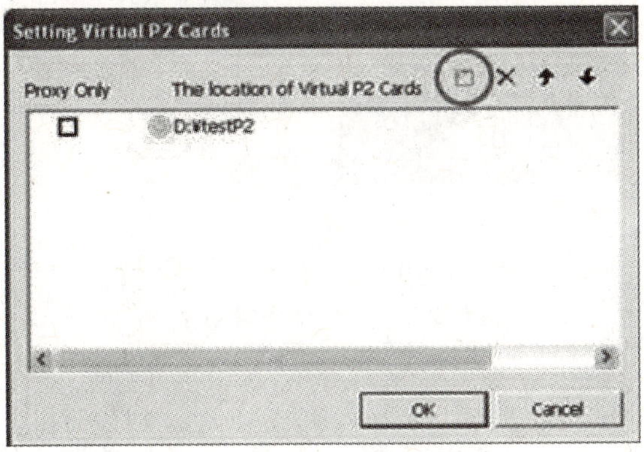

图5-27 设定存储文件夹

第四，选择“View”→“Show the Secondary BIN”→“D:\testP2”在下拉菜单中 Bin 区域是水平显示在图 5-28 中，在该图中，“D:\testP2” 是一个新建的文件夹。

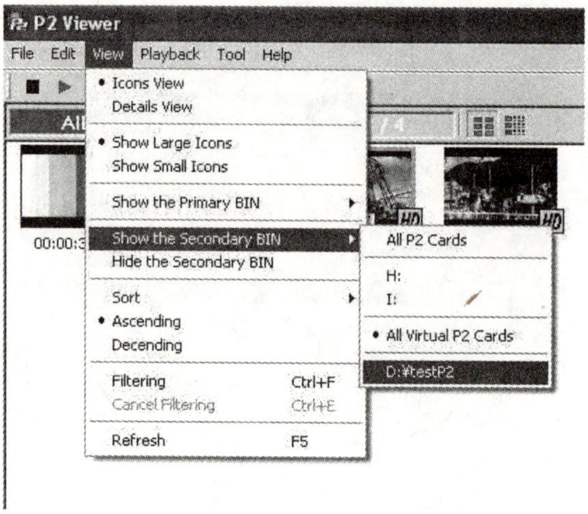

图 5-28　查看新设定的文件夹

主要的 BIN 显示在上端窗口中，选择想要复制的片断，并将它拖动到下端窗口的次要的 BIN 中。可以使用 P2 Viewer，将多张 P2 卡中的数据复制到一个单独的硬盘中。但复制之前，必须确定计算机硬盘有足够的空间。操作方法如图 5-29 所示。

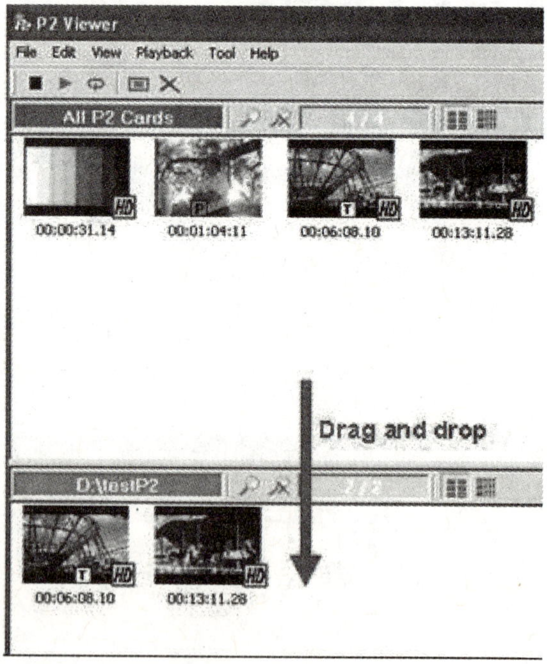

图 5-29　从 P2 卡中复制素材

② P2 CMS

P2 CMS 软件可实现对 P2 卡素材的查看、检索、管理及修改素材元数据等功能。

第一，使用 P2 CMS 上载 P2 卡素材：选择 Ingest(采集模式选择按钮)→Register(注册列表)，选择可以分配 P2 卡或者 P2 存储内容的路径，单击内容列表中相应的文件夹，P2 卡中的素材片断就会在右面的窗口呈现，选择想要采集的片断，单击左边窗口的采集图标，即可开始采集的工作。操作界面如图 5-30 所示。

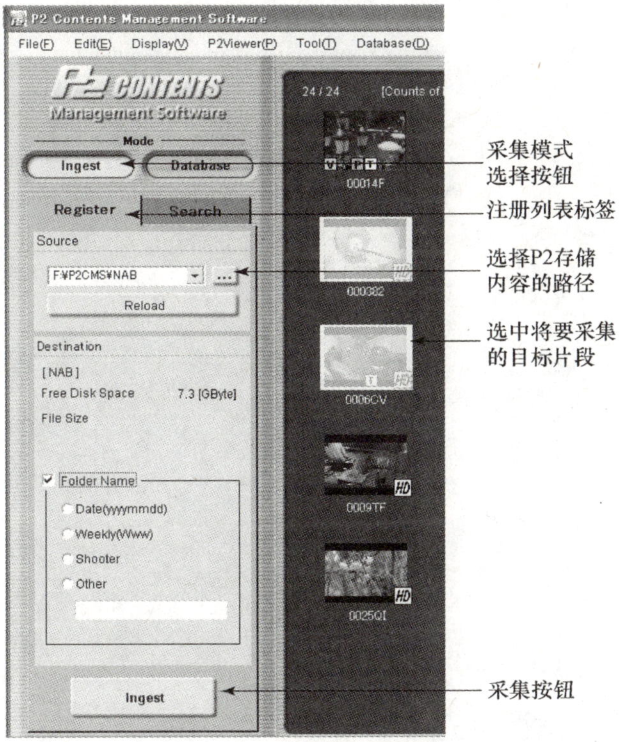

图 5-30　P2 CMS 操作界面

提示：在采集的过程中，拍摄时建立的每一个元数据都会写入到视频片断文件夹中的 XML 文件中，使用者也可以用元数据来设置文件夹的名字，日期，拍摄者和用户信息。

第二，编辑 P2 卡素材的元数据。通过 P2 CMS，可以编辑 P2 卡所记录的素材的元数据，元数据在文件夹 Contents/clip 中的 XML 文件里或者 P2 CMS 的数据库里。当改变 XML 文件里的元数据时，原始数据也会被改动，因此，一些像 Model No(模型序号)的文件是禁止改动的。元数据的修改界面如图 5-31 所示。

- 选择 Ingest(采集) 或者 Database(数据库)。
- 当选择采集时，就可以检查或者编辑 XML 文件里的元数据。当选择数据库时，可以检查或者编辑在数据库里的 access file(Windows XP)接口文件或者 SQLite(Mac)里的元数据。
- 单击 one clip(一个片断) 来检查或者编辑元数据。
- 单击鼠标右键并且在下拉菜单中选择属性，然后出现如图 5-31 所示的元数据窗口。
- 双击想要编辑的 metadata(元数据)，这样就可以键入空白项或者覆盖原来的内容。
- 单击 OK 确认编辑，元数据将会更新。

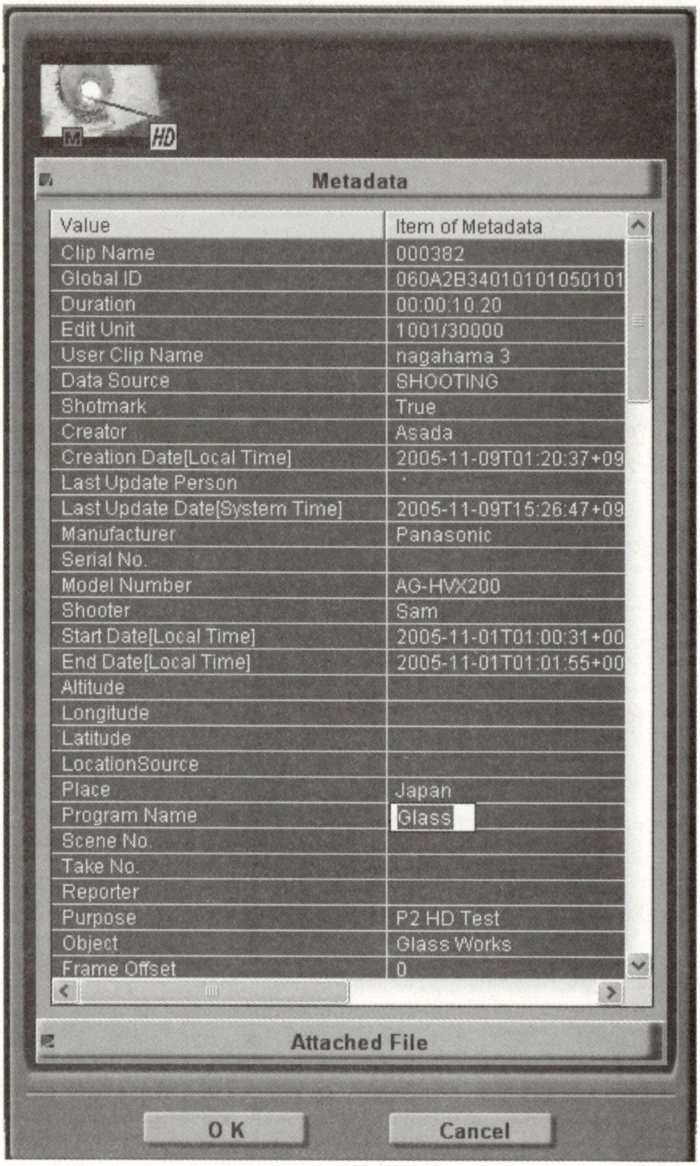

图 5-31　P2 CMS 元数据修改界面

第三，建立元数据输入文件。

● 选择 Tool(工具)→Metadata Upload(元数据上载)(如图 5-32 所示)。

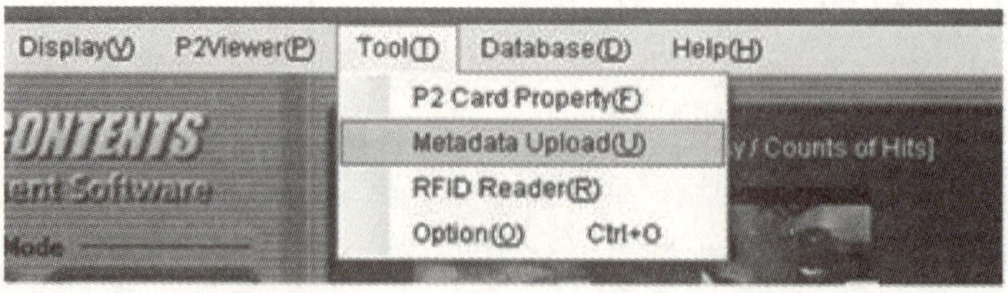

图 5-32　建立元数据输入文件操作

● 出现元数据输入界面。

● 检查在 Check Box 里想要输入的元数据内容。

● 输入元数据。

● 选择文件→保存到 SD 卡，将元数据保存到 SD 卡里（如图 5-33 所示）。

第四，搜索 P2 卡中的内容。

● 选择 Ingest（采集）→Search（搜索）标签。

● 选择 All Text Search（全文档搜索），Search by Category（按种类搜索）或者 Search by Search Key（通过搜索键搜索）。

● 输入 Key word（关键字）来搜索。

● 单击 Search（搜索）按钮，操作界面如图 5-34 所示。

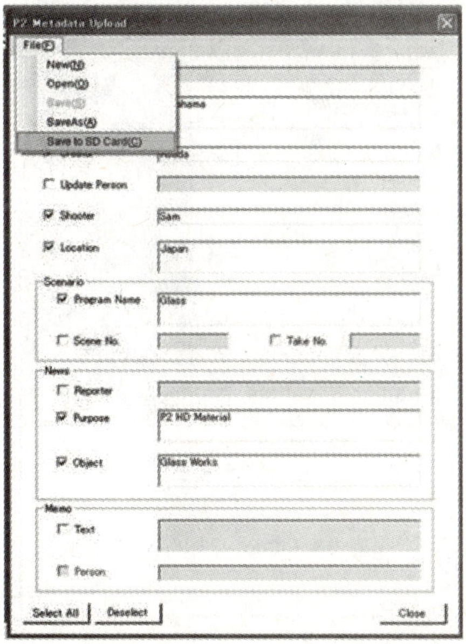

图 5-33 输入元数据并保存至 SD 卡

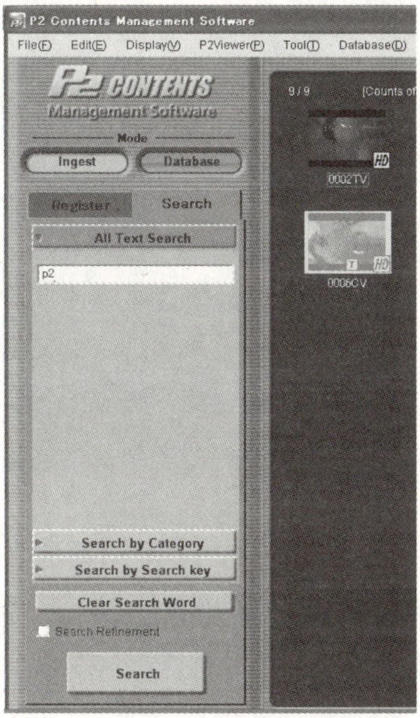

图 5-34 搜索 P2 卡内容

第五，在数据库模式中搜索 P2 卡内容。

● 选择 Database（数据库）→Search（标签）。

● 选择 All Text Search（全文档搜索）。

● 输入 Search Key Word（搜索关键字），然后单击 Search（搜索）。

● 如果想要精炼搜索可检查 Search Refinement（搜索提炼）。

● 单击 Clear Search Word（清除搜索关键词）可以清空已输入的搜索关键词，操作界面如图 5-35 所示。

第六，在数据库模式中分类搜索 P2 卡内容。

● 选择 Database（数据库）→Categories（分类搜索标签）。

● 选择从 P2 元数据自动建立的 Item of Categories（分类内容）。

● 单击＋，就可以查看内容。

● 检查想要的 Item（内容）即可在右侧窗口中看到相应的 content icons（内容图标）。

● 单击 Clear Search Word（清除搜索关键词）可以清空已输入的搜索关键词，操作界面如图 5-36 所示。

提示：如果想要改变元数据，从右边的窗口拖动想要改变内容的图标即可。

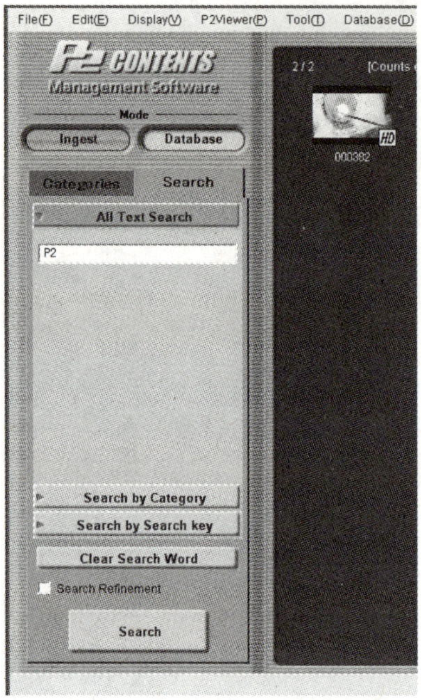

图 5-35　在数据库模式中搜索

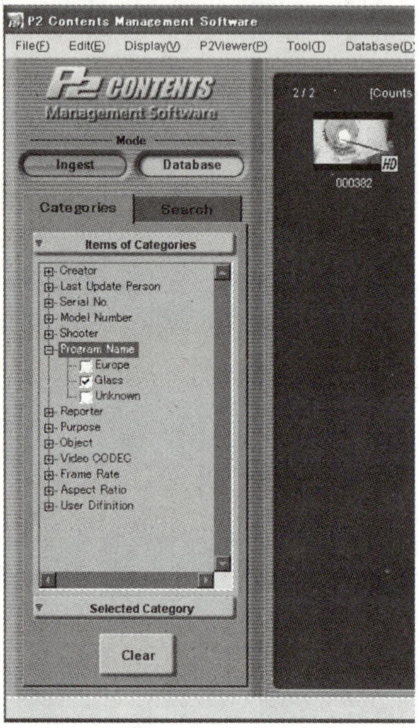

图 5-36　在数据库模式中分类搜索

第七，输出 P2 卡内容。

● 在右面的屏幕选择想要输出的 P2 卡素材片段。

● 选择 File（文件）→Export（输出），如图 5-37 所示。

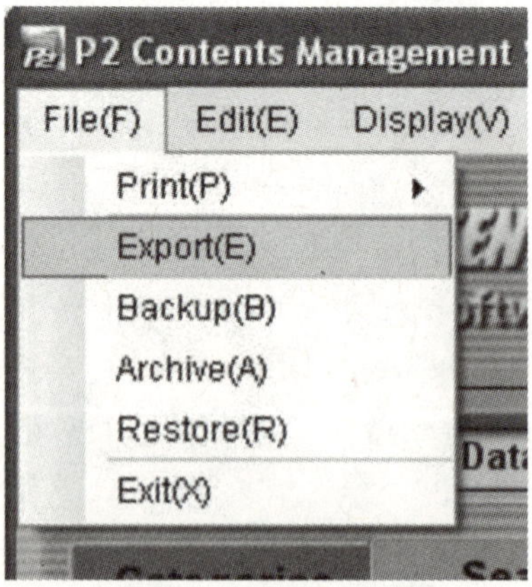

图 5-37　P2 内容输出的菜单选择

● 在出现的输出窗口中的 Target of Export(输出地址)区域指定素材输出的目标盘符及路径,之后在 Contents of Export(输出内容)区域中选择 Copy(复制)、Move(移动)或者 Link(链接)中的一种输出类型,选择 Option(选项),单击 OK(确定)来开始输出,操作界面如图 5-38 所示。

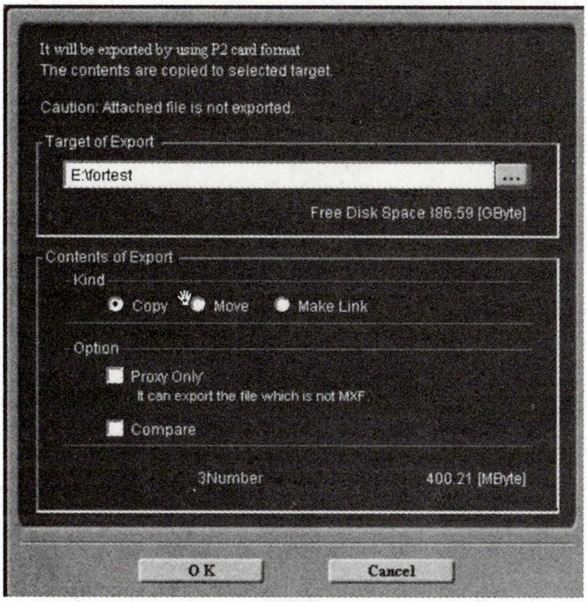

图 5-38　输出设定窗口

第八,备份 P2 卡数据。

● 在右面窗口选择需要备份的 P2 卡素材片段。
● 选择 File(文件)→Backup(备份),如图 5-39 所示。
● 在弹出的备份窗口选择要备份的硬盘驱动器。
● 单击 OK(确认)来开始备份。

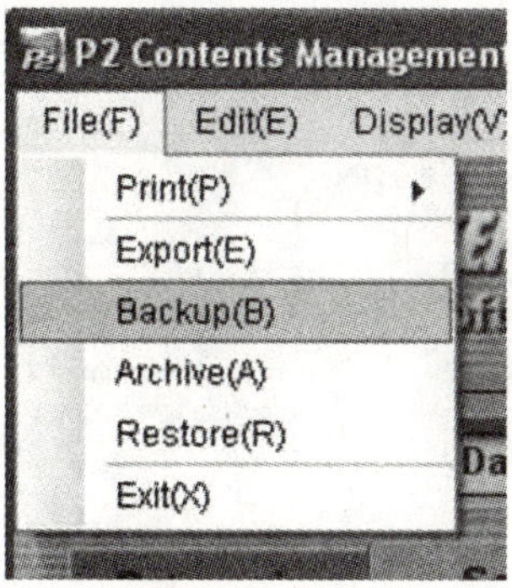

图 5-39　备份 P2 卡数据

(2) 将 P2 卡素材直接导入非线性编辑软件的素材管理窗口

P2 卡目前与绝大多数主流的非线性编辑软件均能够很好地兼容,如 Canopus EDIUS series, Avid Xpress Pro / Avid Media Composer 等,以下是在四种常见的非线性编辑软件中输入 P2 文件的操作方法。

① 通过 Avid Xpress HD / Media Composer 来输入 P2 文件

第一，选择 File(文件)→Tool(工具)→Medie Tool(媒体工具)。

第二，选择盘符和项目然后单击确认按钮，如图 5-40 所示。

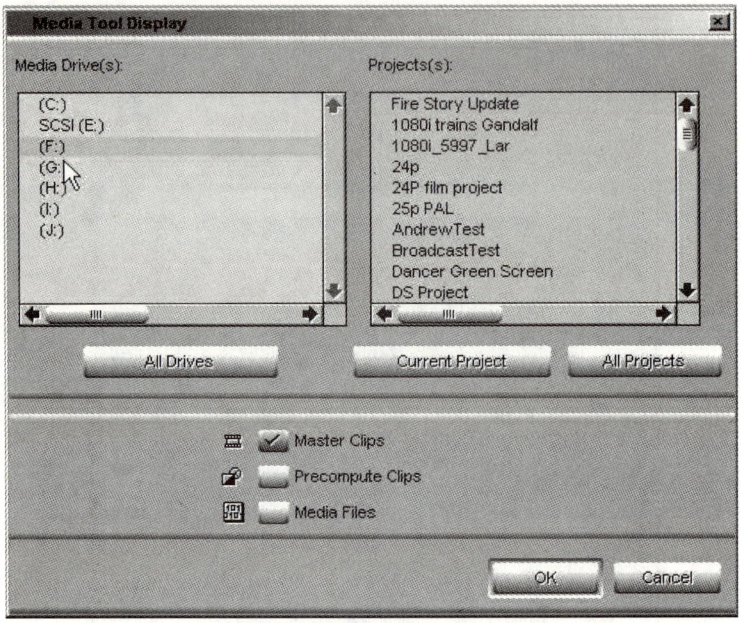

图 5-40 在 Avid Xpress 中导入 P2 素材(1)

第三，从媒体工具里拖动 MXF 文件到 BIN 窗口中，如图 5-41 所示。

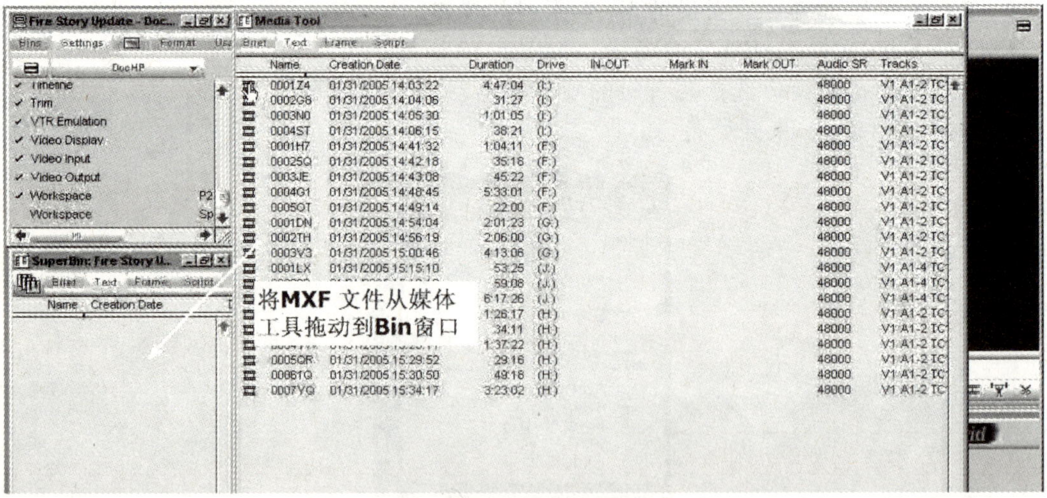

图 5-41 在 Avid Xpress 中导入 P2 素材(2)

② 从 Canopus 编辑软件中输入 P2 文件

第一，选择 Tools(工具)→P2 Select(P2 选择)(如图 5-42 中的“1”所示)。

第二，添加文件夹(如图 5-43 中的“2”所示)。

第三，确认直接导入或者复制并导入(如图 5-43 中的“3”所示)。

第四，确认想要在 BIN 中显示的片断用户名或者片断名称（如图 5-43 中的“4”所示）。

第五，单击 Import to BIN 将素材导入到 BIN（如图 5-43 中的“5”所示）。

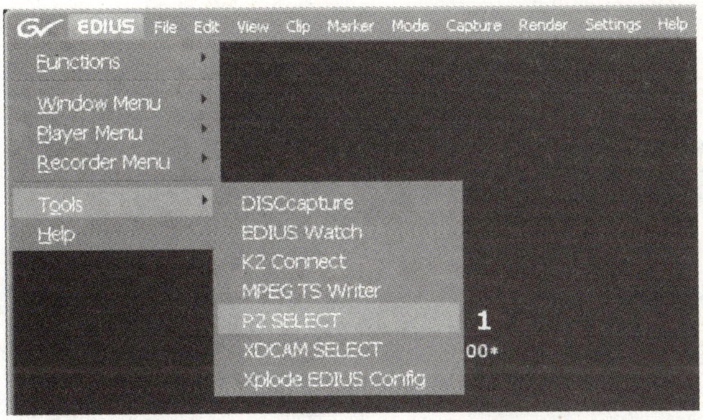

图 5-42　在 Canopus 中导入 P2 素材(1)

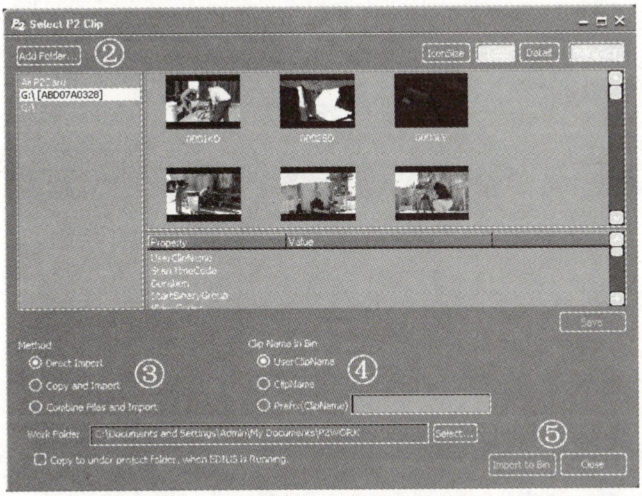

图 5-43　在 Canopus 中导入 P2 素材(2)

③ 使用 Final Cut Pro 来采集 P2 数据

在 Final Cut Pro 软件中编辑之前，必须将 P2 卡的数据必须转换为 Quicktime 格式。因此，需要在 System Settings 下设置 Scratch Disks 的优先数据采集。采集好的 P2 卡数据将会以 Quicktime 文件的形式存储在 Scratch Disks 下的 Scratch（采集）文件夹中。

在下拉菜单中，选择 File（文件）→Import（输入）→Panasonic P2，P2 卡上的数据列表就会自动地显示在浏览截图中，操作界面如图 5-44 所示。

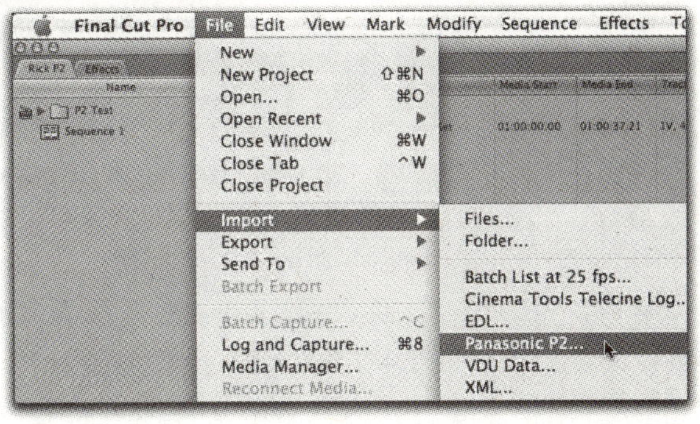

图 5-44　在 Final Cut Pro 中导入 P2 素材(1)

在浏览视图中选择一个数据来预

览。与磁带媒体的处理用一样的方式，可以在采集时设置入出点。想要采集预览的片断，按下 Add clip to queue 按钮。选择 item(s)（内容），然后按下 Add selection to queue，操作界面如图 5-45 所示。

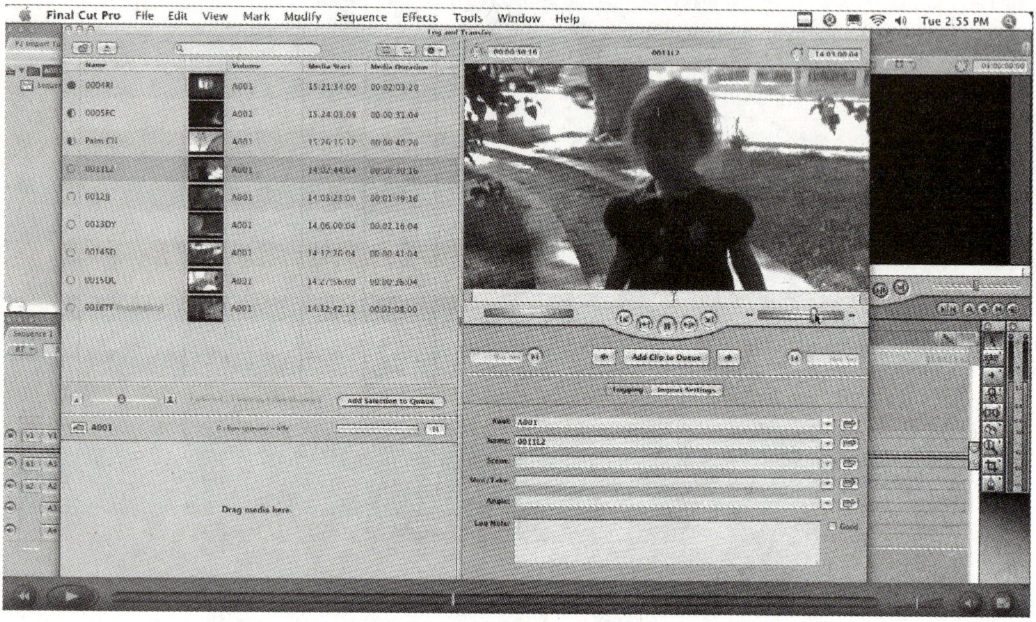

图 5-45　在 Final Cut Pro 中导入 P2 素材(2)

想要采集 P2 卡的所有片断，可单击 List View 来切换显示的等级，如图 5-46 所示。选择 P2 卡，然后将它拖入到 Queue(序列)当中。这样，卡上的所有片断和文件夹都可以采集。当完成 P2 卡的采集时，退出桌面上的 P2 卡，然后断开摄录一体机的连接。

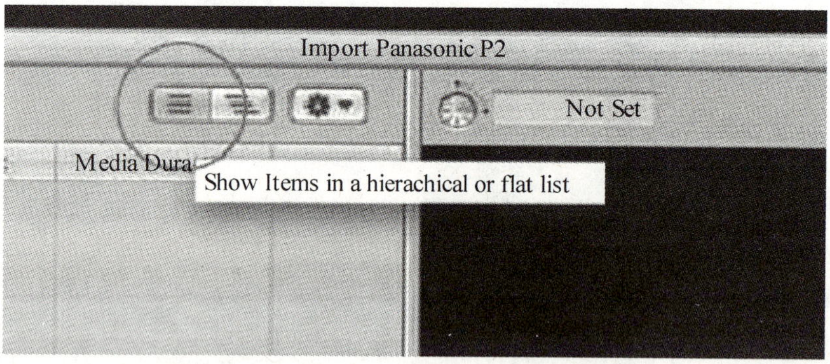

图 5-46　在 Final Cut Pro 中导入 P2 素材(3)

④ 在 Premiere Pro 中导入 P2 卡素材

第一，选择 File(文件)→Import(输入)，在弹出的窗口中选择分配到的 P2 卡盘符然后将路径改变到 CONTENTS\CLIP，操作界面如图 5-47 所示。

第二，选择想要打开的视音频文件即可将素材导入 Premiere 的素材管理器中。操作界面如图 5-48 所示。

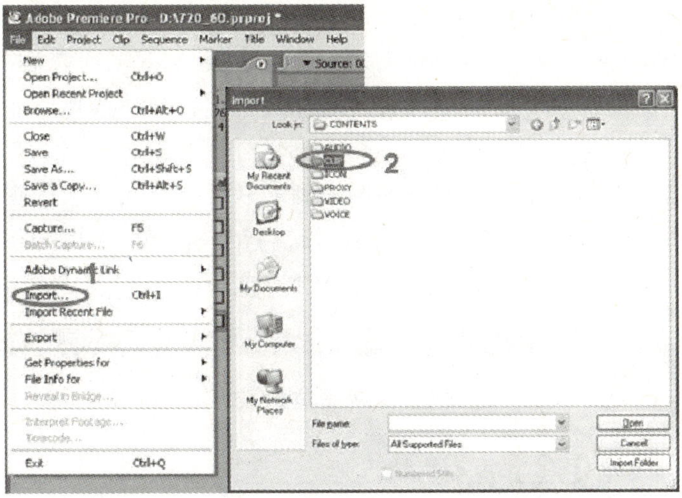

图 5-47　在 Premiere Pro 中导入 P2 素材(1)

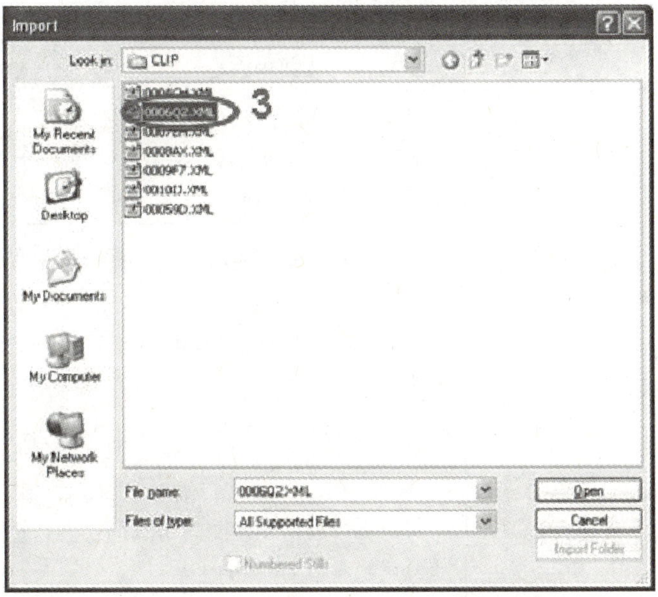

图 5-48　在 Premiere Pro 中导入 P2 素材(2)

注意：如果想要利用 Premiere Pro 来编辑 P2 内容，需要安装“Main Concept MPEG Pro HD”和“MainConcept DVCPRO HD Add-on”。

(二) 基本剪辑技术

完成素材上载后，就可以进行素材剪辑了。剪辑的主要工作是镜头选择和镜头组接，即将所有有用的镜头按照剪辑的原则有序地串接在一起，完成一个基本的“剪切”工作。基本剪辑完成后，节目的大概轮廓也就呈现出来了，之后就可以进行精剪和特技等后期合成工作了。

1. **大洋系统**

素材准备好就可以开始编辑了，首先创建一个故事板，它是一个工程文件。选择“文件/新建/故事板”命令在已打开的“新建”对话框中给文件命名，以及选择路径，然后单击“确定”开始进行下一步的工作。

从资源管理器窗口，通过鼠标左键先把要用到的素材拖到故事板的视音频编辑轨道上，预览素材，找到需要的镜头，去掉不需要的，然后进行下一段素材的编辑。关于素材的基本剪辑操作主要通过如图 5-49 所示的编辑功能按钮完成。

图 5-49　编辑功能按钮

主要的剪辑功能实现方式见表 5-1。

表 5-1　主要的剪辑功能实现方式

需要实现的功能	操作方式
移动到任意位置	单击鼠标选中素材，拖动素材
选定素材左对齐到指定位置	将时间指针放到指定处，选中素材，然后单击，或者使用 Ctrl＋Home
所有素材左对齐到指定位置	将时间指针放到指定处，选中最前端素材，然后单击，或者使用 Ctrl＋Shift＋Home
选定素材右对齐到指定位置	将时间指针放到指定处，选中素材，然后单击，或者使用 Ctrl＋End
所有素材右对齐到指定位置	将时间指针放到指定处，选中最后素材，然后单击，或者使用 Ctrl＋Shift＋End
变速播放之入点移动(出点不变)	将时间指针放到要改变的出点的位置，选中素材，然后单击，或者使用 Ctrl＋Shift＋I
变速播放之出点移动(入点不变)	将时间指针放到要改变的出点的位置，选中素材，然后单击，或者使用 Ctrl＋Shift＋O
不变速播放之入点改变(出点不变)，用于显示入点前面的素材或者删除新入点前面的素材	将时间指针放到要改变的出点的位置，选中素材，然后单击，或者使用 Shift＋I
不变速播放之出点改变(入点不变)，用于显示出点后面的素材或者删除新出点后面的素材	将时间指针放到要改变的出点的位置，选中素材，然后单击，或者使用 Shift＋O
切割素材	将时间指针放到指定位置，选中素材，单击，或者直接按 F5

2. Adobe Premiere

在 Adobe Premiere 中，基本剪辑过程涉及如下操作。

(1) 将素材添加到视音频轨道上。直接单击素材，拖拽到相应的轨道上，如图 5-50 所示，“视频一”放在了 Video 1 的轨道上。将自己准备好的音乐拖入音频轨道，然后根据音乐节拍，准备向视频轨道上添加视频。

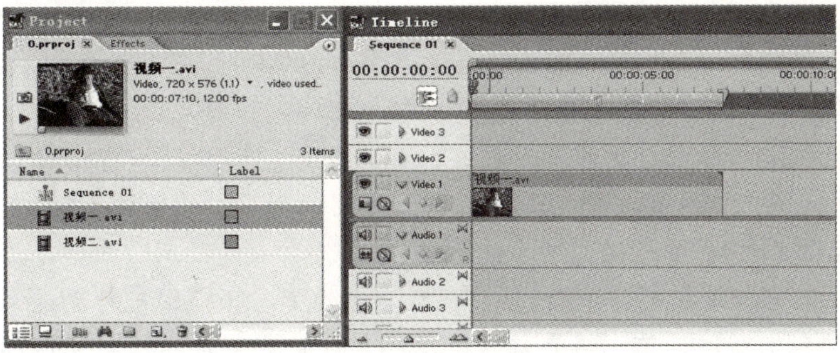

图 5-50　拖放素材到时间线窗口

(2) 选择素材。选择单个素材只需选取（选择工具按钮），然后用鼠标单击素材就可以了。如果要选择多个素材，则按住 Shift 键，用鼠标选择要编辑的片段就可以了。

(3) 设置素材有效/无效。设置时间线内素材的有效性是经常用到的。当素材失效时，素材不能在 Program Monitor 中被预览，但可以被修改。设置失效的步骤是选中素材，单击右键选择 Enable 项，如图 5-51 所示。改变 Enable 的状态，可以切换素材的有效与无效两种状态。

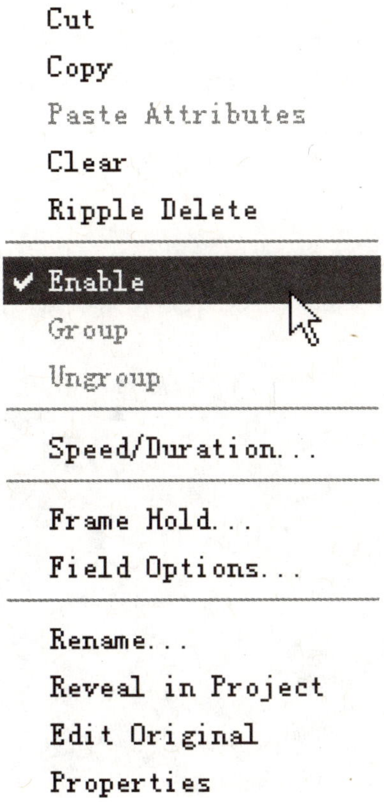

图 5-51　设置素材失效

（4）移动剪辑素材。在时间线窗口中选中素材，用鼠标向左或者向右移动。

（5）切割剪辑素材。先选择要切割的剪辑素材，通过浏览将编辑线移动至要分割剪辑的位置，在工具箱中选择（剃刀工具按钮），单击编辑线，这样选中的素材就会被一分为二。

（6）删除剪辑素材。在时间线窗口中，选中要删除的素材，按 Delete 键。或者执行 Edit/Clear 命令。

（7）链接与解链。音频与视频可以连在一起，也可以分开剪辑，选中素材，单击鼠标右键，选择 Link Audio and Video 就可以将二者链接在一起了。如果要解链，单击鼠标右键，选择 Unlink Audio and Video 即可。

（8）素材的禁用与加锁。在编辑过程中，有时候为了防止剪辑被移动或者误操作，可以对时间线窗口中的剪辑进行禁用或者加锁。禁用功能首先要选中准备禁用的片段，然后单击 Clip 菜单，在弹出的子菜单中取消 Enable 复选项命令，此时处于禁用的剪辑不会在监视窗口、预览文件以及最后的电影输出中出现。加锁剪辑则主要依靠（加锁键按钮）来实现，加锁的结果是剪辑素材被加上了一层斜纹，被加锁的剪辑不能被改变，但可以被预览、监视以及在最后的影片输出中出现，再次单击加锁键即为解锁。

通过上述操作，完成节目的粗剪工作。

（三）添加转场特技

转场特技是在两个镜头之间转换时所添加的视觉效果，它不仅可以使上下两个画面以某种自然的形式过渡，而且不同的转场特技还能够表达不同的含义。

由于视频转场有很多种，根据节目内容的不同，可以使用不同的转场特技。这里基于大洋系统和 Adobe Premiere 两种不同的编辑环境，介绍添加转场特技的基本操作方法。

1. 大洋系统

转场是两段视频之间的关系表现，所以必须要有两段视频才会存在转场。拖拽两段视频分别到 V1 轨道和 V2 轨道上（注意：只能是这两条轨道之间才可以添加转场特技），并使它们有重叠的部分，如图 5-52 所示。

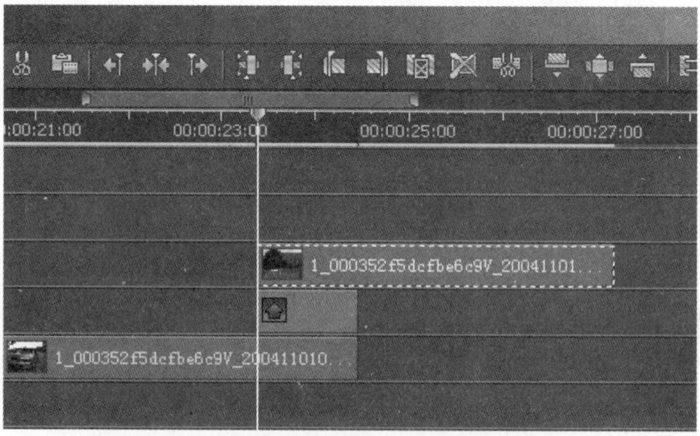

图 5-52　添加视频到两轨道，使两者有重叠的部分

这时直接将选定的转场特技拖到这两段视频的重叠部分(如图 5-53 所示),即可完成转场特技的添加,完成后可在 Monitor 中预览添加后的效果,并加以修正。

图 5-53 添加转场特技

2. Adobe Premiere

在 Adobe Premiere 中,添加转场特技不需要像大洋系统中那样使用两个轨道,这里只需将两段视频并排在一起(如图 5-54 所示),然后将转场特效添加到视频的衔接处(如图 5-55 所示),这样转场特技就添加完成了。

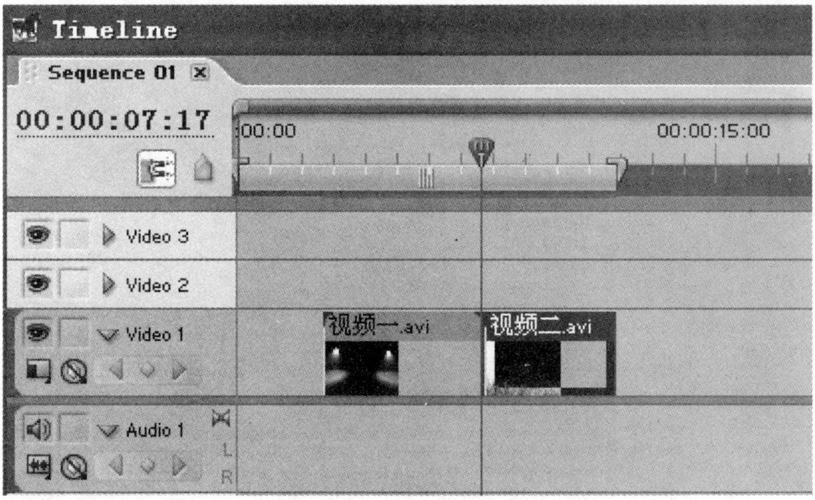

图 5-54 两段视频并排

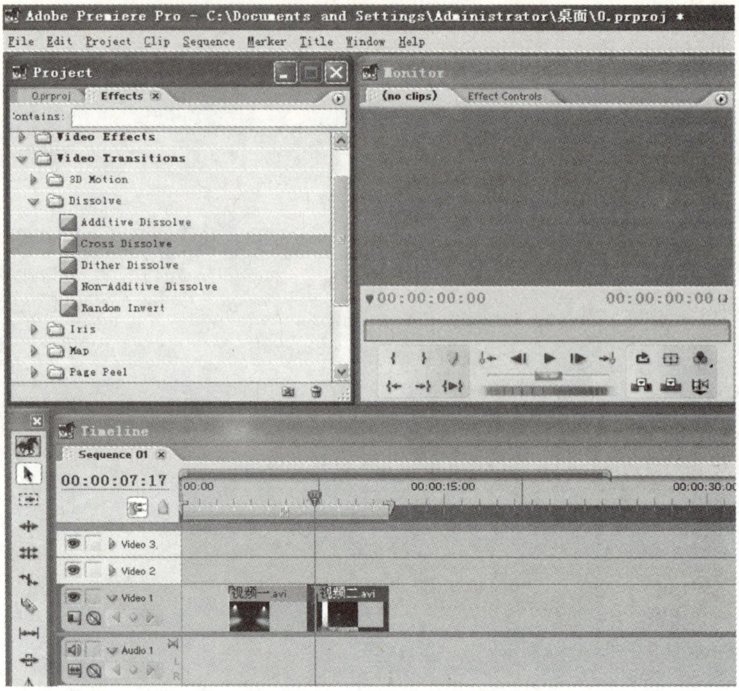

图 5-55　添加转场特技

(四) 添加视频特技

视频特技有很多种，这里以常用的窗口运动特技的制作为例进行介绍。

1. 大洋系统

选中视频素材，单击 Enter 键，进入特技编辑窗口，选择“二维”特技命令，进行属性编辑（如图 5-56 所示）。将时间线拖至第一个需要设置关键帧的时间点，设置属性，单击（插入关键帧按钮）以设定关键帧，再将时间线拖到下一个时间点，设定第二个关键帧，调节属性值，继续选择时间点并设定关键帧直至结束，预览添加特技后的效果。

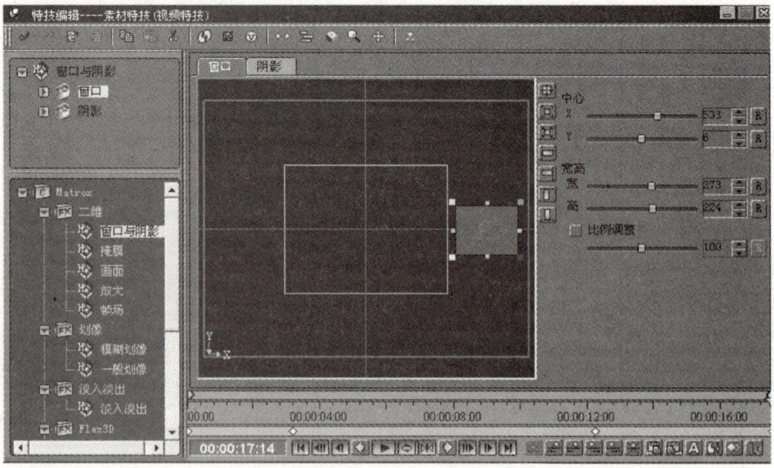

图 5-56　添加“二维”特技

2. Adobe Premiere

选中视频素材，打开特技控制窗口（如图 5-57 所示），打开各属性编辑按钮（单击属性前的倒三角形），将时间线拖到需要设置关键帧的第一个时间点，设置属性，并通过单击 （插入关键帧按钮）插入关键帧（如图 5-58 所示）。然后进入第二个时间点，调节属性值，此时，第二个关键帧被自动记录了，再调节下一个关键帧直至结束。预览添加特技后的效果。

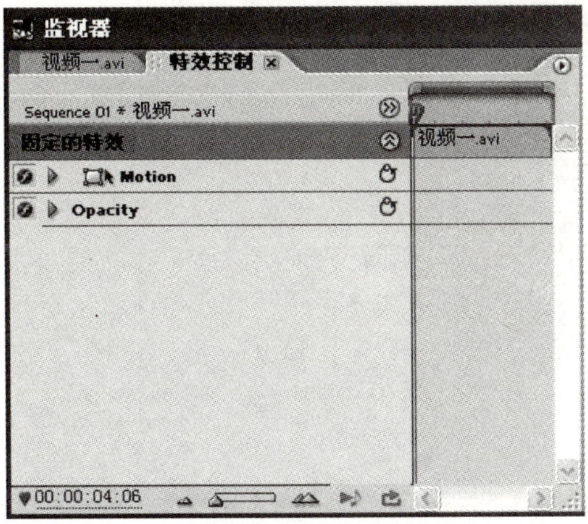

图 5-57　特效控制窗口

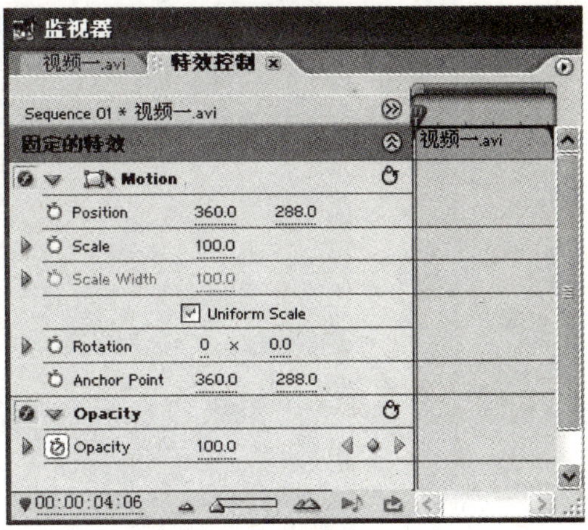

图 5-58　调节属性值

（五）解说词、配音、配乐和字幕添加

1. 大洋系统

执行字幕/项目菜单，进入字幕操作界面（如图 5-59 所示），根据需要创建字幕，然后保存到相应路径，再关闭字幕窗口，从保存路径中将制作好的字幕添加到时间线轨道上，调节相应位置和时间的长短。

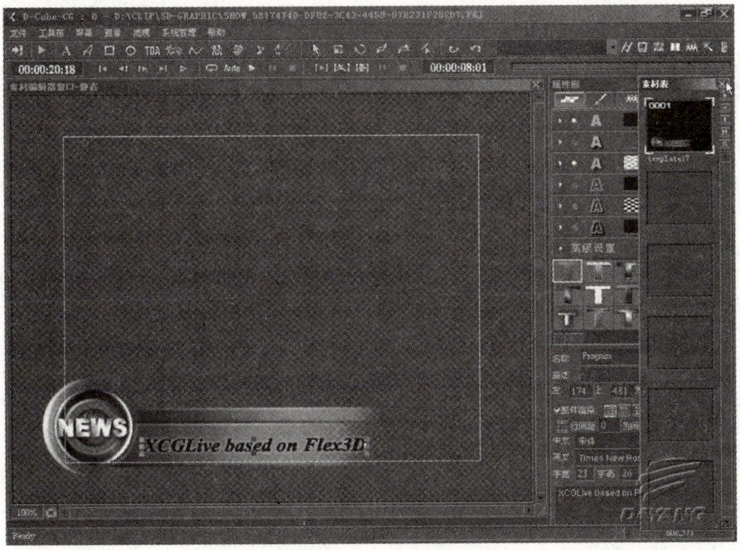

图 5-59　大洋字幕编辑窗口

2. Adobe Premiere

执行 File/New/Title 菜单，进入如图 5-60 所示的字幕工作区，再进行下列操作。

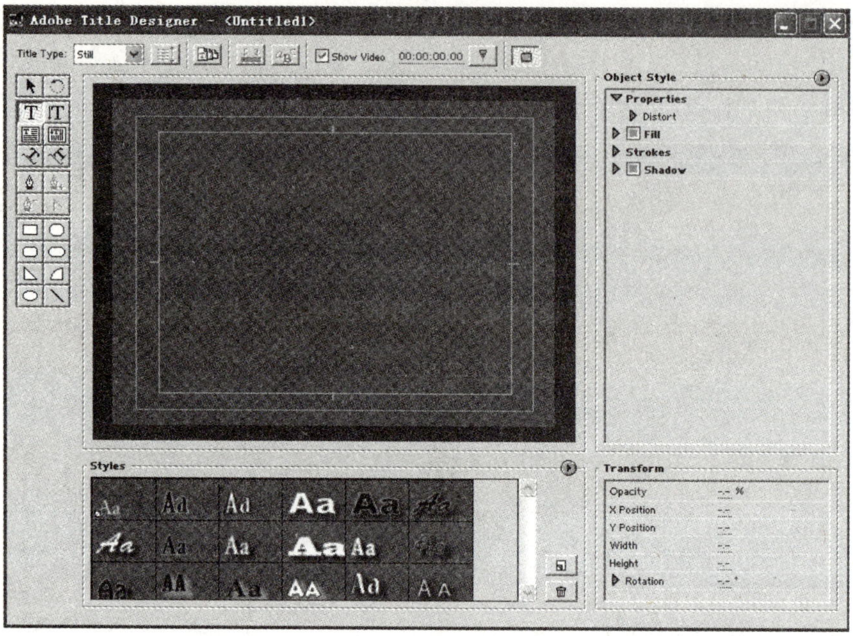

图 5-60　字幕工作区

(1) 使用工具，用来选择一个物体或者文字块及图形，单击文字块可对其进行选择，按住 Shift 键可以进行多个选择。拖住该按钮可以进行移动。

(2) 使用用于编辑横向文字，使用用于编辑纵向文字。

(3) 使用调节文字的颜色及透明度，使用调节文字的字体形状等属性。还可以为文字调节其他很多属性，这里不一一介绍。

(4) 关闭字幕工作区，会弹出字幕保存的对话框，选择好路径，将字幕保存，保存好了的字幕相当于一种视频被存储到了硬盘，接下来的工作就和添加视频到时间线轨道上的操作方式一样，将字幕添加到需要的时间线位置，并且设置好长短。

(六) 节目成品的输出

1. 大洋系统

连接好录像机与非线性编辑系统后，在时间线窗口中用"I"和"O"两个键分别设置需要输出的视音频的入出点。然后在录像机上预览，检查机器之间的连接情况，给要输出的磁带打编辑点，单击 AUTO EDIT 键，然后再在编辑机上按空格键播放要输出的视音频，即可将编辑好的节目回录到录像带上。

2. Adobe Premiere

执行 File/Export/Movie 菜单，弹出输出对话框(如图 5-61 所示)，创建文件名，选择路径，单击 Setting 设置输出的格式，然后单击"Save"。

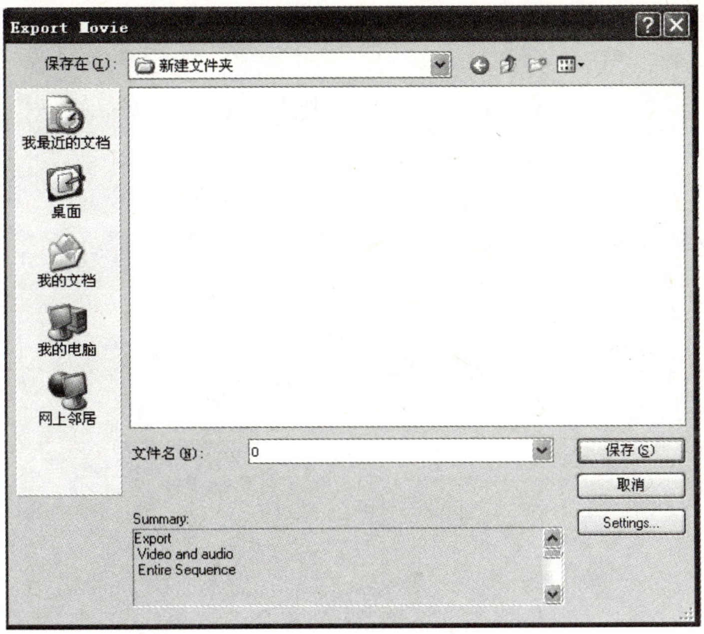

图 5-61　输出对话框

六、实验注意事项

1. 各种非线性编辑软件所要求的格式不一样，转格式的过程中，图像的质量会下降，所以在导入素材和输出影片这两项工作中，要注意格式的设置。

2. 编辑 MTV 时，要注意片段的节奏，可以根据重音切换各种镜头。

3. 剪切视频时注意两段视频之间的空隙，防止节目中间因无内容而产生黑屏，导致播放时有跳帧的视觉错误。

4. 使用单轨编辑软件时，两段视频在同一轨道上要有重叠区域，使用双轨编辑软件时，在不同轨道的两段视频要有重叠的区域。

5. 添加特效及特效预览对机器的配置要求较高，要根据具体的硬件情况进行操作。

6. 创建的字幕一定要保存，一定要选择合适的字体，在 Adobe Premiere 中有时会因为字体安装等问题出现很多无法读出的汉字而导致出现乱码。

7. 输出节目时要十分注意监听节目音量的大小。

七、实验讨论与评价

1. 认真思考线性编辑与非线性编辑的区别，归纳这两种编辑方式适用的节目类型和编辑的具体步骤，归纳两者的优缺点，并进行比较。

2. 分析各种视频载体的格式，总结各种载体之间的转换所需要的具体器材和操作。

3. 总结编辑一个完整电视节目的基本操作顺序。

4. 展示自己的作品，让同学和老师欣赏并评价。

八、实验报告

将完成的 MTV 作品在片尾加上小组的成员信息，刻录成光盘，给老师及同学参考。将 MTV 的分镜头脚本完成，写入实验报告。并思考下列问题：

1. 非线性编辑和线性编辑有何异同？
2. 评价自己的 MTV 在哪些方面还存在不足。
3. 反思制作过程，写出自己对编辑的理解和认识。

实验六　电视编辑实践

一、实验目的

在完成本实验的学习和实践后，学习者能够：

1. 掌握视频编辑的基本规范和要求，包括镜头编辑点的选择，不同类型镜头之间的合理衔接等。

2. 综合运用线性和非线性编辑系统，对一组既定素材进行编辑练习，以掌握编辑的基本要求和规范。

3. 掌握运动的剪辑原则和运动节奏的控制。

二、实验要求

以3～5人为一组，完成如下实验任务：

1. 撰写一段3分钟的分镜头脚本，题材主要围绕某一既定主题（如校园里的文化现象，某项学生活动等）展开，要求根据选定的主题设计和组织镜头。

2. 根据设计完成的分镜头脚本，拍摄所需要的素材。

3. 筛选镜头，剪辑成完整的视频，注意镜头的组接和剪辑节奏的控制。

4. 添加视频特技和转场特技。

5. 添加所需的音效和字幕。

7. 输出作品。

三、实验场地与器材

实验场地：线性编辑实验室、非线性编辑实验室（学生自行选定）。

实验器材：线性编辑系统/非线性编辑系统，磁带若干。

四、实验预备知识

（一）镜头组接时应该注意的问题

影视的传达需要从作品、作者和观众三方面来考量。作品本身应符合事物的规律和生活的逻辑，创作的过程是作者思想的表现过程，节目的最终展现应该考虑观众的思维和感受。这三个方面是电视编辑必须考虑的。

当然，进入电视编辑具体的操作层面，镜头的组接也是有规律可循的。

1. 轴线规律

在编辑的时候，视觉的方向性会引发跳轴的错误。

所谓轴线是我们假想出来的线，其具体含义已经在实验三中有讲述，这里不再重复。轴线规律要求在电视节目制作的拍摄过程中机位必须放在同一侧，即180度以内，这样，在组接镜头时才能保证主体运动的连续性以及人物位置关系的连续性。所以要尽量避免拍摄时的错误在编辑工作中延续。

但有时由于前后期的种种因素，跳轴是难以避免的，为了使节目合理顺畅，可以使用以下办法。

(1) 插入中性镜头

这种镜头无明显的方向感，在轴线方向上拍摄的镜头可视为中性(零方向)镜头，把它用在两个跳轴的镜头之间，可以淡化视觉上的跳跃感。

(2) 使用特写镜头过渡

可以用特写或者方向感不明显的镜头作为间隔，避免生硬的剪接。

(3) 摄像机的运动

如果前期拍摄了这样一些镜头，即通过移动摄像机越过轴线，后期就可以将这些镜头作为过渡，使观众看到视觉方向的变化过程。

(4) 主体的运动

同摄像机的运动一样，利用拍摄对象的运动方向的变化实现视觉方向的变化，使观众看到整个过程的变化。

(5) 插入其他镜头

根据结构安排，可用一些平行蒙太奇的方法进行镜头的穿插，从而增加节目的节奏感和戏剧性，减少越轴引起的视觉跳跃感。

(6) 使用视频特技

某些编辑软件拥有通过横向反转画面改变画面视觉方向的特技。使用这些特技可以在局部根据需要使跳轴的镜头变成不跳轴的镜头。当然在实际操作中，不能完全依赖这种方法。

2. 画面因素

(1) 位置

在不改变视觉或者高度的情况下，上下两个镜头中主体的位置以及空间关系应该保持大体一致，否则便会造成视觉的跳跃感。

(2) 视线

视线使前后两个镜头之间产生一种关系。这种镜头一般具有主观性，视线的目标物都应与视线相匹配。

(3) 主体

在用一组镜头表现同一主体时，主体在不同景别镜头中的位置安排要前后一致。

(4) 环境

户外拍摄时应该注意天气以及光线的变化，要使组接在一起的镜头之间光线、环境条件的差别不宜太大。

(5) 色彩与影调

一部完整的节目,色彩与影调应该是协调连续的,高调与暖色一般表现愉快的情绪,而低调与冷色则与压抑的气氛匹配。

3. 运动

(1) 运动的构成

影视画面的运动不是局限于某一个具体元素的运动,而是强调节个视觉上的动感。具体来说,影视画面的运动由三层因素构成:画面主体状态、摄像机的运动以及镜头的组接方式。

主体运动是最基本的运动,它发生在摄像机前,因此它的方向、位置、速度等必然要受到屏幕的制约,同时它也影响机位的设置和画面剪辑点的选择。

摄像机的运动主要包括推、拉、摇、移等手段,它的运动丰富了画面的造型手段,具有极大的表现力,每一种运动都有各自的表达特点,剪辑的手法当然也要根据内容的不同而发生改变。

镜头的组接方式主要包括剪辑点的选择、镜头序列的构成、镜头间转场以及节目的剪辑节奏。它是剪辑师剪辑的总体构思的表现,对剪辑师的艺术要求是最高的。

总之,此三者在画面编辑的时候需要综合考虑,方可以和谐流畅地叙述。

(2) 运动的剪接

为了达到视觉上的连贯与流畅,一般要遵循的一个基本原则是"动接动,静接静",但在特殊情况下,也有不一样的组合。

在组接画面时"动"与"静"的要求不是指整个镜头,而是剪辑点上的状态,即在剪辑点上主体或者摄像机的运动状态要和谐一致。例如,上一个镜头摄像机从空镜摇到一个人的中景,下一个镜头是他的固定特写,剪辑点便可以选择在上一镜头的落幅,因为落幅是静态的,这种方式叫做"静接静"。

(二) 不同镜头组接方式下的编辑点的选择

两个相邻镜头的衔接点称为图像编辑点。图像编辑点是很微妙的,有时只差几帧画面就会产生截然不同的艺术效果:可能使画面组接流畅,也可能使人感到不舒服,甚至产生视觉跳动。艺术效果往往就在"稍微"之中,稍微多一点、少一点就能改变艺术的韵味。总之,选择图像编辑点,既要符合艺术与技术要求,也要符合运动与心理规律,还要防止图像跳动与视觉跳动。

1. 主体动作编辑点

主体动作编辑点是以形体活动为基础,选择主体外部动作发生显著变化后作为动作编辑点。它包括相同主体动作编辑点和不同主体动作编辑点。

(1) 相同主体动作编辑点

① 主体位置固定的画面。选择在姿态刚发生明显变化后,作为动作编辑点。例如,坐着的人站起来,低头的人抬起头,若在这些姿态刚刚改变后,将镜头切换到下一个镜头,可使镜头组接顺畅。

② 主体位置移动的画面。选择运动方向或速度刚发生变化后,作为动作编辑点。例如,汽车刚转弯后或舞蹈教师的脚步由慢突然变快后,就立即将镜头切换。

③ 主体出入不同空间的画面。选择主体走出画面后或走入画面前，作为动作编辑点。主体可以出画、入画，如教师从家里走出画面，切换到走入课室画面；主体也可以出而不入，如从办公室走出画面，切换到在街上行走；主体又可以入而不出，如从工厂宿舍区走入画面，切换到在学生家里家访。

④ 主体由静到动或由动到静的画面。选择动作刚开始或停止后，作为动作编辑点。例如，司机发动马达使汽车刚动的近景，切换到汽车开走的远景；又如，一个人在图书馆走到书架前刚站住的全景，切换到从书架上抽出一本书的近景。

(2) 不同主体动作编辑点

不同主体的运动或同一主体的不同运动画面，应选择它们之间运动的内在联系因素——动势方向一致、连贯，动作形态相似、完整的瞬间，作为动作编辑点。

① 选择动势方向一致的地方作为动作编辑点。直线运动的主体，当朝同一方向运动时切换，使观众的视线方向保持一致；曲线运动的主体，前后镜头要保持连贯，如从单杠的大回环转到跳马的空翻落地，也是利用动势保持视线的连续。

② 选择形态相似的地方作为动作编辑点，如旋转的汽车轮切换到旋转的自行车轮。

2. 运动镜头编辑点

运动镜头编辑点是以动接动、静接静、动接静、静接动为基础，要防止运动镜头之间，运动镜头与固定镜头之间的编辑点产生视觉跳动。

(1) 运动镜头之间的编辑点

① 镜头运动方向相同的编辑点采用动接动组接，从而产生一气呵成的效果。例如，几个连续右摇的风景镜头组接在一起，恰似长卷式的横画。

② 镜头运动方向相反的编辑点，采用静接静组接，镜头要有起幅和落幅才不会产生视觉跳动。例如，左摇镜头落幅后，才切换到有起幅的右摇镜头。

(2) 运动镜头与固定镜头之间的编辑点

运动镜头与固定镜头之间的编辑点要根据固定镜头的主体是静止还是运动去选择编辑点。

① 运动镜头与主体静止的固定镜头之间的编辑点采用静接静组接，镜头运动要有起幅、落幅才不会产生视觉跳动。例如，一个摇镜头落幅后，才能接静止的固定镜头。

② 运动镜头与主体运动的固定镜头之间的编辑点采用动接静组接，利用主体运动的动势将运动协调起来。例如，跟拍一辆行驶的汽车，切换到汽车驶向远处的固定画面。

3. 穿插镜头编辑点

穿插镜头编辑点是以校正跳轴镜头为基础的。编辑艺术不仅能鉴别主体运动轴线是否正确，还要能校正拍摄时的跳轴错误。在两个跳轴的镜头之间，穿插一个校正镜头，既能防止视觉跳动，又能将运动轴线自然地转过来。

(1) 选择运动主体刚转弯、转身或转头后作为穿插镜头编辑点，使跳轴运动有逻辑关系。

(2) 选择主体在画面中间作垂直运动的画面作为穿插镜头。这些没有明显方向的中性镜头，可减弱跳轴运动的冲突感。

(3) 选择主体的特写镜头作为穿插镜头。特写镜头无明显方向性，且视觉冲击力强，可有效降低前后两个镜头因方向、色彩等因素差异过大而造成的视觉跳跃感，适合用做穿插镜头。

4. 人物情绪编辑点

人物情绪编辑点是以心理活动为基础的。

(1) 选择人物情绪的喜、怒、哀、乐等高潮处作为图像编辑点。此时,观众沉浸在激情的感染中,利用情绪的贯穿性切换镜头,可获得紧凑而不露痕迹,承上启下,一气呵成的效果。

(2) 根据不同形式的表情因素与内心活动,结合镜头造型与节奏,创造人物情绪感染效果。例如,快节奏的短镜头可造成紧张情绪;慢节奏的长镜头可有一种舒缓、平稳效果;无人物的空镜头,如蓝天、红旗、大海、鲜花等,可补充人物的情绪外延。

5. 稳定图像编辑点

从编辑技术与艺术两个方面,防止编辑点图像跳动与视觉跳动,从而稳定图像编辑点。

(1) 防止编辑点图像跳动

从技术上防止编辑点图像跳动与闪色的措施主要有以下几种。

① 选用图像质量好的素材带,忌用录制广播电视节目的录像带与复制多版的录像带作为素材带。

② 选用质量良好的编辑带,使用前还要快速走带与倒带一遍,使其各段的张力一致。

③ 编辑带预录标准的控制磁迹信号,如黑场信号或彩条信号等,然后采用插入编辑方式进行图像编辑。

④ 编辑放像机的视频输出信号最好经过时基校正后才输入编辑录像机。

⑤ 编辑放像机重放每个镜头时,调节磁迹跟踪旋钮(TRACKING),使视频电平达到最大值,监视器的图像噪声最小;调节视频电平旋钮,使示波器的视频全信号最大值不超过1.1伏。

⑥ 使用编辑放像机与录像机彩色帧伺服开关,每个镜头的编辑入点前要预留10秒的连续画面,以供编辑预卷使用。

⑦ 编辑系统要用稳压电源,防止电流波动与高、低频电火花脉冲信号干扰,从而稳定图像编辑点。

(2) 防止编辑点视觉跳动

从艺术上防止编辑点视觉间断感与跳跃感的技巧主要有以下几种。

① 两个镜头组接时,景别变化不要太大,如一个远景镜头,不要接一个特写镜头。

② 相同背景的主体,景别或拍摄方位要有所变化。

③ 停机再拍特技与动画的主体不能错位,即使是极少的位移也不允许。

④ 主体的位置,方向和视线要相互匹配。

⑤ 主体运动或镜头运动的方向、速度要一致。

⑥ 动静变化不要太突然。

⑦ 色调明暗变化不要反差太大。

⑧ 色彩过渡变化要和谐自然。

6. 景别变化的剪辑

在以上这么多种镜头组接中,很多情况都涉及景别的变化。景别表现为画面主体的远近或镜头中包含景物的大小。一般分为远景、全景、中景、近景和特写。它是心理距离和物理距离的综合表达。

在剪辑时，景别的安排隐含主观性，可根据表达特点及影片风格来灵活进行组接。另外，拍摄同一个主体时，两个机位、景别相似的镜头组接在一起会引起视觉的跳动感，而通过拍摄角度的变化便会使这种衔接显得流畅自然。

在剪辑时，镜头景别的变化应该注意以下问题。

(1) 长度安排：在剪辑时，应该根据不同的景别安排好镜头长度。因为就视觉效果而言，小景别画面简单，观众不需要太长的观察时间，相对而言大景别内容丰富，所需时间应该充裕一些。

(2) 变化层次：将不同的景别组接在一起，要根据创作需要考虑层次安排。一般来说，有几个蒙太奇句型常常被用到：

① 前进式：景别由大到小逐层过渡，一般来说其情绪是由弱变强的。

② 后退式：景别由小到大，情绪逐渐减弱，此外还会产生悬念性的戏剧效果。

③ 环形：上述两种句型结合使用，形成一种较为平缓的叙事风格。

(三) 场面过渡的常见方式

1. 淡入淡出

这一转场特技极为常见，通常用于比较大的一个完整的段落的结束，或者另一段落的开始，代表一个较大的时空或情节的转换。

2. 叠化

叠化是指一个画面渐渐隐去的同时，另一个画面渐渐出现，用来表示时间的流逝，或接回忆、想象，或连接不同的时空。另外，当两个镜头声画组接不顺畅时，叠化可作为"软切换"，这是一种常用的补救方式。

3. 其他特技效果

图像及多媒体技术的发展为画面编辑提供了丰富的特技效果和转场方式(如划像类、翻页、卷轴等)，但在制造这些绚烂视觉的同时，也应注意每种特技手段都有它独特的表意效果，应根据特定的情景恰当使用。

4. 静帧

指在段落的结尾将画面定格。一般用于一个段落与另一个段落的连接，或段落的结尾，被定格的画面有时有强调意味，有时则为了强调视觉冲击力。

(四) 视频特技的常见种类

1. 固定特技

固定特技是每段视频都可以调节的最基本的特技，主要包括：中心点位置调节、缩放、旋转、画面位置和透明度调节等。该特技是很常用的，可以进行视频叠加、画面分割等。

2. 色彩调节

各种非线性编辑软件虽然对特技的归类都不一样，但是在色彩这个领域一般都包括相同的内容：色度、亮度、对比度等各种色彩因素。不同的颜色代表不同的情感，调节相应的颜色，可以达到预想的效果。

3. 马赛克

马赛克主要用于新闻报道中对局部画面信息的隐藏。

4. 键控

键控主要用于制作内外景画面的叠加效果，同时也是实现虚拟演播室技术的基本技术。

5. 其他

包括形变、模糊、粒子等。除了各种非线性编辑软件提供的特技，还有很多专门用于制作特技的软件也给制作者们提供了很大的创造空间。

五、实验方法与步骤

电视编辑工作具体步骤如下。

（一）选择镜头

浏览素材，检查素材内容是否满意，是否充足。镜头画面有无“穿帮”，焦点是否清楚，镜头画面是否平、稳、匀、准、清。

检查画面色彩是否偏色，是否达到所要求的色调效果，曝光情况如何。检查声音是否有杂音，背景声是否太杂。

（二）初步剪辑

按照故事的发展顺序，将分镜头组接起来。在剪辑的过程中，主要会遇到以下几类问题。

1. 对话的编辑

编辑对话时很容易犯越轴的错误。图 6-1 就是一个犯越轴错误的实例。而图 6-2 则是正确的做法。

为了将存在越轴问题的两个镜头剪辑在一起。可以在两者之间穿插一个包含两人的全景或者一个无法判断视觉方向的人物特写。或者使用非线性编辑软件的特技功能，将第二个镜头沿垂直方向翻转即可。

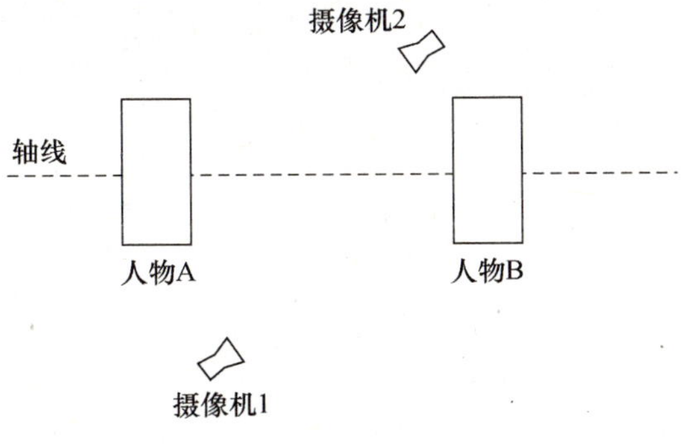

图 6-1　越轴的机位设置

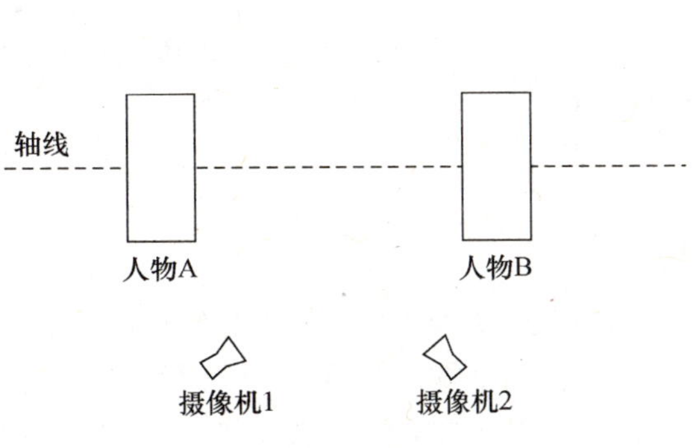

图 6-2　正确的机位设置

对话的编辑只是一种范例，其实在编辑过程中轴线无处不在，因此必须认真考虑对这条无形“轴线”的灵活运用。

2. 运动的剪辑

运动的剪辑在节奏的控制和剪辑点的确认上是很讲究原则的。首先，要看节目本身对节奏的要求，看节目在该段落的节奏快慢，其次是看动作是否连贯。动作的剪辑是一种对编辑点确定要求颇高的剪辑，需要在长期的编辑实践中不断摸索规律，方可掌握运动剪辑的规律。

3. 景别的变化

景别的变化是影视语言特有的表达方式，对景别变化的有效运用是掌握影视语言的必备内容。它为我们提供了巨大的创作空间，也可以让我们更灵活地处理制作过程。景别的变化不但可以在剪辑中解决很多因为镜头错误而带来的麻烦，而且能使节目更加生动。

（三）添加转场特技

转场特技的作用是为了表明镜头之间的关系，增加镜头转换时画面的美感和表现力，并调节画面的节奏。

本次实验中可能会涉及时间的转移，这时“淡入淡出”这个转场特技是经常用到的，既可表示回忆，也可表示幻想。

（四）插入特技

特技是提高画面表现效果的理想工具，恰当使用视频特技和转场特技能够有效提高画面的表现力。但不同的特技具有不同的含义，初学者最忌滥用视频特技和转场特技，使节目效果眼花缭乱，前后不统一，从而降低节目主题传达的有效性，使节目整体效果大打折扣。因此特技运用必须恰到好处，平时在观摩影视作品和在编辑工作中选用特技时应重视对不同特技应用场合和表达效果的观察和实践，以求准确掌握特技的使用。

（五）音效和字幕

根据节目的内容需求和节奏要求，加上所需的解说词、音乐、音响效果等声音元素，完善作品。此外，为节目的片头、片尾添加字幕，并根据节目播放的需要为节目添加解说词和对白的字幕。

六、实验注意事项

1. 注意动作剪辑过程中剪辑点的控制。
2. 注意整段视频的节奏控制是否符合主体和音乐的节奏。
3. 反复观看剪辑出来的作品，检验动作的拼接是否顺畅。

七、实验讨论与评价

1. 总结剪切视频要注意的艺术规则。
2. 归纳各种转场和特效能够带来的不同的节目效果。

3. 展示自己的作品，同学之间从艺术规范的角度共同讨论剪辑工作中所要注意的各种问题，并归纳出来以供日后剪辑参考。

八、实验报告

填写实验报告，完成分镜头脚本，比较分镜头脚本与制作出来的影片的异同，体会影片节奏，评价自己剪辑出来的作品的节奏是否顺畅。

实验七　电视特技与电视字幕制作

电视特技和电视字幕是电视后期制作中的两项重要工作，对于电视节目内容的完整表达和情绪意境的营造均有重要作用。

特技是通过运用特殊的技法进行拍摄或对已有的画面素材和镜头衔接添加特殊效果，实现编剧、导演、摄影师、美工等节目制作人员的画面创意，将创作意图真实、形象地表现出来的电视制作手法，是一套独特的画面语言，在电视画面的叙事和表意过程中发挥着特殊的重要作用。在当今数字化的电视制作环境中，由于电视特技制作的便捷性和其所能够实现的视觉效果的多样化，特技更成为营造节目氛围，进行节目包装必不可少的表现手段。

字幕作为电视节目的信息载体和重要的视觉元素，已经从早期简单的字幕叠加发展到如今精致的图形、文字混合编排制作，相应的制作设备功能也从单纯的字幕制作演化为图文创作。从功能和表现效果的角度，字幕可以分为标题性字幕和说明性字幕。标题性字幕既要传递信息，又是画面构成中重要的视觉要素，因此其字号相对较大，编辑中为其添加的视觉效果也较为丰富，字体艺术性强，常用于片名或重要信息的交代等；而说明性字幕则以信息内容的传达为目的，字号小，字体一般没有太高的艺术性要求，但要求清晰、便于阅读，常用于说明、叙述及罗列演职员表等。

一、实验目的

在完成本实验的学习和实践后，学习者能够：

1. 通过观摩示范和学习者实地操作，理解和掌握不同类型特技的制作过程和产生的画面效果。

2. 观摩了解多机摄像系统的系统组成、接线方式和利用该系统生成镜头转换特技的基本操作。

3. 通过观摩和实践，掌握几种典型的摄像特技的制作方法。

4. 通过实践掌握非线性编辑中视频特技和镜头转场特技的制作方法。

5. 掌握在非线性编辑软件中制作色键特技和窗口特技的方法。

6. 通过作品观摩和实验观察，掌握各种特技效果的表达功用，以求在电视节目制作中能够正确选用并制作特技。

7. 能够利用非线性编辑系统制作常见的电视图文字幕。

二、实验要求

本实验要求学习者完成：

1. 观摩利用多机摄像系统产生镜头转换特技的操作过程，并能够理解和掌握多机摄像系统的组成和系统连接方法。

2. 利用多机摄像系统中的特技台制作简单的镜头转换特技。

3. 使用摄像机制作几种典型的摄像特技。

4. 利用非线性编辑系统进行视频特技和转场特技的添加。

5. 利用非线性编辑系统进行窗口特技和色键特技的制作。

6. 体会不同类型特技的制作流程和表达特点。

7. 利用非线性编辑系统制作片头片尾字幕、滚动字幕、唱词,以及叠加在画面素材上的图形和文字字幕。

三、实验场地与器材

1. 由两台或多台摄像机组成的多机摄像系统,包括摄像机两台(或多台)、特技机、监视器、三脚架、录像机、简单的布景、视音频线等。

2. 非线性编辑实验室。

四、实验方法与步骤

(一) 认识特技台

特技台又叫切换台,是电子现场制作(EFP)中多机摄像系统的核心部件。它主要用于现场节目制作时多台摄像机信号的选择、切换和镜头转换特技的添加。在非线性编辑技术还不是很普遍的时代,特技台也是后期编辑中添加特技的主要设备。随着数字特技台的发展,特技台能够添加的特技已远远超越了淡变、划变等简单的镜头转换特技,出现了3D数字特技、色键跟踪等十分丰富的特技效果,但由于现场切换时时间十分紧张,切换导演基本无法通过特技台实时地添加复杂的特技效果,因此现场切换添加的特技也往往仅限于淡变、划变等简单的特技,而大量的特技效果则要依赖如今已十分普遍的非线性编辑系统来实现。

下面将结合目前比较常用的松下数字特技台 AG-MX70mc 来介绍特技台的使用。

1. AG-MX70mc 特技台的外观

AG-MX70mc 特技台的外观如图 7-1 所示。

图 7-1　AG-MX70mc 特技台

2. 特技台的前面板基本结构

该切换台兼有视频和音频处理的功能，是一款数字式 AV 混合器，这主要是为满足现场制作时视音频制作的需要，以便让系统更加集成化，方便系统的架设与维护。特技台的前面板基本结构如图 7-2 所示。

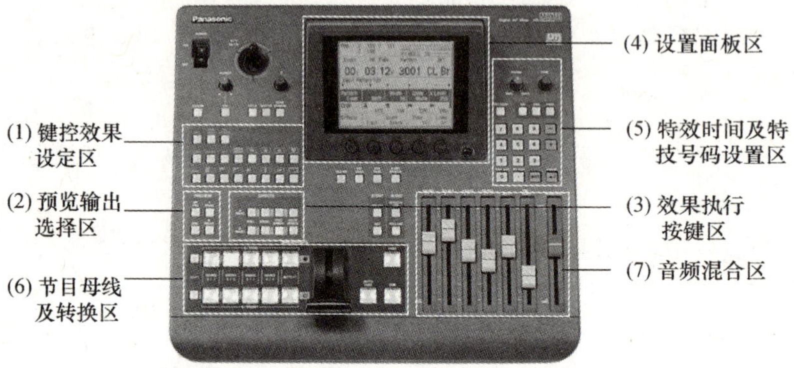

图 7-2　AG-MX70mc 切换台正面图

(1) PATTERN(键控效果设定区)

该区域包含键控图形反转按键、直接键图形按键、直接转换图形按键、混合按键、亮度键按键、色度键按键等对键控信号和键控图形进行设定的按键。

(2) PREVIEW(预览输出选择区)

该区域中的控制器用于确定在转换预览、A/B 总线图像中哪些图像将从后面板上的 Preview 输出接口输出。

(3) EFFECTS(效果执行按键区)

通过该区域的按键，可以强行将静止效果、过滤效果、镶拼图形效果、衰减效果、色彩效果等视频效果添加到两条节目总线。

(4) Setting Indicator(设置面板区)

用于显示特技切换系统的系统信息，并通过按钮和旋钮调节选定项目的参数。

(5) Stunt Setting Area(特技时间及特技号码设置区)

该区域包含耳机音量控制、特技时间控制旋钮、转换/键图形号码设置、淡变转换时间设置等。

(6) MIX EFFECT(节目母线及转换区)

用于预览和切换输入和切出的画面，可以用 AUTO TAKE 按键来实现信号切换，也可以用转换杆来转换镜头。

(7) Audio Mix Area(音频混合区)

用于控制输入和输出音量的相对大小和比例。

3. 特技台的后面板基本结构

AG-MX70mc 特技台的后面板基本结构如图 7-3 所示。

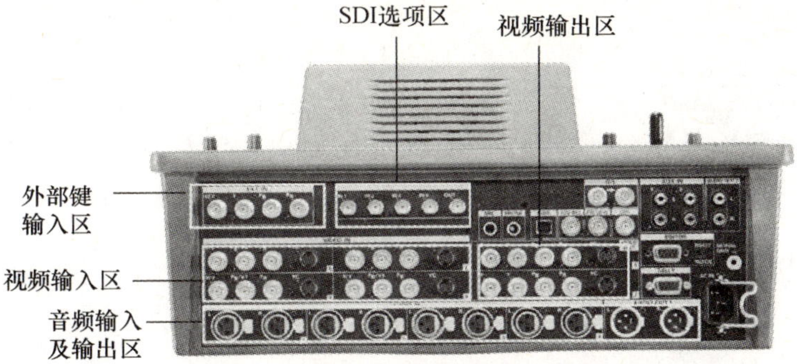

图 7-3　AG-MX70mc 特技台后面板

(1) KEY IN(外部键输入区)

外部键控信号的输入接口。

(2) VIDEO IN(视频输入区)

提供切换台的多路视频信号的输入接口。提供分量和复合输入的接口。

(3) AUDIO IN(音频输入及输出区)

提供四组 XLR 型音频的输入接口和一组输出接口。

(4) SDI(SDI 选项区)

提供四个 SDI 输入接口和一个 SDI 输出接口。

(5) VIDEO OUT(视频输出区)

提供复合输出、分量输出和 YC 输出接口各两组。

(二) 基于多机摄像系统的特技制作

1. 准备

停电检查所有设备的开关是否在正确位置。

(1) 将两台摄像机的电源开关置于关闭位置,将白平衡开关置于 AUTO 位置,电子快门开关置于 OFF 挡,光圈调节选择自动挡,增益开关拨至 0 分贝。

(2) 将特技台的电源开关置于关闭位置,并检查已经与特技台连接的线缆是否连接正确及有无松动,将特技台的转换杆置于顶端或底端。

2. 系统接线与开机

(1) 按照系统连线示意图(见图 7-4)完成多机摄像系统的连线。

(2) 接通电源后按如下顺序开机:特技台总电源、摄像机、监视器。

(3) 开机后,通过调节摄像机的光圈、白平衡、焦距等,将摄像机所拍摄的画面调节到较美观的状态。

3. CUT(切换操作)

(1) 观察特技台左侧的两排输入信号母线,可以看到由于只有两路视频信号输入特技台,因此 A、B 母线都各有两个按钮灯被点亮。

(2) 观察录像机监视器中此时输出的画面,假设此时切换台输出给录像机的是摄像机 A 所拍摄的画面。

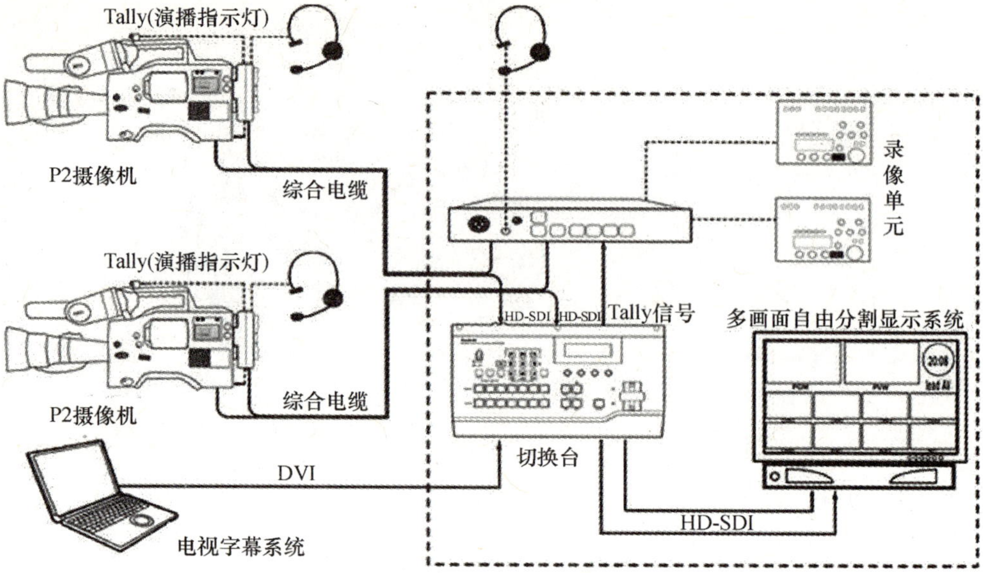

图 7-4　两机位电子现场制作(EFP)系统连线图

(3) 按下切换台转换杆右侧的 AUTO TAKE 键,此时录像机监视器中所显示的图像将变成 B 摄像机所拍摄的画面。

(4) 再次按下 AUTO TAKE 键,切换台将再次输出摄像机 A 的画面给录像机。

(5) 重复进行以上操作,注意观察每次切换后,两条节目母线上按钮灯的变化规律。

(6) 重复进行以上操作,注意观察镜头切换点。

4. WIPE(添加划变特技)

(1) 首先按下母线 A 的 1 号键,使切换台输出 A 摄像机的信号。

(2) 在母线 B 中选择 2 号键,使摄像机 B 所拍摄的画面处于预备状态。

(3) 选择区域 5 中的任意一个划变效果键。

(4) 将特技台的转换杆从一端匀速地拉到另一端(或者使用切换台上的 AUTO TAKE 键),此时从录像机监视器上即可看到切换台输出的图像由 A 摄像机拍摄的画面划变到了 B 摄像机拍摄的画面。

(5) 选择其他划变方式,观察不同的划变特技所产生的画面转换效果。

5. MIX(添加 X 淡变特技)

(1) 首先按下母线 A 的 1 号键,使切换台输出 A 摄像机的信号。

(2) 在母线 B 中选择 2 号键,使摄像机 B 所拍摄的画面处于预备状态。

(3) 按下特技台上的 MIX 键,选中淡变的镜头转换特技。

(4) 将特技台的转换杆从一端匀速地拉到另一端(或者使用切换台上的 AUTO TAKE 键),此时从录像机监视器上即可看到切换台输出的图像由 A 摄像机拍摄的画面淡变到了 B 摄像机拍摄的画面。

(5) 通过改变转换杆的拉动速度(或者调节淡变的转换时间)制作出长度不同的淡变特技,体会淡变过程的长短对镜头转换效果的影响。

6. MIX(添加混合特技)

(1) 首先按下母线 A 的 1 号键,使切换台输出 A 摄像机的信号。

(2) 在母线 B 中选择 2 号键,使摄像机 B 所拍摄的画面处于预备状态。

(3) 按下特技台上的 MIX 键,选中淡变的镜头转换特技。

(4) 将特技台的转换杆从一端匀速地拉到中间位置,此时从录像机监视器上即可看到切换台输出的图像是由 A、B 两台摄像机的画面叠加而形成的画面效果,就是镜头转换时产生的混合特技。混合特技在持续一定时间之后,可以将转换杆推向上下的任何一端,以将镜头转换到某一部摄像机的画面。

(三) 几种常用摄像特技的制作

摄像特技是用单机摄像系统产生拍摄特技,包括镜头操作特技、镜前加工特技和特殊效果镜特技。

1. 镜头操作特技

镜头操作特技是通过操作摄像机镜头光圈大小,聚焦虚实以及停机再拍,定时拍摄而产生特殊画面效果的特技。

(1) 操作光圈产生淡出淡入特技

① 将摄像机的光圈控制开关打到手动状态。

② 按下摄像机的 REC(摄录键)拍摄需要的镜头素材,在该镜头的拍摄结束时,先将手动光圈由正常均匀地调至关闭,使图像产生淡出到黑场的效果,之后再次按下摄像机的摄录键停止录像,这样在镜头的末尾就添加了淡出的特技。

③ 在第二个镜头开始之前,先将光圈调节至关闭状态,按下摄像机的摄录键,再将摄像机的光圈均匀地由关闭调至正常,图像从暗变亮,则在第二个镜头前添加了由黑场淡入的特技。

(2) 通过聚焦操作使图像产生虚出虚入组接

① 将摄像机的聚焦开关置于手动状态。

② 第一个镜头结束时,调节镜头的聚焦环,当聚焦由实变虚,图像从清晰变模糊时停止录像机记录;当第二个镜头开始时,先开始录像机记录,再将镜头的聚焦由虚变实,图像从模糊变清晰,即可产生虚出虚入的组接特技。

(3) 停机再拍的特效

① 先选择好摄像机的机位,将三脚架和摄像机的位置固定,锁定三脚架云台的水平和垂直转动旋钮,以保证在拍摄期间摄像机的位置不会发生改变。

② 此时在摄像机的镜头位置和焦距不变的情况下,按事先设计的拍摄方案连续拍摄一段画面后停机,将镜头画面中某些物体从拍摄现场移入或移出,再继续拍摄,直至画面内容拍完为止。用这种方法可以使画面中某些物体突然变化,如鸡蛋突然变成小鸡,物体突然出现或消失等镜头效果,起到压缩画面时间的作用。

(4) 定时拍摄

定时拍摄又称延时拍摄。它是利用延时自动控制器,按照预定的时间间距进行逐帧拍摄。当要呈现花开、种子发芽、细胞分裂等内容时常用这种拍摄方法。

① 首先固定好摄像机机位和焦距。

② 在掌握拍摄对象变化规律的基础上,预先计算好每拍摄一帧画面的时间间隔。例如,一朵百合花从花苞到开放需要两天时间,而实际的电视节目需要 2 秒钟的开花镜头,那么拍摄的时间间隔大约为每小时拍摄一帧画面。

③ 然后用自动控制器控制摄像机每隔一段时间拍摄一帧画面，或者利用摄像机菜单提供的定时拍摄功能设定间隔拍摄的时间，并按下摄录键开始记录。

④ 在经过一段较长时间的拍摄后，将拍摄完成的素材按正常速度重放，一些事物缓慢生长变化的过程就能在短暂的时间内再现在电视屏幕上，从而真实地阐明其变化过程。例如，花朵在几秒钟内开放，太阳在几秒钟内落下，天空的云层在高速运动等画面特效。

2. 镜前加工特技

镜前加工特技是在摄像机前面设置卡纸、绘画、照片、模型、银幕、光具而产生的特技，包括遮挡拍摄、模型拍摄等。

（1）遮挡拍摄

用特殊空心图案的黑卡纸遮挡摄像机镜头，将拍摄内容限于镂空的范围内。例如，用这种方法可以产生望远镜特技画面、钥孔特技画面等，如图 7-5 所示。

a 望远镜画面

b 钥匙孔画面

图 7-5　遮挡拍摄

（2）模型拍摄

用活动模型代替难以再现或经济损耗巨大的实景，使画面产生以假代真的特技效果。例如，洪水泛滥等严重自然灾害和楼房被炸等战争场面，可用水箱和模型代替。

3. 特殊效果镜特技

在摄像机镜头上面加接特殊效果镜拍摄，使画面产生多像、柔光、晕光、星光、夜景等特殊造型效果。

（1）多像镜

多像镜是由多棱镜造成，它使画面产生若干个相同形状的影像。多像镜按影像的个数可分为二像镜、三像镜、四像镜、五像镜、六像镜等。按影像的排列方式可分为多影镜与多排镜。

① 多影镜。

多影镜使画面中心有一个主要影像，四周有多个相同的次要影像。当转动多影镜手柄时，四周影像能绕中心影像转动。它一般由多棱镜组成，如图 7-6 所示。

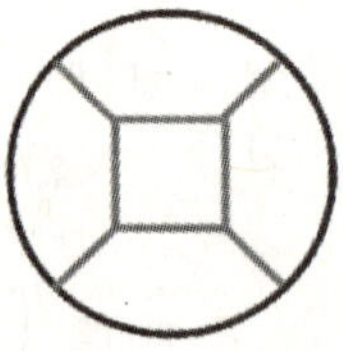

多影镜几何结构

多影镜实物图

多影镜拍摄效果

图 7-6　多影镜及其成像效果

② 多排镜。

多排镜使画面沿中线方向有多个相同的平行排列影像。如果主要影像排在最左边、最右边或中间，则称为左排镜、右排镜或中排镜。当转动多排镜手柄时，整排影像能倾斜排列。它一般由垂直平行棱镜组成，效果如图 7-7 所示。

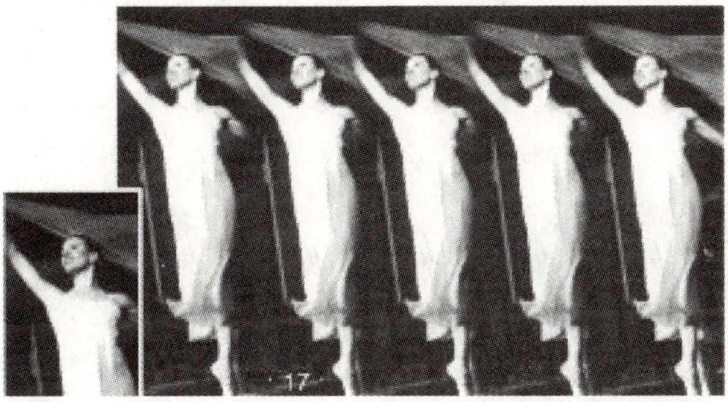

图 7-7　多排镜效果图

（2）柔光镜

柔光镜使画面中心部位图像清晰，周围似细纱朦胧，柔化渐变，从而突出主体，使造型有虚无缥缈的幻觉。它一般由透光率不均匀的平面镜造成，中心部位透光率为 100%，然后逐渐向边缘递减，如图 7-8 所示。

图 7-8　柔光镜及其效果图

（3）晕光镜

晕光镜使画面中心部位图像清晰，周围晕化，从而突出主体、模糊陪体。晕光镜中央为平光镜或开有圆孔，周围是磨光镜，如图 7-9 所示。

图 7-9　晕光镜及其效果

(4) 星光镜

星光镜使画面中的灯光或光斑产生光芒效果,犹如闪烁的星光。星光镜上面刻有一些条纹,使景物的光斑产生衍射和散射而形成星光效果。如果星光镜面刻有十字形或米字形条纹,画面中的光斑可分别产生十字形或米字形光芒,如图 7-10,7-11,7-12 所示。

图 7-10　不同类型的星光镜

图 7-11　十字星光镜效果

图 7-12　米字星光镜效果

(5) 夜景镜

夜景镜是利用白天光线拍到夜景效果。根据光线的强弱,可选择光学密度为 0.3,0.6,0.9 的夜景镜,如图 7-13,7-14 所示。

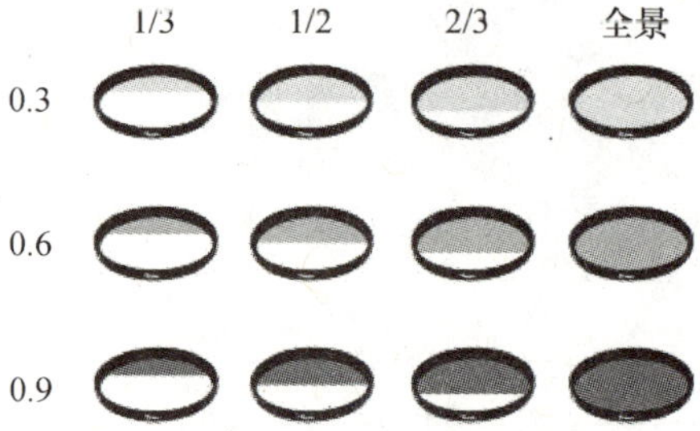

图 7-13　夜景镜

图 7-14　夜景镜效果(密度 0.9/全景)

(四) 基于非线性编辑系统的特技制作

利用非线性编辑系统制作基本的特技十分简单,一般的非线性编辑软件都提供上百种特技,除此之外,还可以通过安装特技插件对已有的特技进行丰富和扩展。特技一般分为视频特技、镜头转场特技和合成效果特技。视频特技指对镜头素材本身进行效果处理的特技,如色彩滤镜、黑白效果、定格、变速等特技。镜头转场特技是指用于不同镜头之间过渡和转换的特技,如淡变、划变等。合成效果特技是涉及两个或几个镜头在编辑时间线上通过不同方式重叠而产生的特技效果,如画中画特技、色键特技等。

1. 视频特技的添加

非线性编辑中视频特技的添加十分简单,一般只需要将视频特技的图标用鼠标拖放到素材画面上,并在参数设置窗口中为视频特技设置相应的参数即可。下面以 Sony Vegas 7.0 非线性编辑软件的视频特技添加操作为例说明该过程。

(1) 在 Vegas 软件左下角的组件区域选择 Video FX 标签，在 Video FX 窗口中选择一种视频特技，如图 7-15 所示。

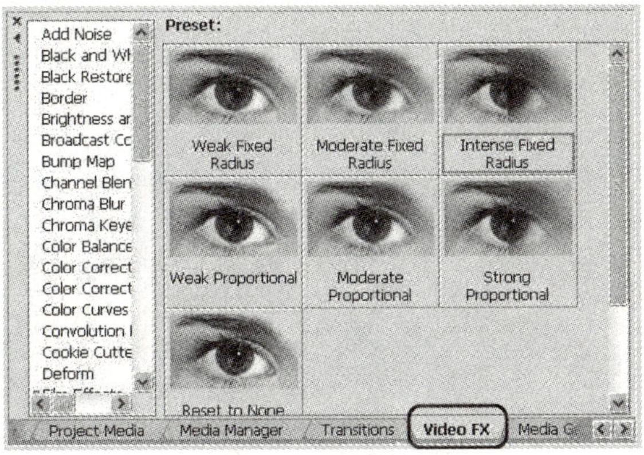

图 7-15 选择视频特技

(2) 将选定的视频特技拖放到素材片段上，如图 7-16 所示。

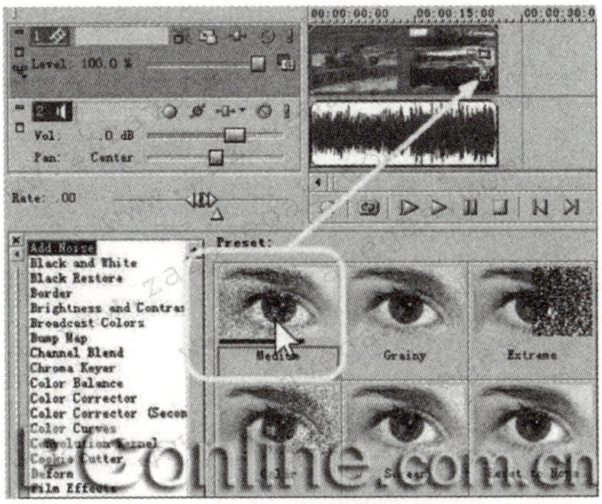

图 7-16 拖放特技到素材上

(3) 在弹出的视频特效窗口中为该特技设定相关参数，如在 Add Noise 特技的参数设置中，可以通过左右调节中间的滑动句柄调节添加到图像画面的噪点的强弱，如图 7-17 所示。

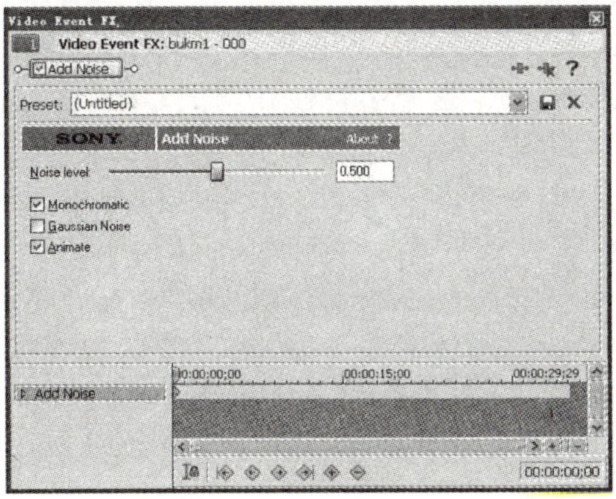

图 7-17 设置特技效果

(4) 关闭参数设置窗口，预览视频特技效果，如图 7-18 所示。

图 7-18　预览特技效果

(5) 利用“视频特技链”管理添加在同一段视频素材上的视频特技。

“视频特技链”是 Vegas 非线性编辑软件的一个重要概念，通过它可以很方便地管理添加在同一段视频素材上的视频特技，同时对每一个视频特技单独进行参数修改。图 7-19 就是对一段视频添加四个特技以后在视频特技属性对话框中显示的“视频特技链”。视频特技之间串联起来，每个视频特技的名称作为一个“按钮”。单击特技对应的“按钮”可以对这个视频特技进行详细的属性修改，如图 7-19 所示。

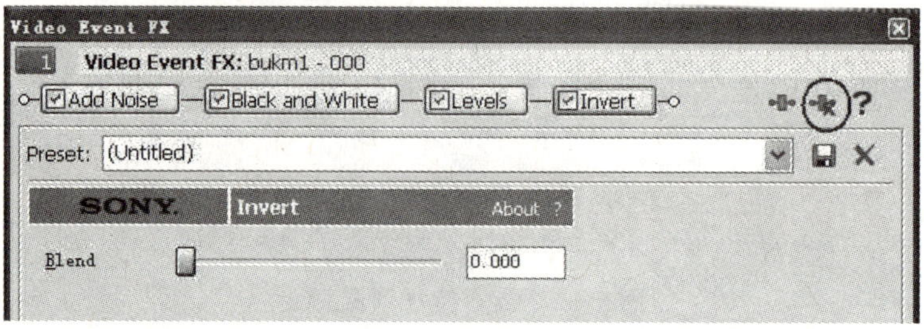

图 7-19　视频特技链

每个视频特技名称前面有小勾符号表示对应特技正在对素材起作用。取消视频特技前面的小钩符号以后，虽然这个视频特技还在“视频特技链”上，但是它的效果已经被屏蔽。此视频特技不会对视频素材起作用。这个小特性在调试修改“视频特技链”效果时会经常用到。要删除“视频特技链”中的某个特效，只要在“视频特技链”上选中某个特技，然后单击图 7-19 圈中的视频特技删除按钮即可。

2. 镜头转场特技的添加

镜头转场特技的添加同视频特技的添加类似，但要注意需要转场特技实现转场的两个镜头之间须有重叠的部分。下面以 Sony Vegas 7.0 非线性编辑软件的镜头转场特技添加操作为例说明该过程。

(1) 将时间线上的两个镜头连接在一起，并使其有重叠的部分，如图 7-20 所示。

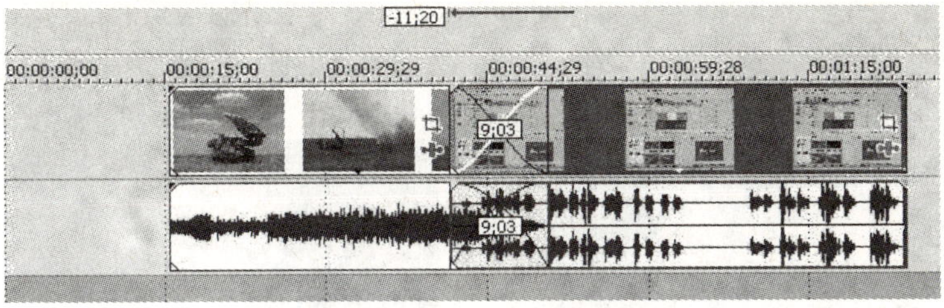

图 7-20　将两个镜头重叠

此时，如果工具栏上的（自动添加淡变特技）按钮处于选中状态，则软件已经自动在这两个镜头的重叠区域添加了 X 淡变特技。

（2）在 Vegas 软件左下角的组件区域选择 Transitions 标签，并在 Transition 窗口中选择一种转场特技，将其拖放到时间线上两个镜头的重叠区域，如图 7-21 所示。

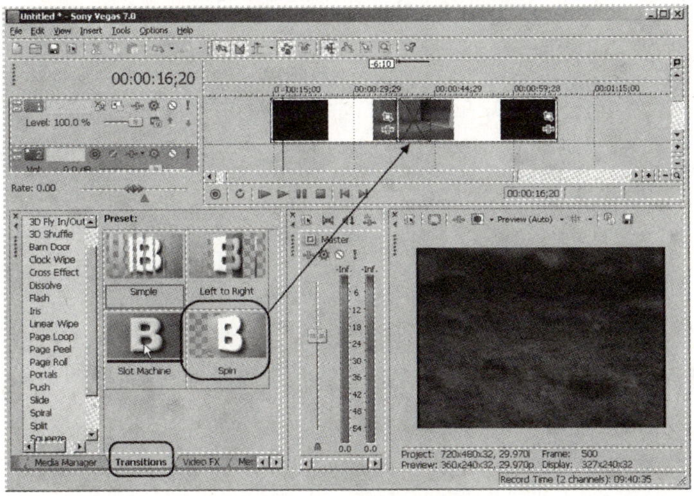

图 7-21　添加转场特技

（3）在随后弹出的窗口中设置转场特技的效果，并关闭该窗口，如图 7-22 所示。

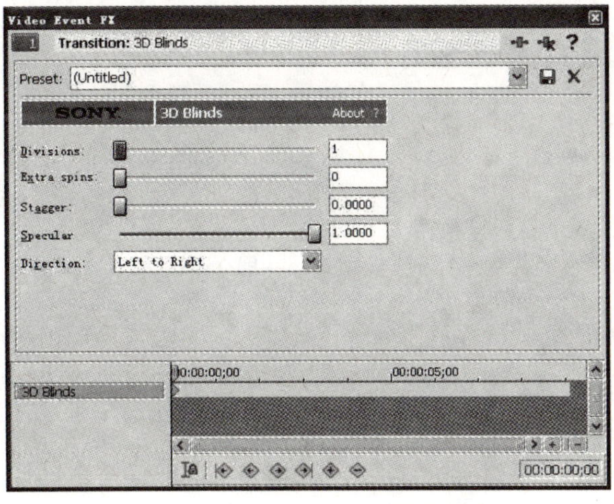

图 7-22　设定转场特技参数

（4）在时间线上预览添加的转场特技，如图 7-23 所示，图像在旋转过程中由前一镜头画面变成后一镜头画面。

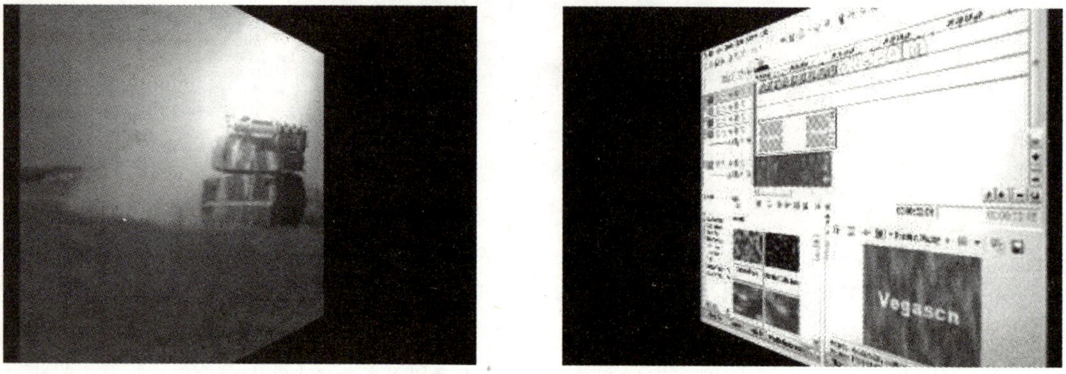

图 7-23　预览添加的转场特技

3. 合成效果特技

这种特技涉及两个或几个镜头在编辑时间线上通过不同方式重叠而产生的特技效果，如画中画特技、多窗口特技、色键特技等。这里我们以 Sony Vegas 7.0 非线性编辑软件中制作画中画特技的过程为例来说明这种特技的制作思路。

所谓画中画，就是在一背景画面上叠加一幅或几幅比背景画面尺寸小的画面，叠加和被叠加的画面既可以是静态图像又可以是动态图像；而且叠加画面可实现缩放、旋转、任意方向运动等特技，当然被叠加画面根据需要也可实现相应特技功能。

（1）在视频轨道左端的空白处右击鼠标，在弹出的菜单中选择"Insert Video Track（添加视频轨道）"选项添加一个新的视频轨道，如图 7-24 所示。

（2）将两段视频素材分别放在两个视频轨道上，并要求两段视频素材在垂直方向上重叠放置，如图 7-25 所示。

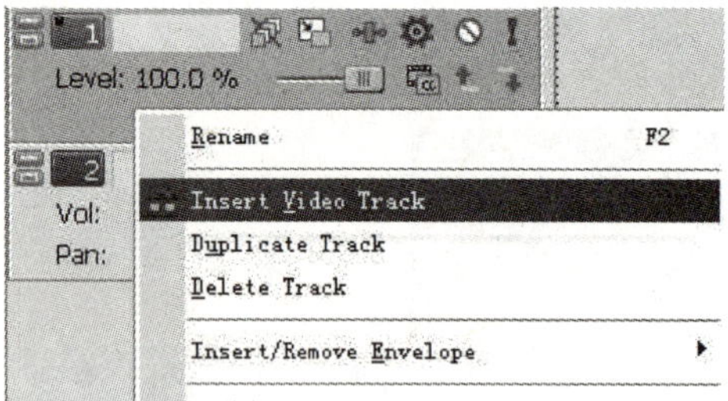

图 7-24　添加视频轨道

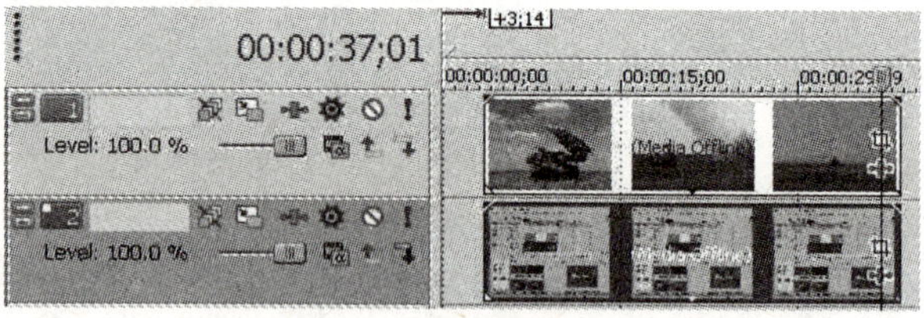

图 7-25　将素材重叠放置在两个轨道上

（3）单击位于上层的素材尾部的 Even Pan/Crop 按钮，打开如图 7-26 所示的窗口，通过调节方框 1 中的参数可以调节上层画面的大小以及在它在下层画面中所处的位置。通过方框 2 中所提供的关键帧设置功能可以使上层画面窗口在下层画面的范围内产生按轨迹移动和大小变化的效果。此外也可以通过向外拉伸图 7-27 画面四角的句柄缩小上层画面的画幅，产生窗口特技，效果如图 7-27 所示。

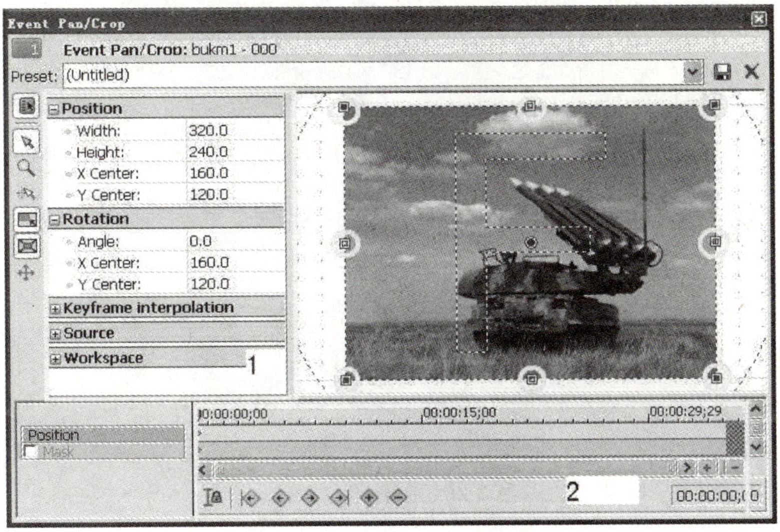

图 7-26　画面形变窗口

图 7-27　窗口特效效果

其他的合成效果特技基本也是按照上述思路完成。多窗口特技只需将上述窗口特技重复多次制作即可。而色键特技是将视频特技中的 Chroma Keyer 特技拖放到重叠的两层画面中的上层画面，将上层画面中的特定颜色成分抠去，而透出下层画面的图像内容，从而产生影像叠加效果。学习者可以自己尝试制作多窗口特技和色键特技。

（五）基于非线性编辑系统的图文字幕制作

一般的非线性编辑软件都会设置专门的字幕制作模块/软件，用于编辑过程中图文字幕的制作。下面以 Sony Vegas 7.0 非线性编辑软件的字幕添加操作为例说明该过程。

1. 标题字幕的添加

（1）在 Vegas 软件左下角的组件区域选择 Media Generators 标签，在 Media Generators 中选择左侧窗口中的 Text，之后在右侧的 Preset 窗口选择一种字幕类型，如图 7-28 所示。

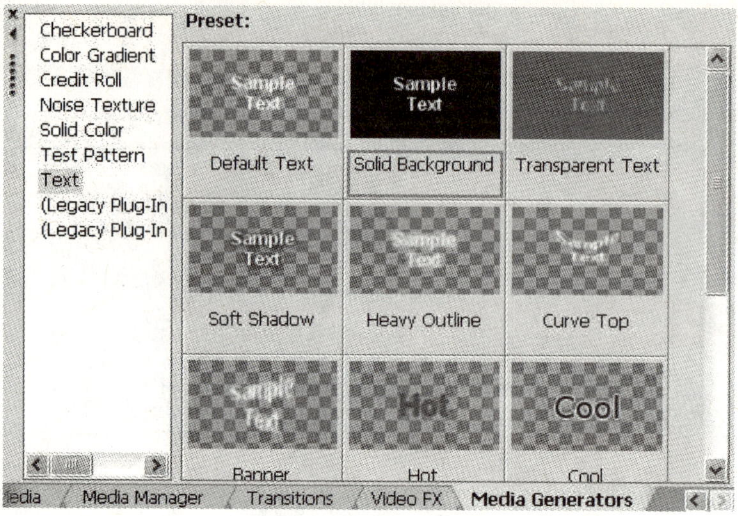

图 7-28　字幕添加窗口

（2）将选择的字幕类型拖放到时间线上，松开鼠标左键后会弹出如图 7-29 所示的字幕设置窗口。在该窗口 Edit 标签下的文字编辑窗口中输入字幕内容，并设定好字幕的字体、字号及对齐方式。之后在 Placement 标签中设置字幕在屏幕上放置的位置，并可以利用下面的时间线窗口为字幕的出现设置关键帧动画效果。在 Properties 标签中设置字幕的字距、行距、前景和背景颜色等属性。在 Effects 标签中设置字幕的加边、阴影、扭曲等属性。

图 7-29　字幕内容和效果的设置

（3）完成字幕设置后，字幕在时间线上的状态和预览窗口中的状态分别如图 7-30，7-31 所示。

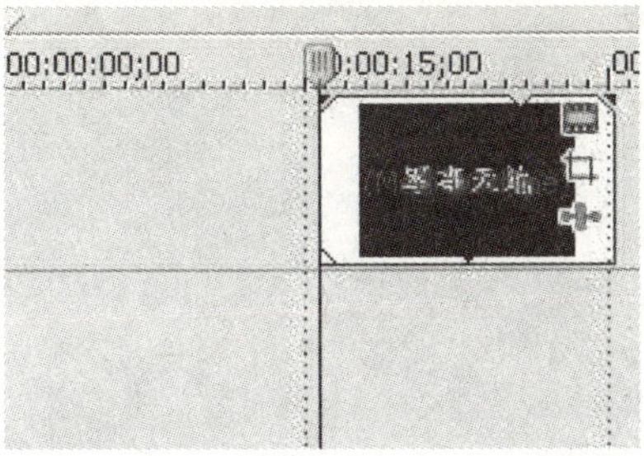

图 7-30　字幕在时间线上的状态

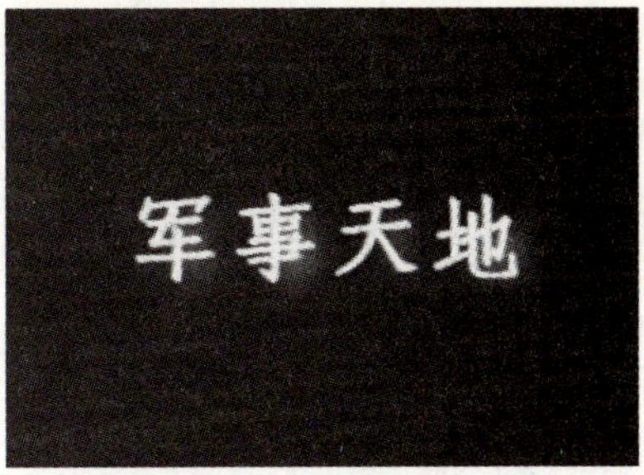

图 7-31　字幕预览状态

2. 片尾字幕的添加

(1) 片尾字幕一般为滚动字幕，首先在 Vegas 软件左下角的组件区域选择 Media Generators 标签，在 Media Generators 中选择左侧窗口中的 Credit Roll，之后在右侧的 Preset 窗口选择一种滚动字幕的类型，如图 7-32 所示。

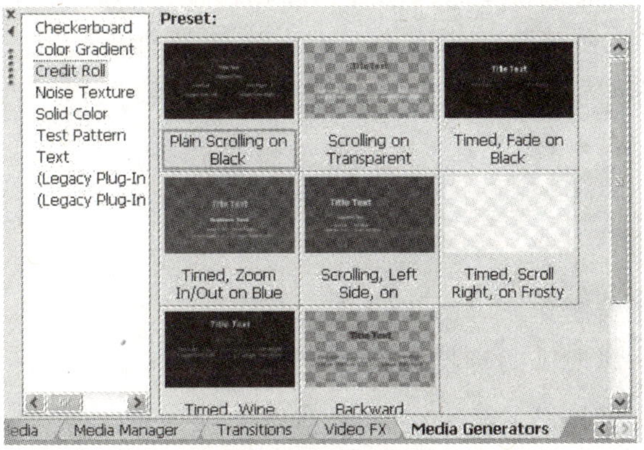

图 7-32　滚动字幕选择

(2) 将该字幕拖放到时间线上，松开鼠标左键就会弹出如图 7-33 所示的窗口，在窗口的左侧文字编辑区域编辑滚动字幕的内容，在窗口右侧的 Properties 标签和 Style 标签中对该滚动字幕的左右画幅、滚动方式、滚动效果、字体、字号、字距等属性进行设置。

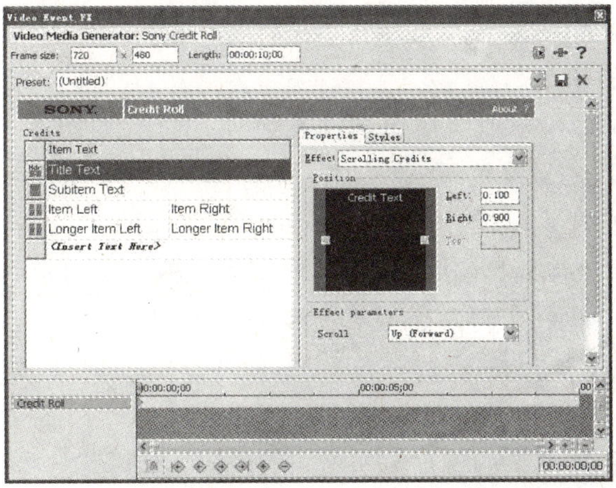

图 7-33　滚动字幕内容和效果设置窗口

(3) 之后将字幕调节到合适的长度，即可在时间线上预览字幕的效果如图 7-34 所示。

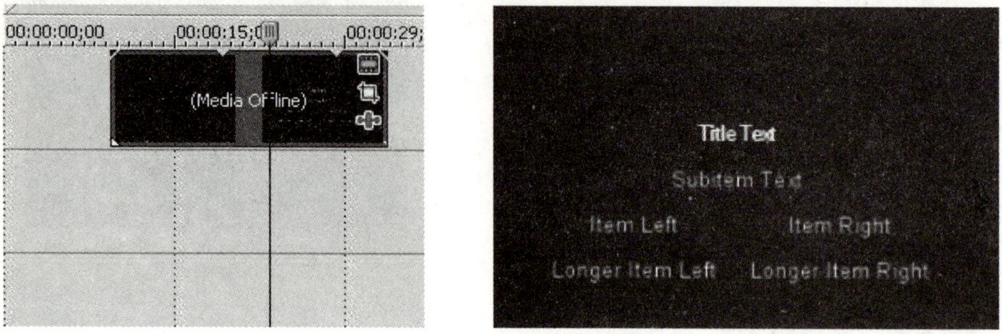

图 7-34　滚动字幕在时间线和预览窗口中的效果

3. 画面中说明性字幕的制作

制作方法与片头字幕的制作方法类似，但有两点需要注意：一是在 Vegas 中，叠加在画面上的说明性字幕需要放在被叠加画面上方的一个视频轨道；二是这种字幕需要在 Media Generators 所提供的字幕模板中选择背景透明的字幕模板。

五、实验注意事项

(一) 特技制作要点：

1. 熟悉所使用的特技制作系统的功能、特点。

2. 根据节目内容构思所需的特技效果。

3. 选择最优的特技制作方法。

同一种特技效果可能会有多种实现方式，制作时要选择制作简单可行，又能保证质量的方法和流程。

4. 要充分考虑用于制作特技的画面的构图问题。

如后期需要做上下遮幅的镜头，在拍摄时就应该考虑镜头上下画幅对构图的要求。

5. 使用压缩、合成等效果时，尽量用特写，这样做的目的主要是为了让压缩成小窗口后的画面仍然能够被观众辨识。

6. 注意主分画面的和谐。

比如画中画的主画面和分画面镜头之间在色调、对比、构图方面都要注意两者配合和谐，以免破坏画中画特技的最终效果。

7. 有目的地使用特技。

虽然特技能够丰富电视节目的画面效果，但作为一种特殊的画面语言，特技有其特有的应用规范和语法，因此在电视节目制作中不能滥用特技，哗众取宠。对特技的使用必须有明确的目的性，并基于特技使用的基本规范和语法选择使用特技，以实现电视节目的最佳效果。

(二) 在学习具体特技效果的添加方法时，请注意对不同类型特技所产生的画面视觉效果的观察，以掌握正确选用特技的能力。

（三）字幕制作注意事项

1. 字幕的字体、配色等视觉效果要与节目的主题思想和基调相匹配。字幕的颜色应根据电视画面的背景颜色、节目主题、不同色彩所能够表达的情绪等因素来确定。标题的外观能增强和补充节目效果，并吸引观众对后面内容的兴趣。标题在达到美观的同时，还要有效地向观众传递信息。较好的电视字幕、图形的设计应该是：(1) 直接明了地表现信息；(2) 通过字幕的形式建立节目的整体意境和基调；(3) 有助于以直觉表现事实、概念或程序，使观众更好地理解和欣赏节目。

2. 电视字幕的设计要考虑电视屏幕 4∶3 的宽高比，充分利用电视屏幕的视觉空间。同时在编辑时注意安全框的范围，避免出现在节目播出时字幕显示不完整的现象。

3. 为了在用户端较好地还原电视图像，应该避免用过细线条的字体，因为电视的分辨率可能无法表现出这些细微的线条。这些字在屏幕上可能无法被观众识读，因此电视图表的设计应该用简单明了、大小适中的字体。

4. 电视摄像机的对比度范围多为 20∶1，因此字幕和图表的设计要求前景文字和背景之间有适当的反差，避免用纯白和纯黑。

5. 色彩是字幕和图表设计的重要因素。在彩色电视机上红色和橙色还原效果不佳，所以要尽量避免使用大面积的、高纯度的红色。

6. 电视屏幕一般尺寸较小，且插图和字幕的停留时间一般也不会很长，因此，图表和字幕的设计要尽可能简单明了，信息量适中，方能给观众一目了然的感觉，达到一图胜千言的目的。

7. 字幕的设计应该能够表现出节目的风格。新闻节目的字幕较简单和严肃，娱乐节目的字幕则比较活泼和卡通。

8. 字幕在屏幕上的出现不应过分密集，标清电视节目的字幕每行的字数一般应控制在 15～20 个字。

六、实验记录方式

1. 将操作过程和操作方法记录在笔记本上，并详细记录在操作过程中遇到的问题及解决办法。

2. 将通过 A/B 卷编辑系统产生的画面特技效果片段保留在录像带上，供实验指导教师评阅。

3. 将在非线性编辑系统中添加好特技和字幕的视频片段输出成 Mpeg-1 格式的视频文件，提交到编辑机房的教师机，供实验指导教师评阅。

七、实验讨论与评价

1. 尝试用非线性编辑软件中提供的色键特技功能制作色键特技。

2. 讨论并尝试总结常见的几种视频特技和镜头转场特技适合使用的场合和能够实现的视觉效果，并与相关理论教材中关于特技使用规范和语法的论述相对照。

3. 尝试比较不同非线性编辑软件在特技制作方面的特点和优劣，并将讨论结果形成文字，以便在日后的制作过程中根据特技制作的需要选择恰当的特技制作软件。

八、实验报告

1. 简述特技的主要类型及各种特技的制作过程。

2. 总结常见的几种视频特技和镜头转场特技适合使用的场合和能够实现的视觉效果，并与相关理论教材中关于特技使用规范和语法的论述相对照。

3. 比较不同非线性编辑软件在特技制作方面的特点和优劣，并将讨论结果形成文字，以便在日后的制作过程中根据特技制作的需要选择恰当的特技制作软件。

实验八　广播电视录音

广播节目以声音为唯一的载体，而电视节目则使用声画结合的语言，两者在运用声音进行节目意义的表达上有较大分别，但就声音素材本身的制作来看，并无本质区别。本实验将以电视节目的声音制作为主，但有关电视节目声音制作的知识和技能同样适用于广播节目的制作。

随着录音技术的迅速发展和人们对声音语言认识的不断深化，音频制作已发展成一门综合性的学科，它包括对声音信号的拾取、处理、记录（存储）及还原，涉及物理学、建筑声学、心理声学、电声学等与声学有关的领域。如今在节目编辑过程中，对声音语言的运用和处理已不单纯局限于各种后期配音，对前期拍摄现场同期声的收录也提出了更高的要求，而相关研究的深入和应用要求的提高为各种声音元素综合效能的发挥创造出了更为广阔的天地。

一、实验目的

在完成本实验的学习和实践后，学习者能够：

1. 掌握声音素材制作所需的设备和各设备的使用方法。
2. 学会辨识和使用各类音频接口和接头。
3. 掌握录音工作中话筒的选择方法。
4. 掌握调音台的基本功能和使用方法。
5. 掌握录音设备系统的连接、调试和使用。

二、实验要求

本实验要求学习者完成：

1. 根据制作需求，选择合适的声音录制和处理设备。
2. 根据制作需要选择和使用话筒。
3. 将设备连接成完整的声音采集和处理系统。
4. 利用调音台对声音的录制效果进行调节和控制。
5. 利用实验室的录音设备录制一段新闻节目的声音素材。
6. 利用实验室的录音和配音设备为一段电视剧录制对白。

三、实验预备知识

（一）声音的物理属性

1. 声音是由物体的振动引起周围传播介质（空气）的振动而产生的，它可以通过空气或其他介质传播，在空气中的传播速度大约为 340 米/秒，声音传播介质的密度越大，声音的传播速度越快，比如声音在水中的传播速度就比在空气中的快。

(二) 声音的度量

1. 振幅

振幅是物体在振动时离开平衡位置的最大值,振幅决定声波的强弱。

2. 频率和波长

频率是声波在单位时间内完成振动过程的次数,单位是 Hz(赫兹)。波长是声波在一个周期的时间内传播的距离。当声波的传播速度一定时,频率越高,其波长越短,频率越低,波长越长。

3. 声音的相位

相位是指同频同样波形的周期信号之间,在时间上的相对位置关系,通常用圆周的度数来表示。在两个同频同波形的声音信号叠加时,相位相同的信号叠加,可相互加强,相位相反的信号叠加则互相抵消。

(三) 声音三要素

1. 响度

响度是人耳对声音大小的主观感受,由声波振幅的大小决定。振幅越大,响度就越大,此外,响度还与声波的频率和波形有关。

2. 音调

音调是人耳对声音高低的主观感受,由声音的最低频率(基频)决定,但与频率并非成正比关系。声音的频率高,音调就高,声音的频率低,音调就低。

3. 音色

音色是人们用于区别同样响度、同样音调的声音时所依据的声音特性。音色由声音信号携带的谐波成分的多少和相对大小决定。

需要注意的是声音的三要素都是人耳的主观感受,不同人对同一种声音的感受也会不同,并不像声音的物理特性那样精确、严格。

(四) 人的听觉特性

1. 听阈

人耳能够识别的声音的频率范围,一般是在 20～20000 赫之间,超出或低于这个范围的声音叫超声波或次声波,这些声波人耳是无法听到的。在整个听阈范围内,由于人耳的特殊结构使进入人耳道的声音的频率范围调节在中高频段,因此人对于中高频声音比较敏感。

2. 闻阈和痛阈

人耳能够听到的最低的音量值叫做闻阈,人耳能够承受的最高的音量值叫做痛阈,一般闻阈和痛阈之间的音量范围(人耳的动态范围)为 120 分贝。

3. 等响曲线

人耳结构和声音传递过程使人对于不同频率的声音的感知灵敏度不同。如图 8-1 所示,人耳的听觉具有非线性的特点。比如人们在感受声强同为 40 分贝,而频率分别是 1000 赫和 100 赫的两种声音时,人耳能够感受到的前一频率的音量会比后一频率高出 20 分贝,而在感受声强同为 100 分贝的 1000 赫频率和 100 赫频率的声音时,会感受到两者的音量几乎相同。

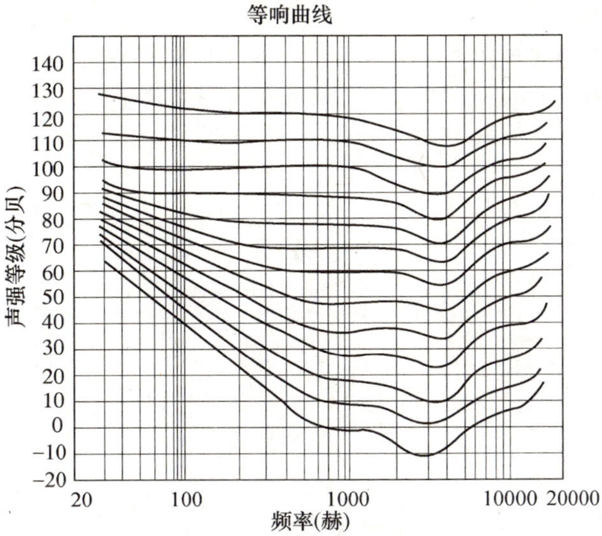

图 8-1 等响曲线

4. 方位感

人耳对声音传播方向及距离的辨别能力非常强，无论声音来自哪个方向，都能准确无误地辨别出声源的方位。人耳的这种听觉特性称为“方位感”。

5. 聚焦效应

又叫鸡尾酒会效应，是指人耳的听觉可以聚焦到众多声音中的某一个声音上，我们平时所注意的声源所发出的音量，感觉上会是其他同音量声源的三倍。例如，我们听交响乐时，把精力与听力集中到小提琴演奏出的声音上，其他乐器演奏的音乐声就会被大脑皮层所抑制，使听觉感受到的主要是小提琴演奏声。这种抑制能力因人而异，经常做听力锻炼的人抑制能力就强。多做这方面的锻炼，可以提高人耳听觉对某一频谱的音色、品质及层次的鉴别能力。同时在为前期拍摄进行同期录音时，也要注意避免因人耳的聚焦效应而忽略环境噪声，破坏同期录音效果的现象。

（五）声音信号的数字化

声音信号的数字化过程是对在时间维度连续变化的模拟声音信号进行采样、量化、编码，得到时间和幅度都用离散的数字表示的声音信号的过程。

1. 采样

采样是在时间上对声音信号进行离散化处理的过程，具体而言就是每隔一定的时间间隔 T，抽取话音信号的一个瞬时幅度值（采样值）$\mu(t)$，采样后所得出的一系列在时间上离散的采样值称为样值序列，抽样后的样值序列在时间上是离散的，如图 8-2 所示。

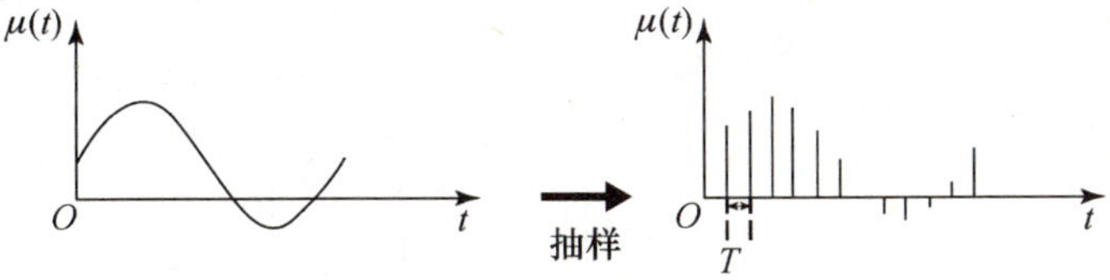

图 8-2 模拟信号数字化的采样

2. 量化

采样把模拟信号变成了时间上离散的脉冲信号，但脉冲的幅度仍然是连续的，还必须进行离散化处理，才能最终用离散的数值来表示。这就要对幅值进行舍零取整的处理，这个过程称为量化，如图 8-3 所示。

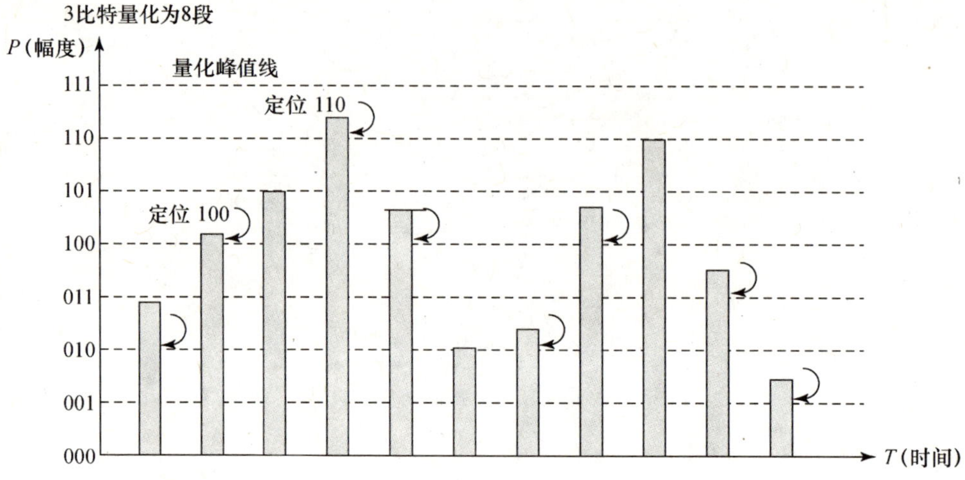

图 8-3 量化

3. 编码

采样、量化后的信号还不是数字信号，需要把它转换成数字编码脉冲，这一过程称为编码。最简单的编码方式是二进制编码。具体来说，就是用 n 比特二进制码来表示已经量化了的采样值，每个二进制数对应一个量化值，然后把它们排列，得到由二值脉冲组成的数字信息流。用这样的方式组成的脉冲串的频率等于抽样频率与量化比特数的乘积，称为所传输数字信号的码速率。显然，采样频率越高、量化比特数越大，码速率就越高，所需要的传输带宽也就越宽，如图 8-4 所示。

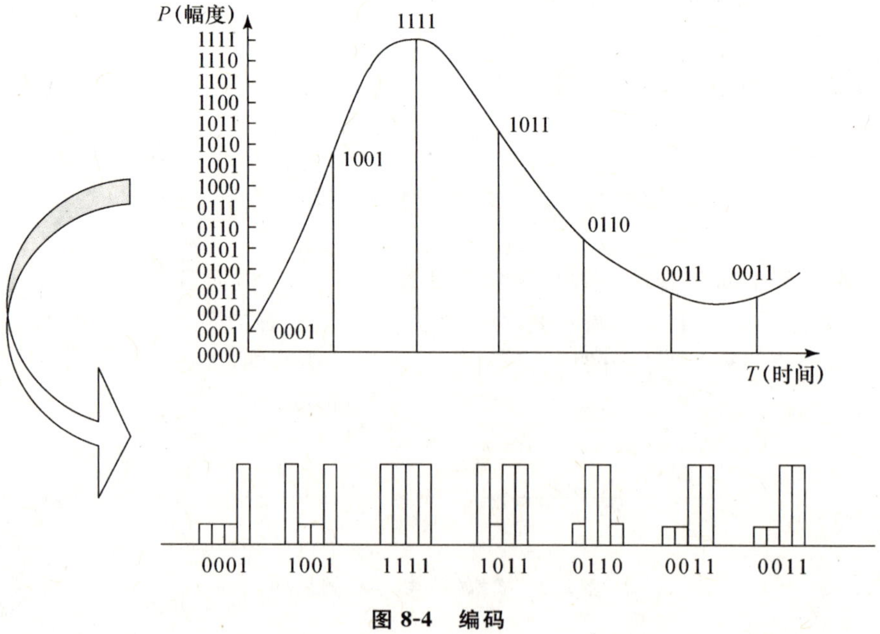

图 8-4 编码

（六）常见的音频设备接口

1. 卡侬接口（XLR 型）

卡侬接口用于输出/输入平衡信号。分“公”、“母”两种，其中“公”用于输出信号，比如将信号输入给调音台；“母”用于接收信号，比如接收话筒的信号等，如图 8-5 所示。

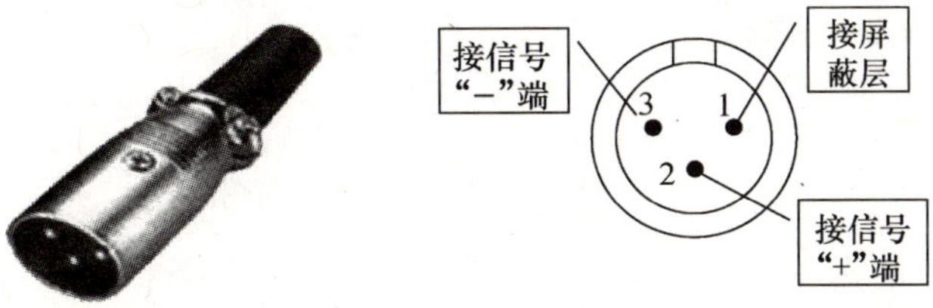

图 8-5　卡侬（XLR-3）型音频接口

2. TRS（大三芯）型插头

TRS 型插头用于平衡信号（此时功能与卡侬接口一样），或者用于不平衡的立体声信号的传输，比如耳机，如图 8-6 所示。

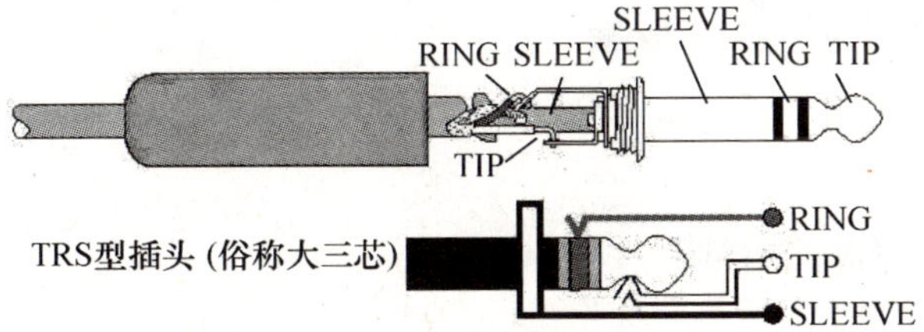

Tip = Positive (+ or hot)	热端，信号 +（立体声时为左声道）
Ring = Negative (− or cold)	冷端，信号 −（立体声时为右声道）
Sleeve = Shield or ground	接地端（屏蔽）

图 8-6　TRS 型音频插头

3. TS（大二芯）型插头

TS 型插头用于单声道信号的传输，如图 8-7 所示。

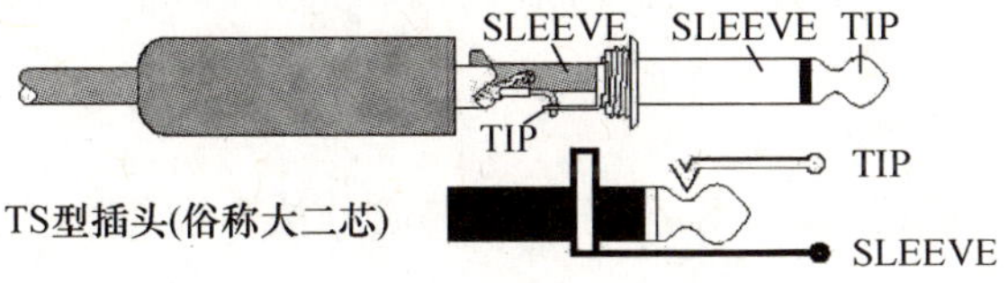

Tip = Singnal	热端，信号 +
Sleeve = Ground	接地端（屏蔽）

图 8-7　TS 型插头

4. RCA（莲花）插头

RCA 插头一般用于民用设备，比如我们常用的 CD 机、录音机等。模拟的视频信号也会用这种插头（不过用 RCA 输出的视频信号质量是最差的），此时插头、插座的颜色为黄色。

当用于立体声系统时，白色的插头和插座一般用于传输左声道的声音，红色的插头和插座一般用于传输右声道的声音，如图 8-8 所示。

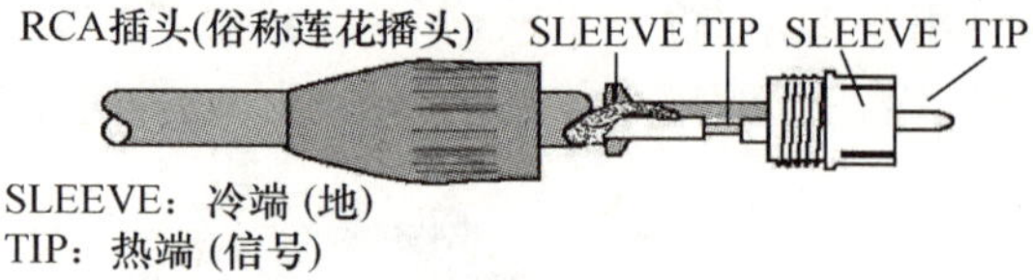

图 8-8　RCA 插头

5. 小型立体声耳机插头

如普通立体声耳机用的 3.5 立体声耳机插头，如图 8-9 所示。

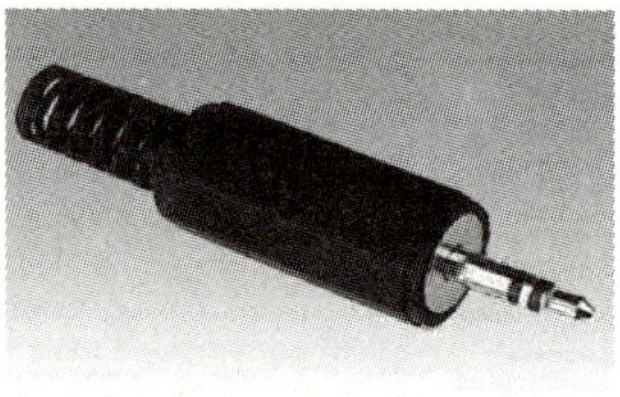

图 8-9　立体声耳机插头

（七）直达声、混响声与混响时间

由声源直接抵达听音者耳朵的声音称为直达声，而人耳感知到的因直达声在周围环境中反复交替反射而形成的反射声则称为混响声，合适的混响声可以使声音具有环境感，有利于提高声音的丰满度，过强的混响声会破坏声音的清晰度。混响声由室内混响时间决定，当室内声场达到稳态，声源停止发声后，声压级降低 60 分贝所需要的时间称为混响时间，记做 T60 或 RT，单位是秒。混响时间直接影响厅堂音质的效果。房间的混响长短是由它的吸音量和体积大小所决定的，体积大且吸音量小的房间，混响时间长，吸音量大且体积小的房间，混响时间就短。混响时间过短，声音发干，枯燥无味，显得不够亲切自然；混响时间过长，会使声音含混不清；混音时间合适时，声音圆润动听。

（八）混音

混音就是将同期声、解说、音乐等不同的声音成分按节目需要有机地结合在一起，混录在一个声道上的过程。

四、实验场地与器材

1. 录音室

要求空间不要太大，房间墙壁应进行隔音处理。

2. 调音台

模拟、数字均可。

3. 数字音频工作站

最好有专业的数字音频工作站，但根据设备配备条件，也可以用配置较高并安装有专业声卡的多媒体计算机代替。

4. 1394 线

用于声音信号的上载和声音素材的传输。

5. 音频线若干

6. 各种类型的话筒

最好准备多种类型、特性参数各异的话筒供学生选择使用，培养学生根据实际的录音需要恰当选择话筒的能力。

7. 话筒架

用于录制解说词、现场拾音等实验内容的操作。

五、实验方法与步骤

(一) 话筒的认识和使用

1. 话筒分类

话筒是将声能转换为电能的换能器件。按其换能原理的不同可以分成动圈话筒、电容话筒、履带式话筒等。

动圈话筒是一种通过磁场内导体的运动来产生音频信号的话筒，如图 8-10 所示，其机械构造的特点决定了它对瞬时信号不是特别敏感，因而对高频的再现效果在精细度和准确度上不如其他类型的话筒。但是，动圈话筒的构造一般都比较结实耐用，性能稳定，能够承受较高的声压电平，指向性好，使用简便，噪声小。在价位上，动圈话筒一般会比电容话筒稍低一些，但个别较高端的动圈话筒也比较昂贵。在用途上，动圈话筒多用于现场演出，但也可以在工作室里用来录制电吉他、电子鼓等乐器的声音。

电容话筒是历史最为悠久的话筒类型之一，如图 8-11 所示，其机械构造也最为简单，主要就是把一片拉伸得薄薄的能够导电的振膜张贴在一块叫做后板的金属薄片上，利用这种结构来形成一个简单的电容器。然后利用外部电压源向电容器供电。当声压作用于振膜时，振膜就会随着波形做出各种轻微振动，然后这种振动会使电容器的电量发生变化，引起输出电压的变化，而正是这种输出电压的变化构成了话筒的输出信号。电容话筒具有灵敏度高，噪声小，音色柔和，输出信号电平比较大，失真小，瞬态响应性能好，指向性高的特点，但工作特性不够稳定，其低频段灵敏度随着使用时间的增加而下降，寿命比较短。一般用在各种专业的音乐、影视录音上，在录音棚里很常见。

履带式话筒是通过对穿过其中的空气分子的运动速率做出反应来产生声音信号的，如图 8-12 所示。履带式话筒的基本工作原理是将一小条皱皱的金属带子松松地悬挂在磁场中，当空气分子运动时，它就跟着运动，从而对磁场中的磁线通量形成切割，然后产生声音信号。通常，履带式话筒的拾音类型都是 8 字型的。这种话筒受温度和湿度影响小，高频失真不明显，且无需电源供电。

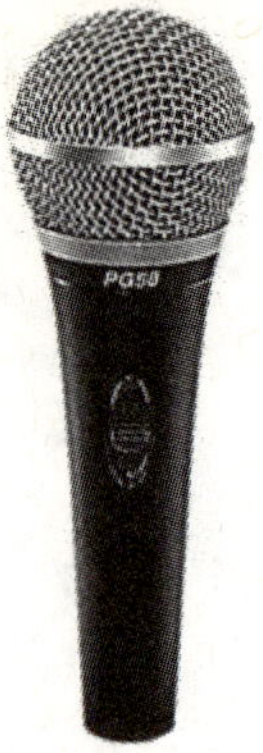

图 8-10　动圈话筒

图 8-11　电容话筒

图 8-12　履带式话筒

2. 话筒的性能参数及话筒选择

话筒的选择除了要认识不同类型的话筒各自的特点外，上述每种类型的话筒又有各种各样的型号，此时对话筒的选择就要靠对具体话筒的特性参数的识别，只有清楚这些性能参数的具体意义，才能够根据要录制的声音的特点正确地选择话筒。

(1) 灵敏度

灵敏度是表征话筒声电换能能力的一个指标，其定义是在单位声压作用下的输出电压或电功率。灵敏度的选择因录制声源强弱与拾音距离而定。高灵敏度话筒可达每微巴5毫伏左右的输出电压，远距离拾音时，用它来拾取微小的声音；低灵敏度话筒为每微巴0.1毫伏左右的输出电压，当超近距离拾音时，用它来抑制功率过强的声音与低频噪声。话筒灵敏度还要与录音放大器匹配为宜。

(2) 频率特性

话筒的灵敏度与频率有关，不同的频率，其灵敏度不一定相同。这种反映灵敏度随声音频率变化的特性就称为话筒的频率特性或频率响应。一般话筒在高频时，声波振动速度快，话筒膜片振动难于同步，使高频输出少，响应差；低频时，声波振动速度慢，话筒膜片不易受振，较难产生有效输出，低频响应不好；中频时，一般话筒的频率响应都表现良好。话筒的理想频率响应曲线要较为平坦，使人耳能听到从 20～20000 赫的声音，如图 8-13 所示。人说话的声音以中频为主，录制语言要选用中频响应好的话筒；音乐与效果声的频率比较宽，录制音响要选用高、中、低频响应均好的话筒。

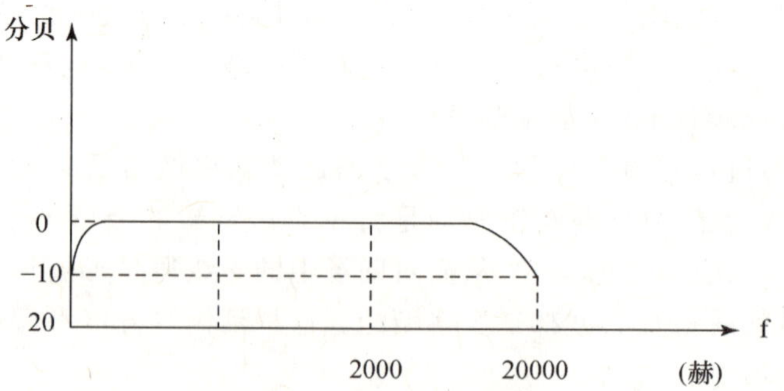

图 8-13　话筒的频率特性图

(3) 指向性

指向性又称为方向性,指话筒对不同角度入射的声波所表现出的灵敏度也不同。当声波以不同角度入射到振膜上时,振膜所受到的作用力不同,因此相应的输出也不同。这种因入射声波的入射角不同而使话筒灵敏度产生变化的特性,称为话筒的指向性。指向性在产品说明书中常用极坐标图形给出,如图 8-14 所示。

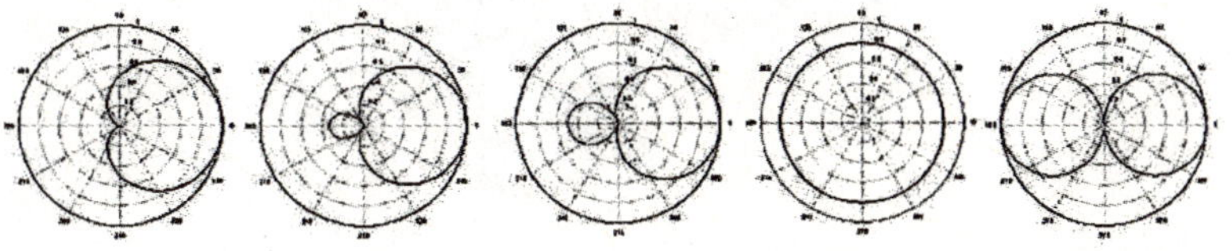

心形指向　超心形指向　过心形指向　全向形指向　8字形指向

图 8-14　话筒指向性图

(4) 信噪比

信噪比是指话筒的信号输出与话筒固有噪声之比,信噪比越大,说明话筒输出的信号越干净。

(5) 动态范围

话筒的动态范围是以其最高声级与等效噪声级之差表征的。简单来讲动态范围表示了话筒能够处理的最大声强到最低声强之间的范围。

(6) 输出阻抗

该参数主要涉及话筒与其后面的输入设备(调音台等)的配接问题。话筒的输出阻抗有高、低阻之分,高阻抗话筒在几万欧左右,低阻抗话筒在几十至几百欧左右。话筒输出阻抗必须符合或接近录音机、录像机或调音台等设备的输入阻抗,当阻抗很不相等的两台设备连接使用,就会出现失配现象。高阻抗话筒易被噪声干扰,话筒线不宜过长;低阻抗话筒,抗干扰力强,话筒线可长些。

(二) 调音台的认识和使用

1. 调音台的主要功能

(1) 调音台能够放大输入通道的信号,并且调节输入声音的均衡(EQ),甚至其他效果,比如压缩等。

(2) 调音台可以把多个声道的声音混合起来组成一个立体声。

(3) 调音台能为乐手和演员"返送"监听。

(4) 调音台协助效果器为各个通道添加混响、延迟等效果。

(5) 调音台把各通道的声音发送给多轨录音机或者音频接口分轨录音。

(6) 调音台可以让录音师很方便地监听所有通道的声音,并且做到各通道互不干扰。

2. 调音台的使用

尽管调音台的面板上有众多各式各样的按钮和旋钮,但实际上,其面板上有很多平行的推杆,而这些推杆上的旋钮的作用都是类似的。所以只需了解几类通道的操作方法就可以掌握其使用了。下面以 Montarbo 公司的 XM16 型调音台(如图 8-15 所示)为例来说明调音台的基本功能键(如图 8-16 所示)的含义和使用。

图 8-15　XM16 型调音台外观

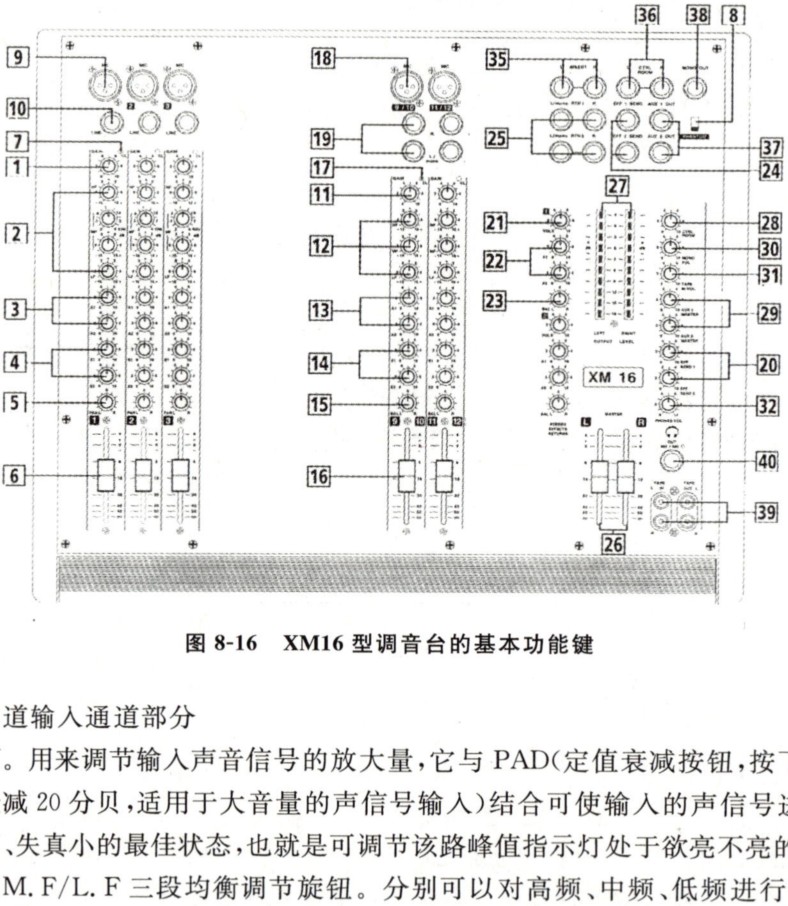

图 8-16　XM16 型调音台的基本功能键

（1）单声道输入通道部分

① GAIN。用来调节输入声音信号的放大量，它与 PAD（定值衰减按钮，按下此键后输入的声信号将衰减 20 分贝，适用于大音量的声信号输入）结合可使输入的声信号进入调音台时处于信噪比高、失真小的最佳状态，也就是可调节该路峰值指示灯处于欲亮不亮的最佳状态。

② H. F/M. F/L. F 三段均衡调节旋钮。分别可以对高频、中频、低频进行增强或衰减，控制范围为正负 15 分贝。中频控制在录制人声时尤其有用，可以非常准确地修饰演出者的声音。

低音：20～500 赫。适当时，低音张弛得宜，声音丰满柔和；不足时声音单薄，过度提升时会使声音发闷，明亮度下降，鼻音增强。

中音：500～2000 赫。适当时声音透彻明亮；不足时声音朦胧，过度提升时会产生类似电话的声音。

高音：2000～8000 赫，是影响声音层次感的频率。不足时声音的穿透力下降，过强时会掩蔽语言音节的识别，使齿音加重、音色发毛。

③ A1&A2。用于调节该路声音送往相应辅助母线的大小。

④ E1&E2。该旋钮用于调节该路声音输出至效果器的电平大小。如不使用外接的效果器，则此旋钮可置于 0 处。

⑤ PAN(声像调节)。它用于调节该路声源在空间的分布图像。当往左调节时，相当于把该路声源放在标准听音位置的左边。当往右调节时，相当于把该路声源放在标准听音位置的右边。若把它置于中间位置时，相当于把该路声源放在标准听音位置的正中。实际上，这个旋钮是用来调节声源左右分布的旋钮，它对调音台创作立体声合成效果极为重要。

⑥ Channel Volume fader。该功能键的调节有两方面的作用：一方面用来调节该路声音在混合声音中的比例，往上推比例增大，往下拉比例减小；另一方面，用来调节该路声源的远近分布，往上推声音变大，相当于将该路声源放在较近的位置发声，往下拉，声音变小，相当于将该路声源放在较远的位置发声。它与 PAN 结合使用可创作出各个声源的空间化分布。调音台创作立体声输出，用的是 Fader 和 PAN 功能键。

⑦ CL 是峰值指示灯。该灯亮时，警告使用者输入信道内的信号过强，如果任由这种情况持续，调音台会启动自我保护功能，切断音源输出。所以，此时应调节输入音量的大小，否则，调音台的音频输出将被自动切断。可使用减小 Gain、拉低衰减器控制信号强度，一般以减小 Gain 为宜。

⑧ 幻象电源开关。电容式话筒一般由电容极头和预放大器两部分组成，电容极头需要有一个极化电压(驻极体例外)，预放大器也需要用电。它们所需的电源都由信号线携带供给，但并不给信号传送造成问题，这样的供电方式称为幻象供电。幻象电源开关在打开的情况下能够给 5,6,7,8 通道的卡侬插座施加 48 伏的直流幻象电源，这样这几个回路就可以使用电容式话筒。

⑨ MIC。平衡式 XLR 型麦克风输入口。

⑩ LINE。非平衡音频输入。此处应注意不能同时使用同一个通道的 MIC 和 LINE 输入，而且两个接口也不能互换使用。

(2) 立体声输入通道部分

⑪ GAIN。功能同单声道输入通道部分中的①。

⑫ H. F/M. F/L. F，三段均衡调节旋钮。功能同单声道输入通道部分中的②。

⑬ A1&A2。功能同单声道输入通道部分中的③。

⑭ E1&E2。功能同单声道输入通道部分中的④。

⑮ BAL，立体声平衡。用于控制立体声左右声道输出的相对大小。如果此通道被用做单声道的通道，则功能与单声道输入通道部分中的⑤相同。

⑯ Channel Volume fader，立体声输入通道的音量控制。功能与⑥类似。

⑰ CL。功能同单声道输入通道部分中的⑦。

⑱ MIC。平衡式 XLR 型麦克风输入。

⑲ L/R，非平衡立体声输入。如果只输入单声道，则需使用 L/mono 输入。

(3) 外部效果输出和返回

⑳ EFF SEND1 and EFF SEND2。控制调音台输出至外部效果器接口的信号强弱(见图 8-17)。

㉑ VOL。输出音量控制。

㉒ A1、A2。监听音量控制。

㉓ BAL。平衡立体声输出。

㉔ EFF SEND1 and EFF SEND2。调音台输出给外部效果器的输出接口。

㉕ RTN L/R1&RTN L/R2。外部效果器输入返回声效的接口。

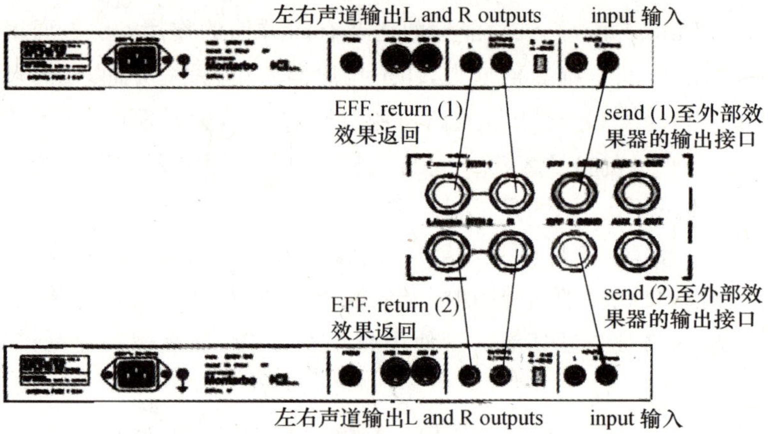

图 8-17 调音台的外部效果输出和返回接口

(4) 主控制部分

㉖ L/R MASTER。左右声道的总输出。

㉗ LEFT/RIGHT OUTPUT LEVEL。左右声道输出电平指示。

㉘ CTRL ROOM。控制室立体声输出电平控制，用于监听控制。

㉙ AUX MASTER1&AUX MASTER2。辅助输出的主音量控制。这两个辅助输出的音量总和就是监听的总输出。

㉚ MONO VOL。单路信号的总前置放大输出。

㉛ TAPE IN VOL。控制从"TAPE IN"接口输入信号的电平。

㉜ PHONES VOL。监听耳机输出电平控制。

㉝ POWER。调音台电源开关，位于调音台后面板。

㉞ L/R OUTPUTS。左右声道输出接口(见图 8-18)。

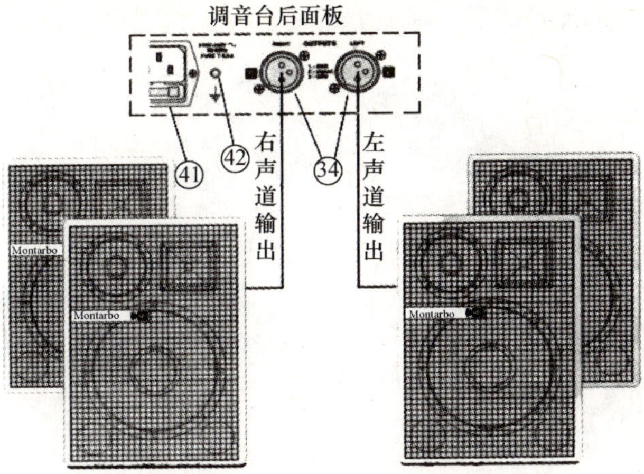

图 8-18　调音台左右声道输出接口

㉟ INSERT L/R。外部辅助声音处理设备的声音输入(见图 8-19)。

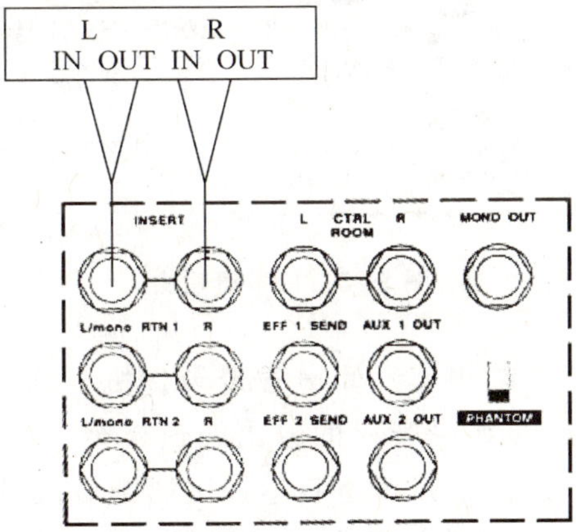

图 8-19　外部辅助声音处理设备的声音输入

㊱ L/R CTRL ROOM。左右声道独立监听输出,可分别控制左右声道的声音大小(见图 8-20)。

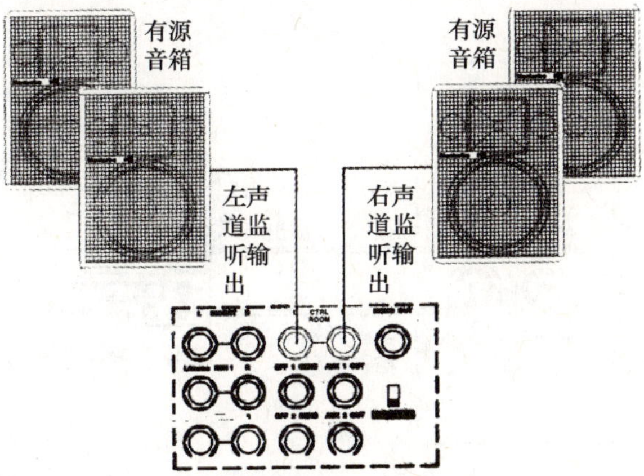

图 8-20　左右声道独立监听输出

㊲ AUX OUT1&AUX OUT2。辅助监听输出(见图 8-21)。

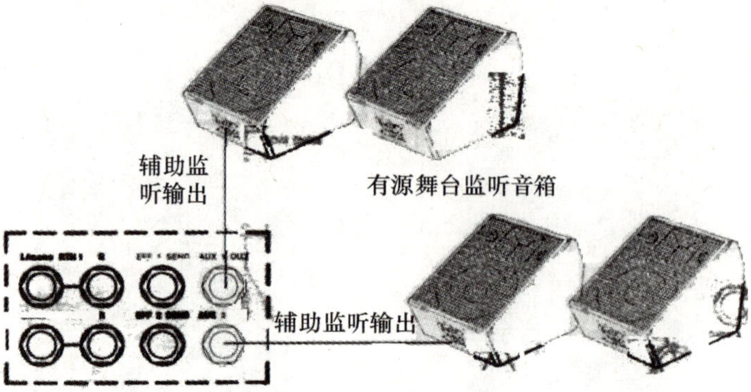

图 8-21　辅助监听输出

㊳ MONO OUT。单声道输出,主要输出至混合器、外部功放等辅助设备(见图 8-22)。

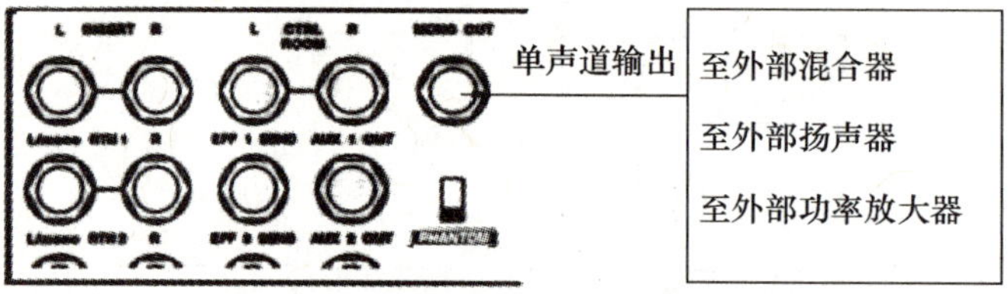

图 8-22　单声道输出

㊴ L/R TAPE IN/OUT。输出至立体声磁带录音机。首先将 L/R TAPE OUT 插口的输出连接至录音机的输入,再将录音机的输出线连接至 L/R TAPE IN 插口的混合器。如果 TAPE IN 的输入口不可用,则建议将音量控制调至最低,以便将外部噪声降至最低。回放时,用录音机播放,再在混合器上调节 TAPE IN CONTROL 或者调节录音机的输出音量控制。记录时,将录音机切换到记录状态,调节录音机的输入音量,将录音机的输出音量调至最低。如果录音机没有输出音量控制功能,则建议将录音机输入至调音台的 TAPE IN 插口中的线缆拔掉,此时输入录音机的信号就不会受到总输出推杆调节的影响(见图 8-23)。

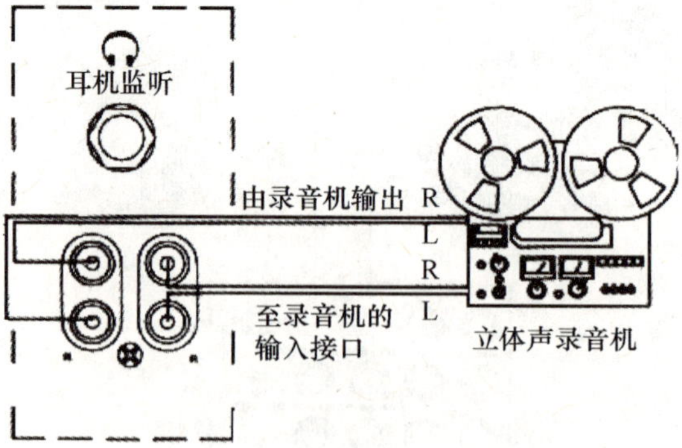

图 8-23　输出至立体声录音机

㊵ PHONES OUT。立体声耳机输出。

㊶ I. E. C Power Supply Socket and Mains Fuse。电源插座和保险丝(见图 8-18)。

㊷ Auxiliary Ground socket。外部接地插座(见图 8-18)。

(三) 录音系统的构成和连接

录音系统的构成有简有繁,主要根据声音制作的要求和现有的设备条件进行安排和取舍。如果是专业的电视配音录制,就需要采用质量较高的话筒,配接调音台、必要的效果处理器、数字录音机(或者直接输入音频工作站的硬盘)、监听音箱等设备。如果只是业余的制作,则可以选择普通的话筒(甚至立体声耳机附带的话筒),通过电脑声卡的输入端口(或者USB接口)实现声音的录制和数字化,并用通用的音频处理软件进行编辑即可。几种录音系统的组成如图 8-24,8-25,8-26 所示。

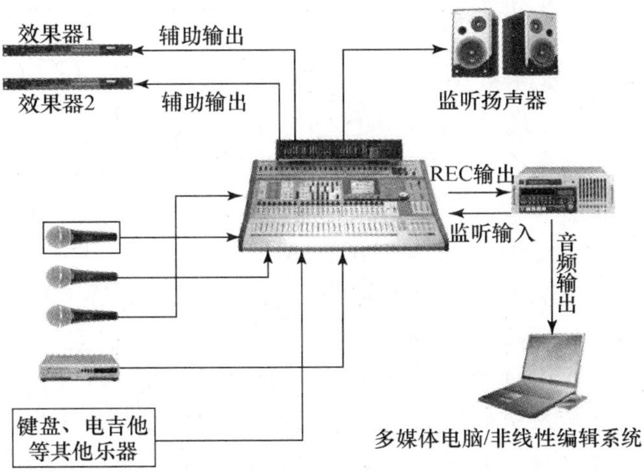

图 8-24 专业的声音录制系统(1)

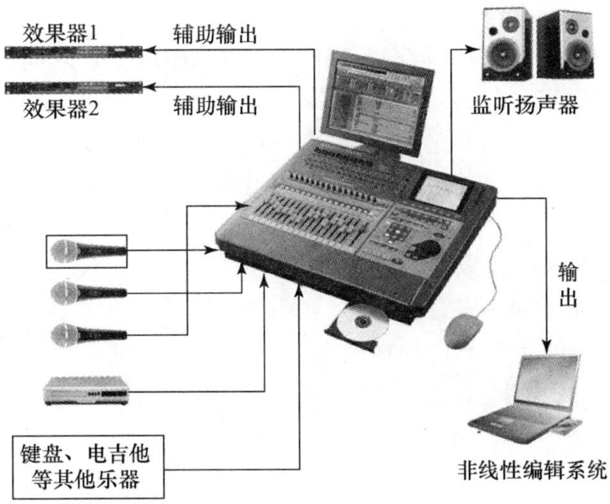

图 8-25 专业的声音录制系统(2)

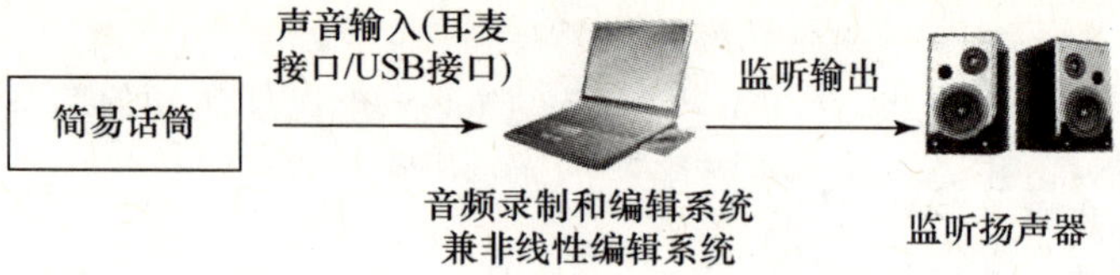

图 8-26 简易的声音录制系统

六、实验注意事项

1. 注意录音过程中对话筒特性参数的识读和正确选用,同时注意录音时对话筒的保护,防止因音量过大等原因损坏话筒。

2. 注意调音台基本功能和操作的掌握,同时注意录音时通过多种方式控制声音电平,防止“爆麦”。

3. 注意根据电视节目的类型和特点录制人声、音乐和音响。

七、实验记录方式

1. 通过观摩,记录实验教师对录音设备的操作流程。

2. 利用实验室的录音设备录制一段新闻节目的声音素材,并共同监听并评价声音的录制效果,发现问题并讨论问题产生的原因。

3. 利用实验室的录音和配音设备为一段电视剧录制对白,共同监听并评价声音的录制效果,发现问题并讨论问题产生的原因。此外,试总结电视剧对白录制时需要注意的问题和相关的注意事项,并比较剧情片的对白录制与新闻报道声音素材的录制有何异同。

八、实验讨论与评价

通过监听和评价录制的声音片段,讨论声音录制工作应注意的问题,总结本次实践的经验,并将讨论结果形成文字。

九、实验报告

1. 简述声音制作系统的组成和工作流程。

2. 通过监听和评价录制的声音片段,总结出声音录制工作应注意的问题。

3. 通过对比所制作的新闻节目的声音素材和剧情片的对白,总结电视剧对白录制时需要注意的问题和相关的注意事项,并比较剧情片的对白录制与新闻报道声音素材的录制有何异同。

实验九　广播电视节目声音编辑与电视配音

在完成了声音素材的采集工作后，不论是广播节目还是电视节目都需要按照节目要求对声音素材进行编辑。

就广播节目而言，对声音素材的编辑涉及对主体音响、环境音响和背景音响的编辑，还涉及对广播节目的总体包装等工作，而这一系列的工作都是通过对声音素材的编辑和处理来实现的。

就电视节目而言，虽然它使用的是视听结合的语言形式，但相比视觉语言来说，声音语言具备更为丰富的表现形式和表现要素，声音语言的运用对于电视节目内容的传达、情感的表达和气氛的营造具有决定性作用，因此掌握声音语言的运用能力和掌握画面语言的表达能力同样重要。

影视创作中的声音元素可以分为人声、音乐和音响三种。

人声包括剧情片中的对白、旁白、独白，纪录片中的旁白和解说词，新闻的解说等，它与镜头画面的结合能够起到叙述内容、刻画人物、扩充画面信息量、展开故事情节等作用。

音乐包括器乐和声乐。音乐素材的使用可以有客观音乐和主观音乐两种情况，客观音乐是画面中有声源的音乐，而主观音乐则是为了表达特定的情绪起伏而随镜头画面同时播出的音乐。

音响也叫音效、效果声，是人声和音乐之外所有声音的统称。它的范围很广，几乎包括了自然界所有的声音和镜头画面中的人、物活动所发出的所有非语言声音，如脚步声、水流声、风声等。

声音要素的使用十分灵活，功能十分强大。它可以用来补充和省略画面内容，衔接画面以实现镜头转场，增强画面真实感和表现力，并能够与画面结合产生具有特殊叙事和表意效果的声画蒙太奇。学习者通过本实验不仅要学习声音的录制和配音方法，更要注意领会声音在影视后期合成中能够产生的作用和如何充分发挥这些作用的方法。

一、实验目的

在完成本实验的学习和实践后，学习者能够：

1. 掌握用常用的声音编辑软件配合其他硬件设备录音，并对录制的声音进行简单处理，以满足电视配音要求。

2. 掌握用常用的声音编辑软件对已有的数字音频进行处理和修改，以满足电视配音要求。

3. 掌握解说词的录制、处理方法以及配解说的方法。

4. 掌握电视节目配音乐的方法。

5. 掌握配效果声的方法。

二、实验要求

本实验要求学习者完成：

1. 使用声音编辑软件对录制的声音文件进行处理，产生配音需要的效果。

2. 将声音编辑软件和非线性编辑软件结合使用，为新闻节目配解说，为电视剧配对白，为电影片段配解说、音乐和效果声。

三、实验场地与器材

1. 录音室

要求空间不要太大，房间墙壁应进行隔音处理。

2. 调音台

模拟、数字均可。

3. 数字音频工作站

最好有专业的数字音频工作站，但根据设备配备条件，也可以用配置较高并安装有专业声卡的多媒体计算机代替。

4. 1394 线

用于声音信号的上载和声音素材的传输。

5. 音频线若干

6. 各种类型的话筒

最好准备多种类型、特性参数各异的话筒供学生选择使用，培养学生根据实际的录音需要恰当选择话筒的能力。

7. 话筒架

用于录制解说词、现场拾音等实验内容的操作。

四、实验方法与步骤

本实验将以 Adobe Audition 为例讲解声音素材的编辑处理方法。

1. 软件简介

Adobe Audition 软件的前身是 Syntrillium Software 公司 1995 年推出的 Cool Edit 软件。该软件后来被 Adobe 公司收购并更名为 Audition。Adobe Audition 是一款能在个人电脑上使用的专业音频处理软件。它集录音、效果处理、混音、编辑于一体，用它可以完成各种复杂和精细的专业音频编辑，其中声音加工处理包含有频率均衡、效果处理、相位处理、降噪、压扩、变调及变速等多项功能，也可进行 CD 素材的采集录制。它具有多轨混合编辑功能，能使声音层次更加丰富。该软件的功能有如下特点：

(1) 直观地利用剪切、复制、粘贴等方式，对声音波形进行编辑。

(2) 多种效果处理插件，可以对声音进行变调、变速、混响、延时、回声、合唱、颤音等。

(3) 多种预置方案，使效果调节更加简便。

(4) 多轨编辑，最大轨道数达 128 轨。

(5) 广泛兼容多种音频文件格式，包括 WAV、AIFF、MP3、MP3PRO 和 WMA 等。

(6) 为视频项目提供了高品质的音频，允许用户对 AVI 格式影片的声音音轨进行编辑、混合和增加特效。

(7) 对硬件配置要求不太高，只需在家用电脑上安装一块品质好的声卡或音频卡，一块容量较大硬盘，就可以制作出具有专业水准的声音了。当然，为了提高运行速度，电脑内存要尽可能大。

这里，我们以 Adobe Audition 1.5（下面简称 Audition）为例，简单介绍在电视制作过程中音频编辑的常用功能以及一些基本的使用方法，该版本软件的启动界面如图 9-1 所示。

图 9-1　Adobe Audition 1.5 启动界面

2. 操作界面

启动 Audition 软件后会出现如图 9-2 所示的界面。Audition 有编辑视图、多轨视图和 CD 视图三种视图方式，其切换可使用位于软件左上角的或轨道视图上方的

或键盘上的 F12 键来完成。

值得注意的是，在播放音频的过程中，音轨区域上方的电平指示条会随着音量的大小变化，立体声是由两条指示柱表示，绿色为小，其次是黄色，当音量过载时最右边的小方格会变红。

另外，在资源管理窗口中若是看到档案后面多了一个“*”就代表这个档案被改变过而且还没存档，如图 9-3 所示。

在多轨视图界面中，布局与编辑视图相近，只是轨道视图由单一轨道变为多轨道，工具栏中的部分工具也发生了变化，界面如图 9-4 所示。

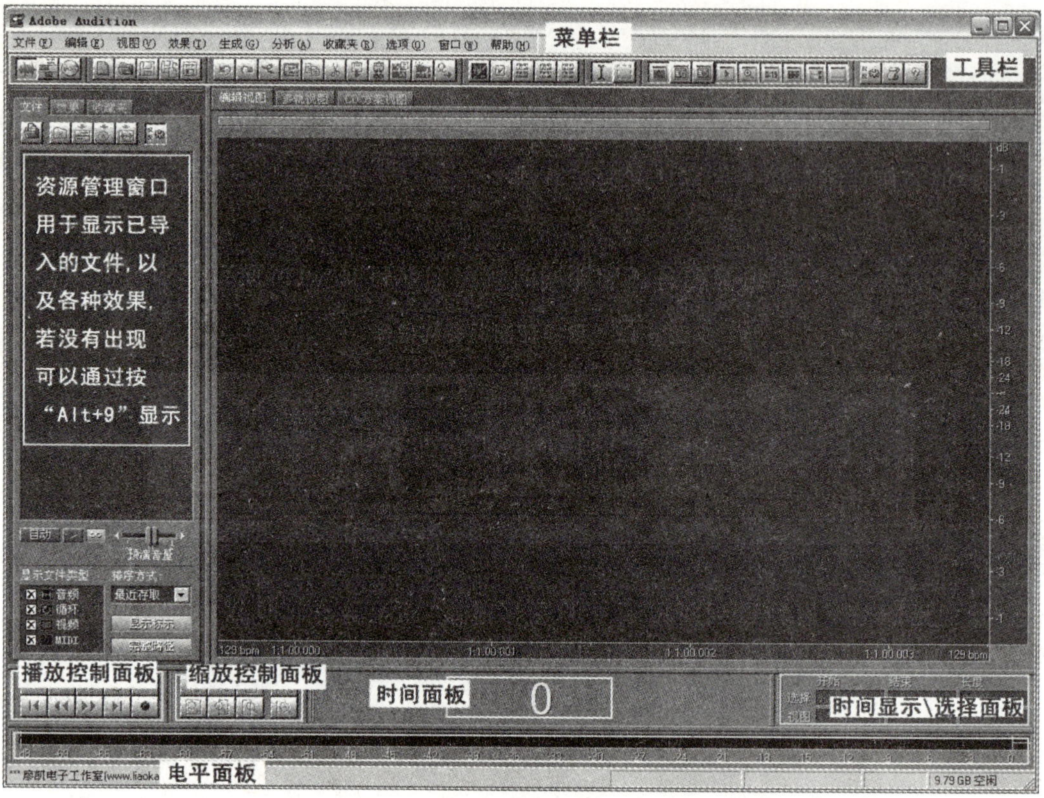

图 9-2　编辑视图

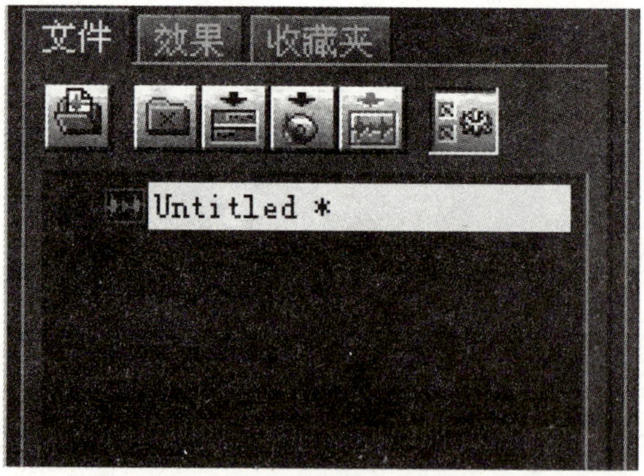

图 9-3　未存档文件指示

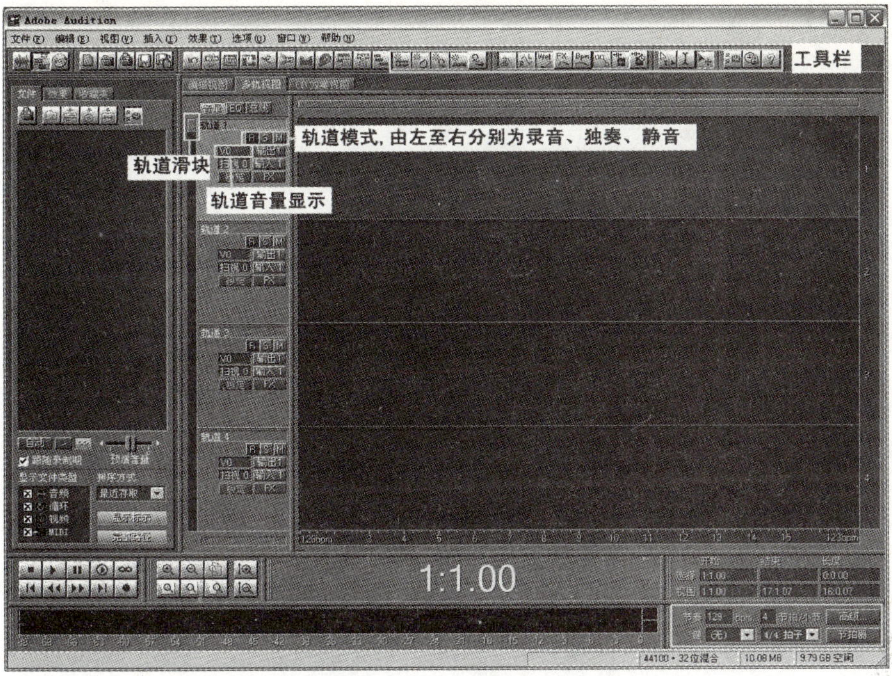

图 9-4 多轨视图

CD 方案视图。用于灌录 CD,在此不多作介绍,界面如图 9-5 所示。

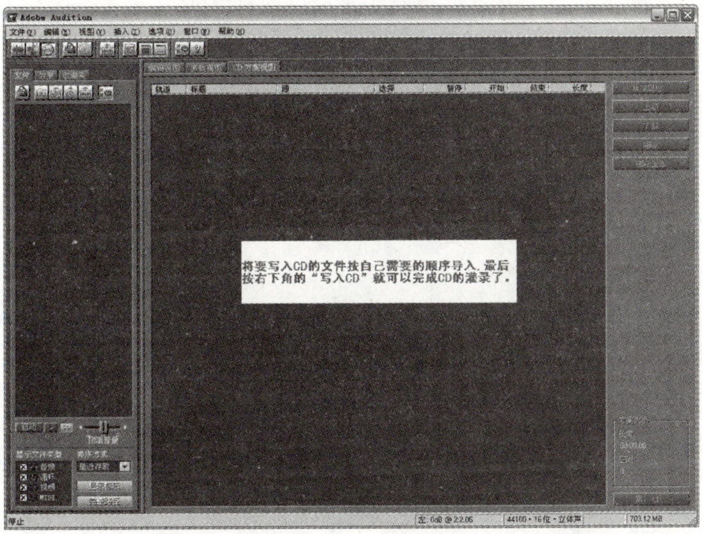

图 9-5 CD 方案视图

3. 基本编辑操作

(1) 编辑单个音频文件

编辑单个音频必须在编辑视图工作状态进行。

首先要导入音频文件,单击菜单栏中的"文件"→"打开"或在管理器窗口"文件"一栏的下方空白处单击右键,选择"导入",或者直接按"Ctrl+O"组合键,找到所要编辑的文件,单击“打开”，操作界面如图 9-6、9-7 所示。

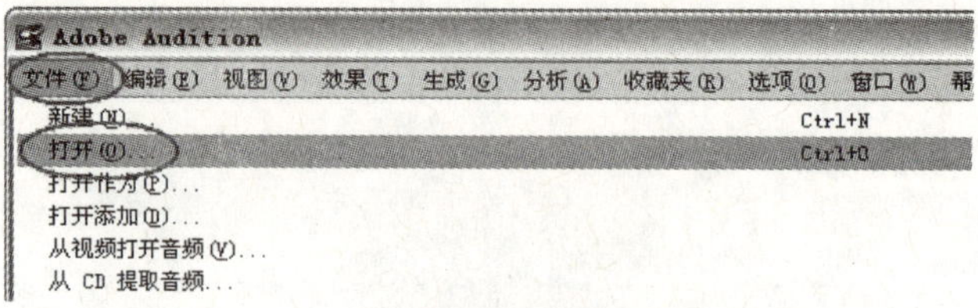

图 9-6　导入音频文件(1)

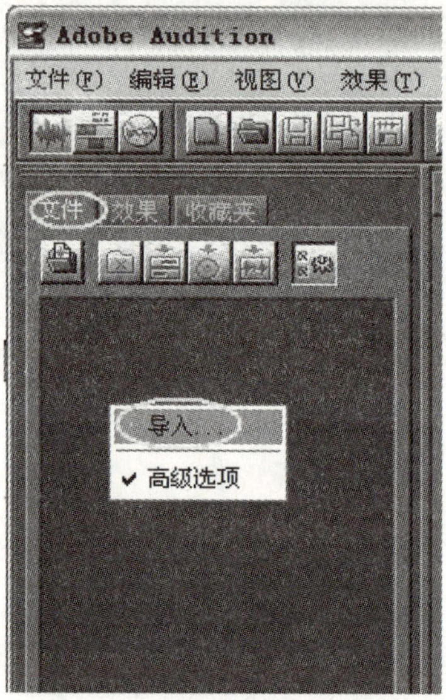

图 9-7　导入音频文件(2)

以下是常用的编辑方法。

① 选定——按下鼠标左键不放进行拖动。

② 删除选定部分——Delete 键。

③ 播放\暂停——空格键，如果有选取范围，就会从选取的开头开始播放，如果没有，就会从作业区能看到的开头处开始至作业区的结尾。

④ 放大\缩小波形——鼠标滚轮，向上滚动为放大，反之为缩小，除此之外，也可以运用在视图栏下方的控制面板中的视图工具，如图 9-8 所示。

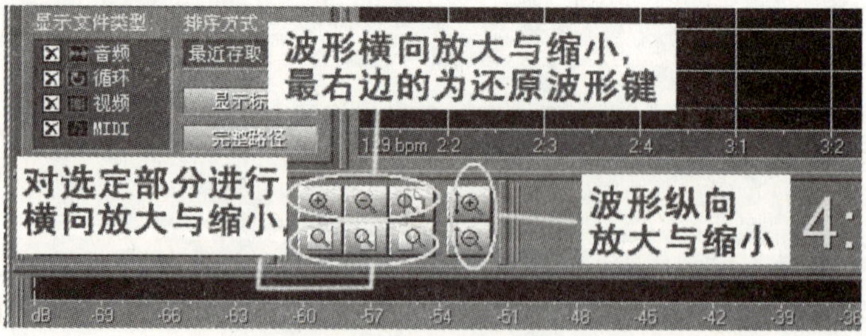

图 9-8　视图工具

⑤ 剪切、复制与粘贴——剪切(Ctrl+X)、复制(Ctrl+C)、粘贴(Ctrl+V)或删除(Delete键)的操作与其他软件中的操作类似。另外,当在选定部分单击鼠标右键时,还有其他的常用复制与粘贴工具,可以通过运用这些工具对音频的内容进行增加或删减,菜单如图9-9所示。

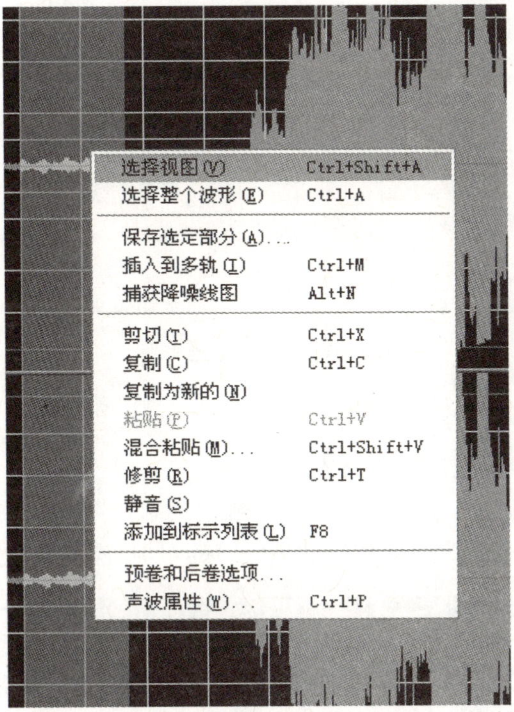

图9-9　常用复制与粘贴工具

⑥"复制为新的"——将选定部分重新创建一个新的文件。

⑦"混合粘贴"——我们可以根据自己的要求进行编辑。"插入"是指将选定部分完全替换为要粘入的内容。"重叠"是指将粘入内容与选定部分混合。"替换"是指将选定部分替换为粘入内容,但不改变长度。"调制"是指将粘入部分波形特点更改为选定部分的波形特点。混合粘贴的操作界面如图9-10所示。

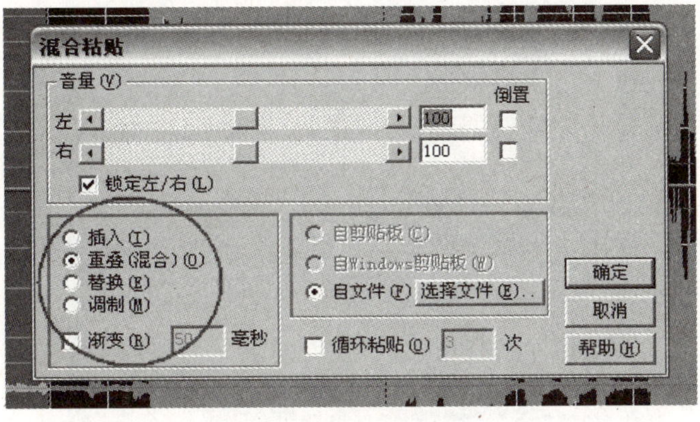

图9-10　混合粘贴的操作界面

⑧ “修剪”——将选定部分单独抽出进行编辑。

⑨ 最后编辑完成后，单击“文件”，选择我们需要的保存方式即可，操作界面如图 9-11 所示。

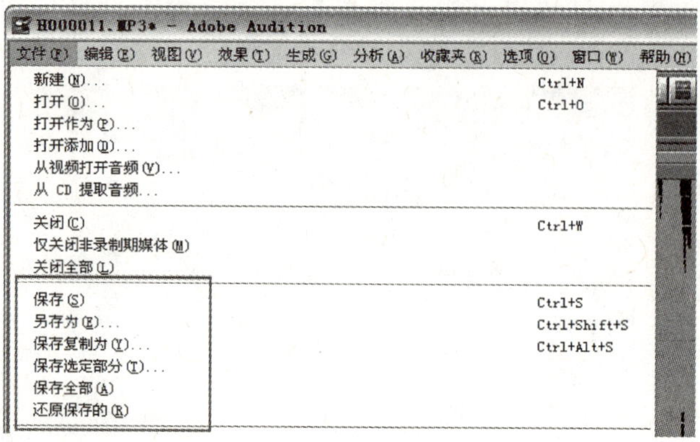

图 9-11　选择保存方式

(2) 对多个音频进行混合编辑

进行混合编辑要在多轨视图工作状态中进行。

首先，要新建一个工程文件，单击“文件”→“新建录制期”，默认采样频率为 44100 赫，单击“确定”，接着将录制期保存起来，并养成边做边保存的习惯，操作界面如图 9-12、9-13 所示。

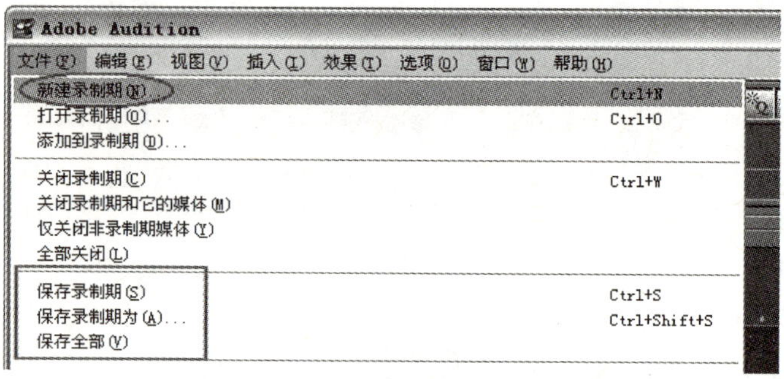

图 9-12　新建工程文件(1)

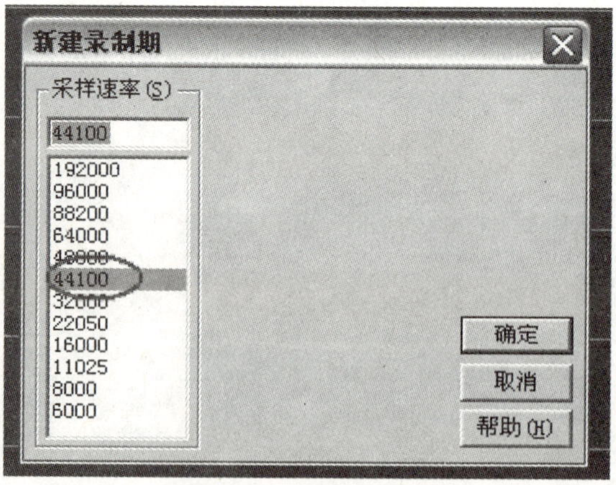

图 9-13　新建工程文件(2)

然后，右键单击所需的轨道的空白处，插入所要编辑的音频，操作界面如图 9-14 所示。

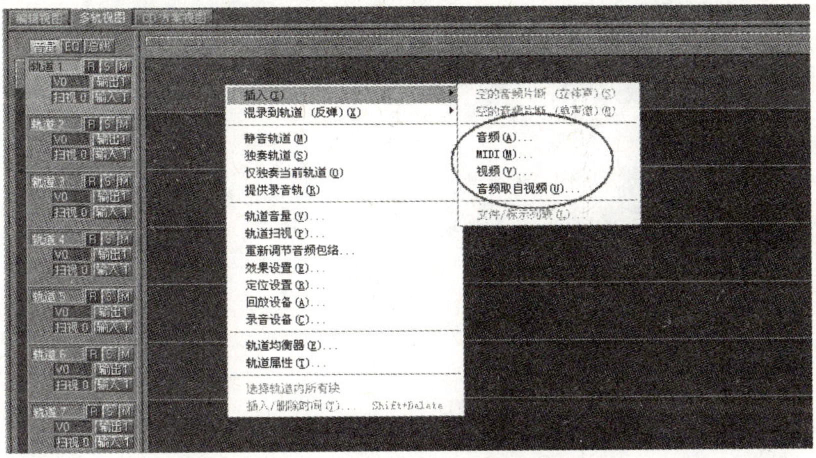

图 9-14　插入所要编辑的音频

以下介绍几种常用的视图工具。

① 放大/缩小视图——“+”键“-”键，或者运用在轨道下方的缩放控制面板中的工具，或者将鼠标移到轨道上方的条状滑块边缘，当鼠标变为放大镜时就可以对视图进行放大或缩小。

② 移动视图——鼠标移到轨道上方的条状滑块，变为手掌状时就可以移动视图，如图 9-15 所示。

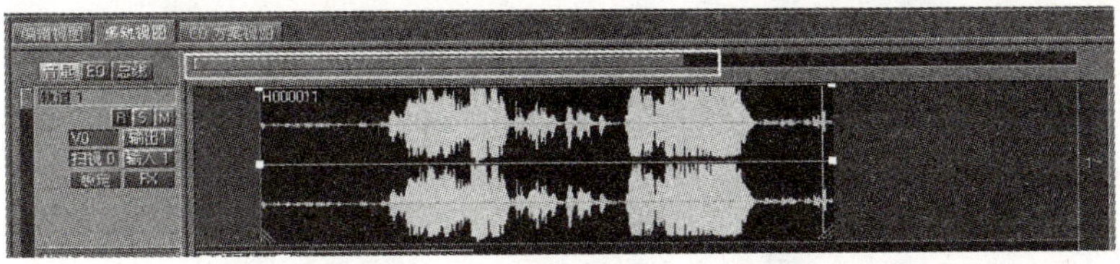

图 9-15　移动视图的条状滑块

③ 查看轨道——当轨道数超过视图能同时显示的数目时，可以通过滚动鼠标滚轮查看其他轨道。

④ 移动/复制片段工具——只有鼠标变为▶✥，才能移动音频片段，按快捷键“v”或使用在轨道上方工具栏中的相应按钮也可。

⑤ 时间选择工具——[I]，确定时间线起始位置，选择音频片段范围，快捷键为“s”。

⑥ 混合工具——[▷I▸]，按住鼠标左键时是时间选择工具功能，按住鼠标右键时是移动/复制片段工具功能，快捷键为“r”，如图 9-16 所示。

图 9-16　移动/复制片段工具、时间选择工具、混合工具

在多轨视图中随时可以针对音频片段进行编辑，只要双击片段或在片段被选中的状态下右键单击，选择“编辑波形”就会自动跳转到编辑视图状态，如图 9-17 所示。

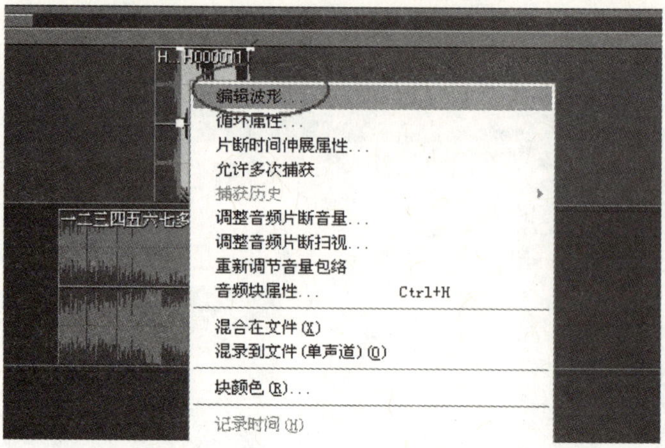

图 9-17 从多轨视图到编辑视图

⑦ 片段编辑工具，除了对波形进行编辑之外，还可以对片段进行编辑。

在片段被选中的状态下单击右键，会出现对整个片段进行编辑的工具，如图 9-18 所示。

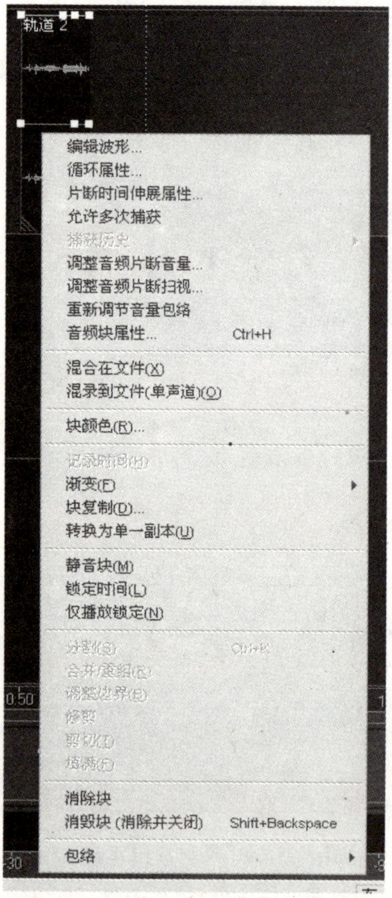

图 9-18 对整个片段进行编辑的工具

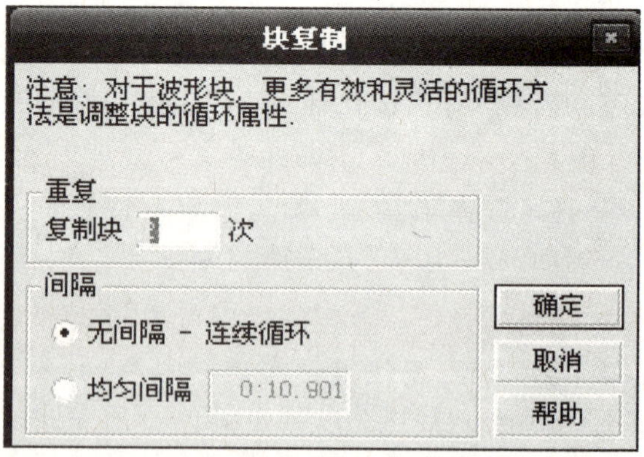

图 9-19 块复制工具

“块复制”——要注意的是“Ctrl＋C”“Ctrl＋X”“Ctrl＋V”在对片段进行编辑时是无效的，如图 9-19 所示。

“静音块”——使选中片段静音，不影响同轨道的其他片段。

“锁定时间”——选择后片段不能被移动。

“消除块”——删除片段。

在[I]状态下选中声音片段的一部分，右键单击声音片段会出现片段部分的编辑工具，在此我们介绍一下几个常用工具。

① “分割”——在时间选择工具状态下，单击鼠标左键使时间线落在需要分割的时间点上，按“Ctrl＋k”组合键或在需要分割的片段内的任何地方单击鼠标右键，选择“分割”，操作界面如图 9-20。

② “修剪”——将选定部分之外的删除

③ “剪切”——剪切掉选中部分

④ “填满”——将修剪或剪切过的部分重新恢复成原来的长度。

还有对于两个或两个以上声音片段进行编辑的方法，菜单如图 9-21 所示。

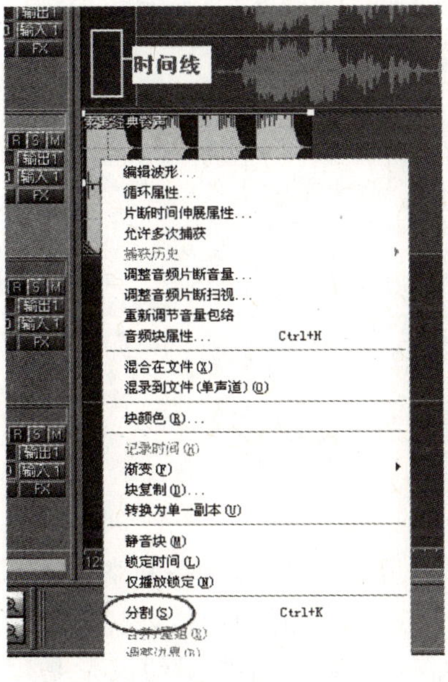

图 9-20　分割操作

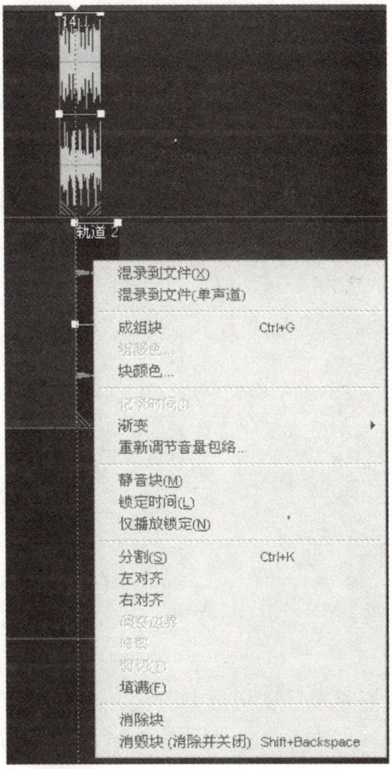

图 9-21　编辑多个声音片段

选中一个片段后按住“Ctrl”再单击另一个片段，在其中一个片段上单击鼠标右键。

① “混录到文件”——只是将选中的片段进行混录。

② “成组块”——将选中片段组成组，移动时整组移动。

③ “分割”——将所有选中片段在时间线的地方都进行切割。

④“左/右对齐”——两个片段的左边/右边对齐。

最后,所有片段都编辑完成后,要将所有音轨和效果进行合成和混录,即导出操作。单击“文件”→“导出”→“音频”。设定文件名,选择好路径、文件格式以及格式对应的选项,单击“保存”即可,操作界面如图 9-22 所示。

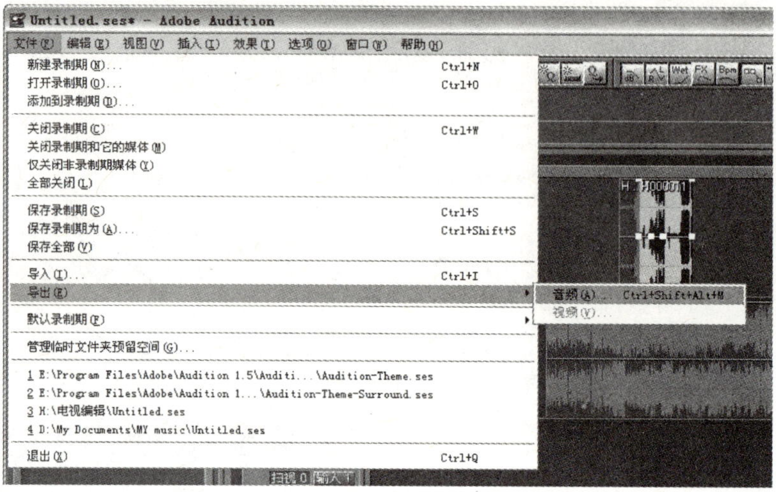

图 9-22　导出操作

一般用来为视频配音的音频都导出成为 MP3 格式,不仅文件量较小,而且音质也有一定保证。保存时只需在保存类型选框中选择 MP3 格式即可,如图 9-23 所示。

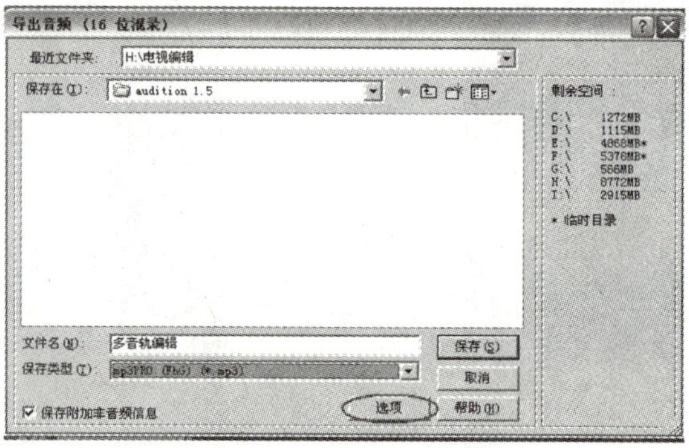

图 9-23　选择保存类型

以下是 MP3 格式选项的参数,通常我们一般选择的是 128 kbps(也是网络上 MP3 格式的常用品质)的比特率(反映每一秒的音乐所占用硬盘空间大小的物理量,越高表示音乐质量越好)。如图 9-24 所示,“CBR 恒定位速率”是指从头到尾,声音数据的流量是固定的。“VBR(可变位速率)”是指让计算机自动分配声音数据的流量。目前一般 MP3 档案以 CBR 格式居多。虽然 MP3 格式和 MP3Pro 格式的扩展名都是.mp3,但是其实后者是前者的改进模式,后者号称用一半的大小就能达到 MP3 两倍流量的音质(128 kbps 的 MP3=64 kbps 的 MP3Pro),但支持 MP3Pro 的播放器较少。所以为了保证视频编辑的稳定性,保存时最好保存为 MP3。

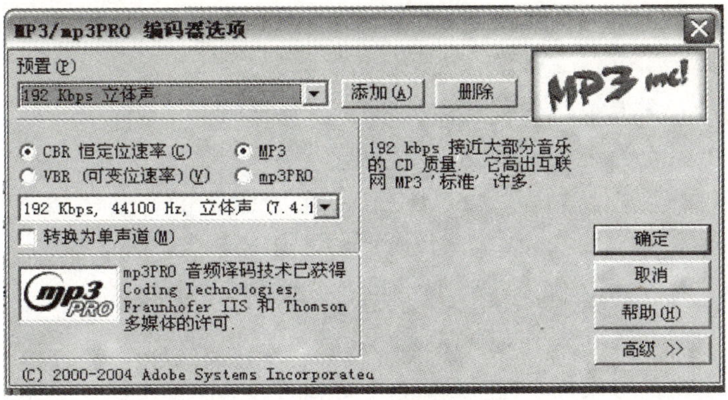

图 9-24 MP3 文件选项

4. 运用 Audition 进行声音的录制

尽量选择在安静的地方进行，并将周围不必要的电器设备如音箱、手机等关闭，以免录音受到电流干扰。

首先要对录音选项进行配置与测试麦克风，在此有必要介绍一下“播放控制台(Volume Control)”与“录音控制台(Recording Control)”这两个概念，只有弄清楚它们的区别，才能正确录音。

(1) 播放控制台

使用“音量控制”可以调节计算机或其他多媒体应用程序(如 CD 唱机、DVD 播放器和录音机)所播放声音的音量、平衡、低音、高音设置(高音与低音控制，通常是高端声卡才有此控制)。也可以使用“音量控制”调节系统声音、麦克风、CD 音频、线路输入、合成器和波形输出的级别。

打开音量控制的方法：可以直接双击操作系统任务栏右下角的小喇叭图标打开，或者可以通过单击“开始菜单”→“程序”→“附件”→“娱乐”，然后单击相应的图标，就可以打开“音量控制”，也就是“播放控制台”，如图 9-25 所示。

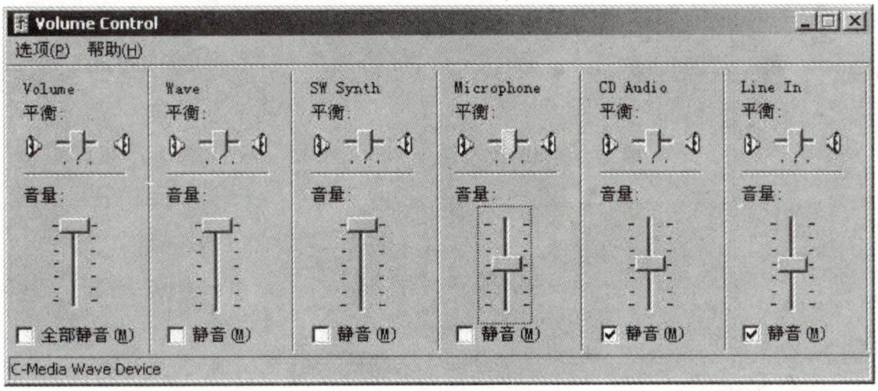

图 9-25 音量控制台

在图 9-25 中，可以看到音量控制、波形、软件合成器、麦克风音量、CD 唱机、线路输入等控制，下面对它们进行介绍。

① Volume(音量控制)：它能控制系统所有设备的播放音量，如果把它静音，整个系统将没有声音被放出来(ASIO、E-WDM 等专业驱动除外)。

② Wave(波形)：它控制的是系统内部数字音频流的声音，如 WAV、MP3、WMA 等格式的音量，而 MIDI 播放的音量是不受它控制的。

③ SW Synth(软件合成器)：它专门控制 MIDI 合成器的音量，如果静音，系统 MIDI 播放就无声，而其他 WAV、MP3、WMA 播放就不受此影响。

④ Microphone(麦克风音量)：它是控制麦克风捕获声音并被送到声卡输出的音量，声卡 MIC 孔一旦插上麦克风并对麦克风说话，麦克风捕获的声音将被输出到声卡的输出系统，这时就可以直接在音箱或耳机里听到自己说话的声音，在录音过程中，这个通常是控制麦克风实时监听音量的，方便在录音的时候从耳机里听到自己的声音，而不是单控制麦克风录音音量，无论你如何调节它，都不能改变麦克风录音音量大小(除非录音控制台里选择了“混音器”内录方式)。

⑤ CD Audio(CD 唱机)：通常情况下，CD-ROM 会有一条四芯模拟音频线(L、G、G、R)连接到声卡，CD 音量用于控制 CD-ROM 驱动器模拟线路的音量。现在，有很多播放器(Windows Media Player 9.0、Foobar2000 等)都可以通过操作系统内部的 DirectX 通道来播放 CD 音频，CD 音频数据通道来自 CD-ROM 的 IDE 线路，从而实现“软数字播放”，此时 CD Audio 模拟音量将不控制 CD 播放音量。有些中高挡声卡，还有一个专门的 SPDIF CD 同轴接口，它与 CD-ROM 的两芯数字接口连接，可实现“硬数字播放”，硬数字播放的音质与声卡的 DAC(数模转换器)的品质有关。

⑥ Line In(线路输入)：所有声卡都有 Line In 接口，可以通过一根立体声音频线把外部模拟设备(如收音机、录音机、CD 随身听、调音台等)连接到声卡，这样就可以通过电脑听这些设备播放的声音了。同 Microphone 控制一样，它仅仅是控制外部线路设备的播放音量，而不是控制录音音量。

(2) 录音控制台

使用录音控制台可以调节系统声音、麦克风、CD 音频、线路输入、合成器和波形输出的录音级别。我们通常使用录音控制台来控制这些设备的录音音量。

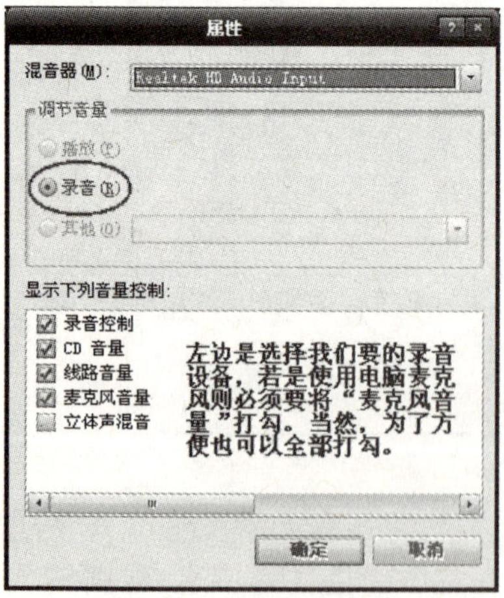

图 9-26 录音控制台

打开“录音控制台”的方法：先根据上面的方法打开“播放控制台”，在“播放控制台”控制条里的“选项(P)”菜单上，单击“属性”，然后单击“录音”，在设备框里选择要调节其输入音量的设备，然后单击“确定”，操作界面如图 9-26 所示。

或者在“Adobe Audition 1.5”录音软件里，点“选项”菜单下的“Windows 录音控制器”，同样可以打开它，如图 9-27 所示。

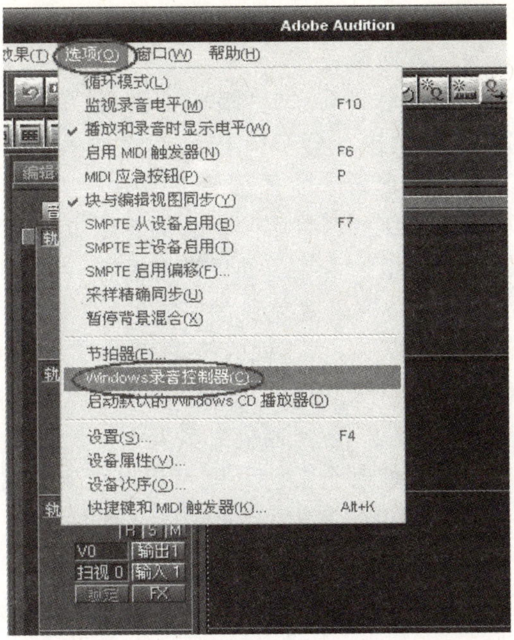

图 9-27　在 Adobe Audition 1.5 中打开音量控制台

打开后的录音控制台界面如图 9-28 所示。

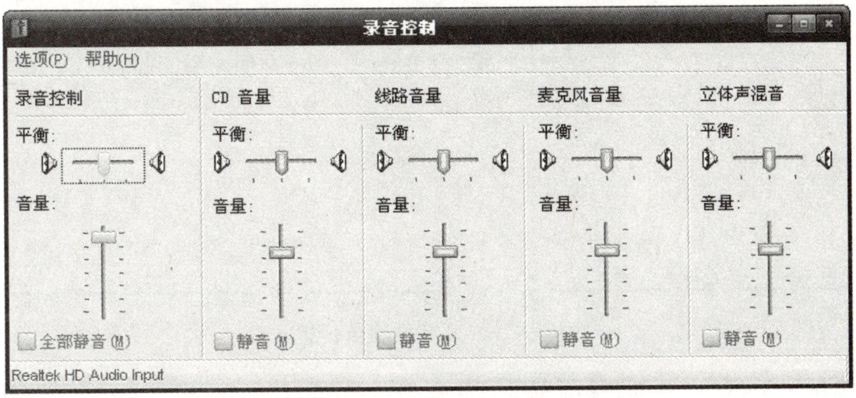

图 9-28　录音控制台界面

下面,我们来看看"录音控制台"里面各个设备的含义。

① 录音控制:控制所有设备的录音音量,其中也包括被"播放控制台"静音的设备。

② CD 音量:用于控制 CD-ROM 模拟录音音量,选择该选项时可以用录音软件来单独录制 CD-ROM 播放的音乐,不过,现在有强大的 CD 抓取软件,我们就不需要它了。

③ 线路音量:选中该选项后用户可使用录音软件来记录外部模拟设备的音乐,比如,可以将收音机连接到声卡的 Line In 口上,这样就可以使用录音软件来录制电台的广播节目了。在专业的录音领域,录音师都使用调音台或麦克风放大器来连接专业麦克风,而调音台或麦克风放大器就通过 Line In 连接到声卡上。当然,高挡的声卡与调音台,还可以通过数字光纤、数字同轴电缆来相互连接。

④ 麦克风音量：用于控制来自麦克风的声音的录音音量。单独选中它时，录音软件只记录麦克风的声音，而不会记录其他声音。

⑤ 立体声混音：选择它，录音软件将录制“播放控制台”里所有没有被静音的设备的声音，通常叫系统内录。比如说，使用播放器听 MP3，选择“录音控制台”里的“立体声混音”，然后打开录音软件来录音，就会发现录音软件会录下播放器所播放的 MP3 音乐，这个过程是内录的。通过这个选项，可以把那些网络限制下载的音乐直接录下来。

这里需要注意，“播放控制台”里的麦克风如果没有静音，而“录音控制台”又刚好选择了“Stereo Mix”，这样录音软件同样会记录麦克风的声音，这样做，会对 Audition 录音造成麻烦，因为录制人声的音轨不但录下了人声，还同时录下了伴奏音轨的声音。对于多轨录音而言，这样做是不可取的，因为在后期处理前，已经通过立体声混音器混合了人声与伴奏，就不能单独对人声或伴奏进行后期处理了，这个也是很多新手比较容易犯的错误。

了解了“播放控制台”与“录音控制台”之后，就可以开始测试麦克风了。一般非专业的用户所使用的麦克风(我们通常所说的耳麦)都是 3.5 毫米插头的麦克风，在此就以这个配置来说明。

打开录音控制台，把除了“录音控制”和“麦克风”之外的所有选项，下面的“静音”小框打钩，如图 9-29 所示。

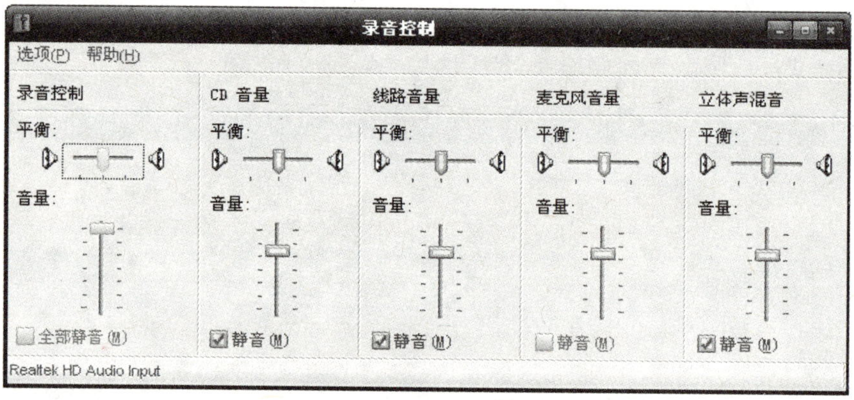

图 9-29 录音控制台设置

接着，测试麦克风，在编辑视图状态下，直接单击左下角的红色录音按钮，确认录制格式，使用默认的采样速率(44100/立体声/16 位)即可，如图 9-30 所示。

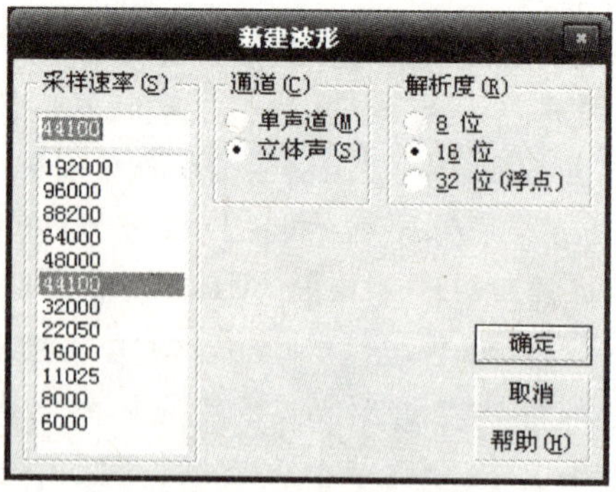

图 9-30 采样频率设置

按下软件左下角录音键，时间线开始向右移动，表示系统开始录音，如图 9-31 所示。

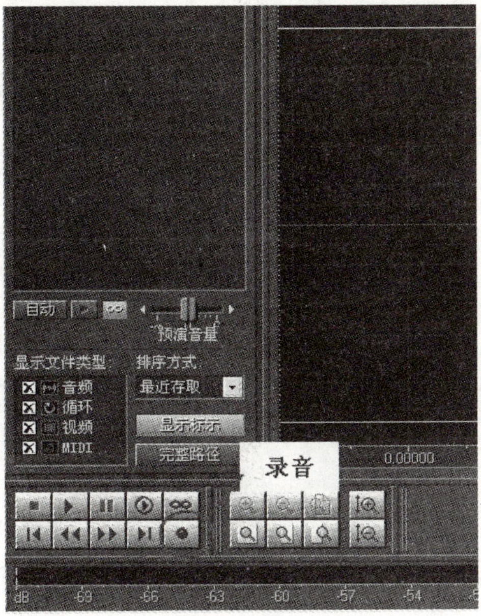

图 9-31　录音操作

首先可对着麦克风按正常音量说一小段话，观察音轨区域下面的音量电平指示，看看是否有问题。音量应该控制在接近零分贝(指示柱刚刚变红)，但不超过零分贝的范围为宜，否则会过载。若发现过载了，应当把麦克风音量调小一些。

录音工具：

“停止”——用于结束录音，另外，录音键也可以用于结束录音。

“暂停”——在录音中途暂停与继续录音。

调试完成后按“停止”或“录音”键结束，可以选择不保存测试录音。再新建一个录音文件，就可以正式录音了。要注意的是，录制音频时，可以在开始时录下 3～5 秒的环境音，以便于后期降噪。录制时，避免出现喷麦、吞口水、吃字、咬字不清晰等问题，并且在录制完后要仔细检查。同一段文件，请保持在同一个环境下录制，否则可能会造成录制的人声和环境的偏差。最后就可以编辑和保存已录制的声音了。

运用 Audition 录音的一大便利是，除了可以单纯录制声音外，还可以加入背景音乐进行录制。这个功能只有在多轨视图状态下才能实现，如图 9-32 所示。

在设定和调试好麦克风之后，打开多轨视图，新建一个录音期，导入背景音乐，放置在第一轨道上。按下第二轨道音轨模式中的红色 R 键，再按录音按钮，时间线开始移动，就可以进行录制了，在录制的过程中，耳麦是可以听到伴奏的。但是这种模式的录音切记不要用音箱来播放背景音乐，因为这会使录制出来的声音中夹杂着音乐，不便于编辑。

结束时按“录音”就完成了。若要对自己录制的声音进行编辑，只要双击录制的声音片段，软件就会自动将片段加载到编辑视图。编辑完成后就可以进行导出了，保存的步骤与上文提及的多轨编辑保存方法一致。

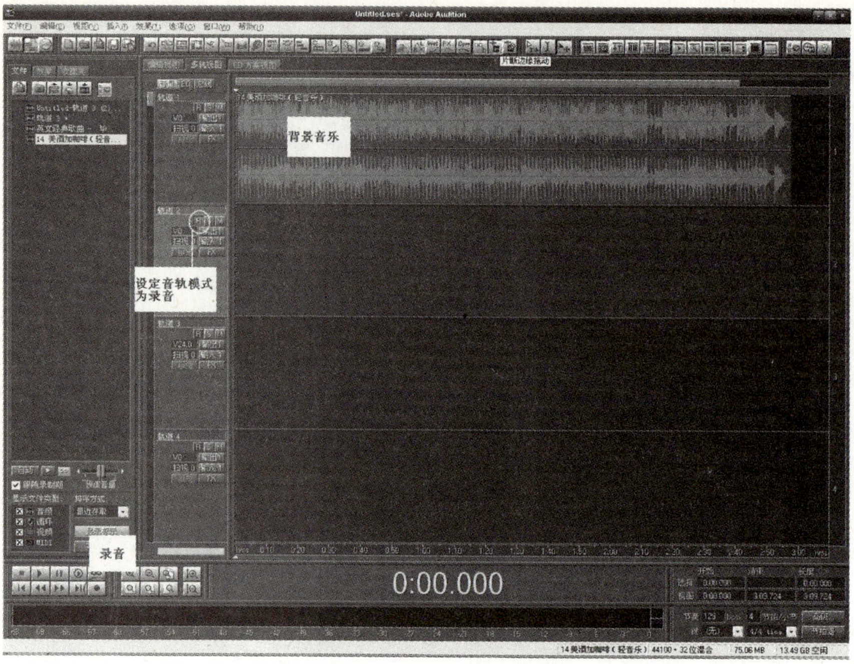

图 9-32　加入背景音乐的录音

5. 常见问题及其解决办法

(1) 噪音

在编辑视图工作状态中，选中音频中事先录制的环境音部分，单击右键，选择“捕获降噪曲线”或按“Alt＋N”组合键，操作界面如图 9-33 所示。

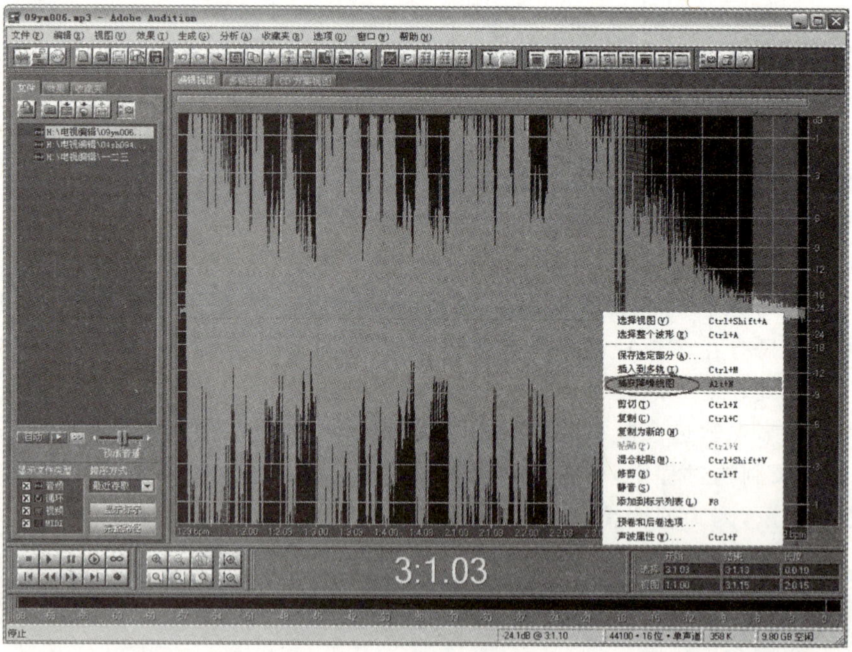

图 9-33　捕获降噪曲线

如图 9-34 所示，打开“效果→降噪→降噪”，进行降噪操作。

单击“选择整个文件”，通过调节“降噪电平”滑块，进行降噪调节。单击“预演”能够听到调节后的效果，选择“预演”上方的“旁路”（bypass）再单击“预演”能够听到没有调节之前的效果，重复以上动作，再配合滑块调节，直到听到最好的降噪效果为止。最后单击“确定”即可，操作界面如图 9-35 所示。

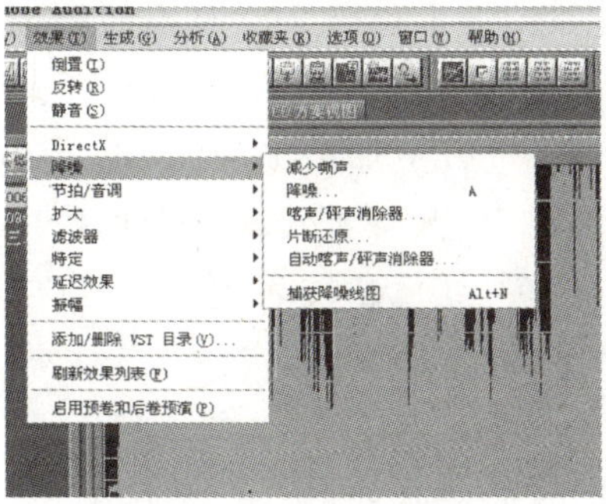

图 9-34　降噪操作

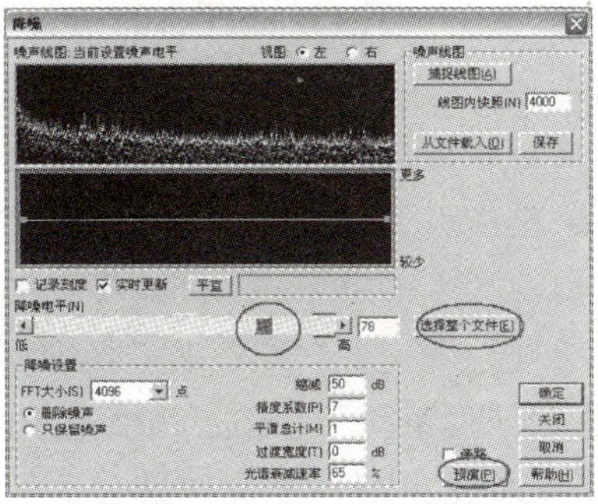

图 9-35　降噪操作

由于每个人的输入设备不同，音质情况也会有很大的区别。“降噪电平”其实并没有一个精确的值。在此，提供一个可以快速降低噪音而且不影响音质的好方法，即把“降噪电平”的百分比设置为 20%以后，单击“确定”按钮，如果效果仍然不好，可重复进行该降噪操作，这样反复运行，约三次后最顽固的噪音也会被去掉。一般两次即可达到很好的效果。当然降噪对文件的影响是客观存在的，但是用这样的方法处理后的音质基本上没有变化，人耳是无法听出区别的。

另外，Audition 还提供了消除嘶声、喀声等噪声的工具，如图 9-36 所示。

（2）减少嘶声

在录好的声音中如果出现持续的“嘶嘶”的声音就可以通过“减少嘶声”处理，选择图 9-36 所示菜单中的“减少嘶声”选项，便弹出如图 9-37 所示的窗口，可以看到右边有三个“预置”选项，可以选择由三个软件预先设置好的处理方案，其中包括：“High Hiss Reduction”、“Light Hiss Reduction”和“Standard Hiss Reduction”，它们分别是“高嘶声减少”、“轻微嘶声减少”和“标准嘶声减少”，用户可以根据自身的录音质量选择合适的预设方案。重复听“预演”与“旁路”，如果觉得还不合适可以在“噪音电平调节”中进行微调，直至满意为止。

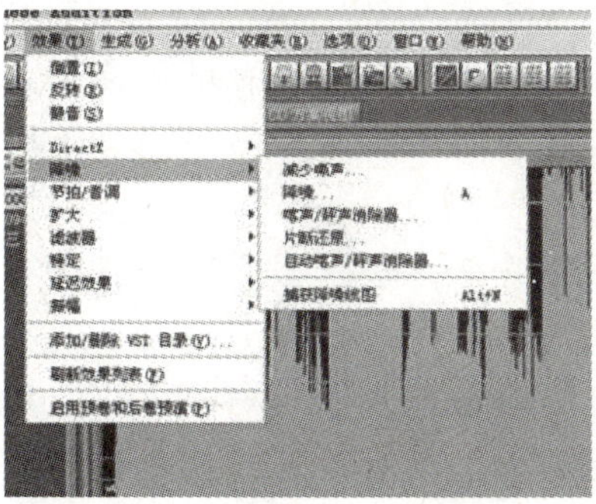

图 9-36　消除嘶声、喀声的工具

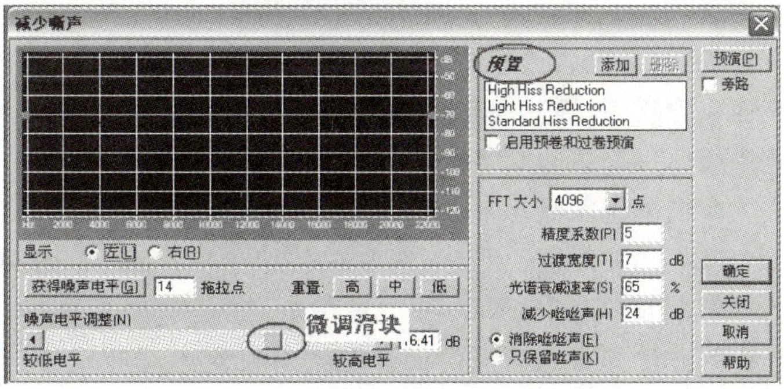

图 9-37　减少嘶声

(3) 消除咯声/呼声

消除喀声/呼声的操作有自动咯声/砰声消除器和咯声/砰声消除器两种。如对降噪操作不是很熟悉,可使用自动咯声/砰声消除器。操作方法是通过图 9-36 所示的菜单打开“自动咯声/砰声消除器”窗口。在“预置”中一样有三个软件提供的设置,分别是“Heavy Reduction”、“Light Reduction”以及“Medium Reduction”,分别代表了对重、轻微和一般的咯声和砰声的减少方案。用户可以针对自己的录音进行选择,也可以在“噪声门限”和“复杂性”横拉键中进行微调。用户可试听并对比处理效果,直到自己满意为止,操作界面如图 9-38 所示。

如果对软件较为熟悉,也可以使用咯声/砰声消除器,进行更加精确的调节。在图 9-36 所示的菜单中打开“喀声/呼声消除器”窗口。在图 9-39 所示界面上方的图形窗口中,绿色曲线表示检测到的喀哒声(爆音或噼啪声)的声波水平位置,红色曲线表示消除喀哒声后声波水平所处位置。在“预置”框中有四种方案可供选择,然后分别设置“灵敏度”和“鉴别”框的数值,较低的数值可以查找和定位到更多的喀哒声,但数值过低也会消除一部分正常的人声,所以应反复预演直至找到最合适的数值。要加强消除的效果,可以清空“自动”选框,然后在“FFT 大小”框中输入一个较大数值,一般取值在 30～80 之间,系统默认值为 32。但要注意,数值太大的话,会使声音失真,最后单击“自动查找所有电平”按钮,会看到曲线发生变化,单击“确定”按钮后即可消除查找到的爆音和噼啪声了,操作界面如图 9-39 所示。

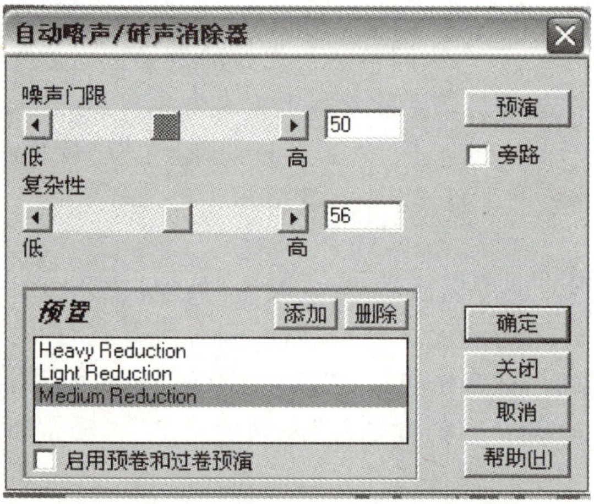

图 9-38 自动喀声/砰声消除器

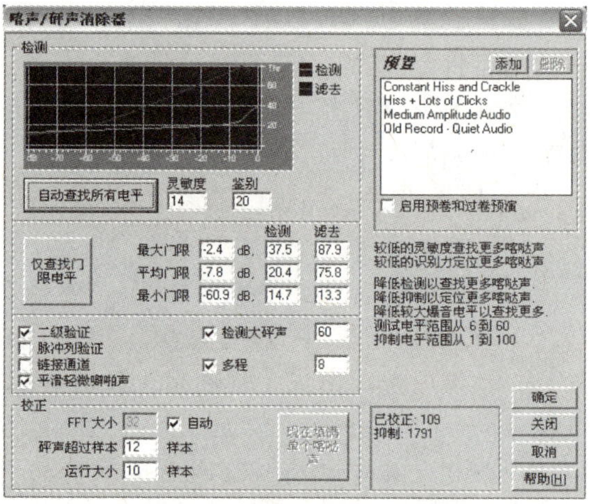

图 9-39 喀声/砰声消除器

虽然,在录音过程中要尽量避免录到喷麦声、呼吸声等,但是在录制人声时难免会夹杂喷麦和呼吸声,尤其是歌词中有“不”“扑”“去”“思”等发音时最为明显。这里介绍一个不用效果插件也能去除喷麦声和呼吸声的小技巧。

在编辑视图状态下,将有喷麦声的波形段放大,可以看到两个较大波形段之间通常会有一个极小的波形段,用鼠标选取它呈选中状态后,单击“播放”按钮试听,会发现它就是明显的喷麦声或呼吸声(图 9-40 中选中的较大波形)。这样用右键单击它选择“静音”即可。用同样的方法即可将人声中所有较大的喷麦声和呼吸声屏蔽掉,而不会对正常人声有任何影响。操作界面如图 9-40 所示。

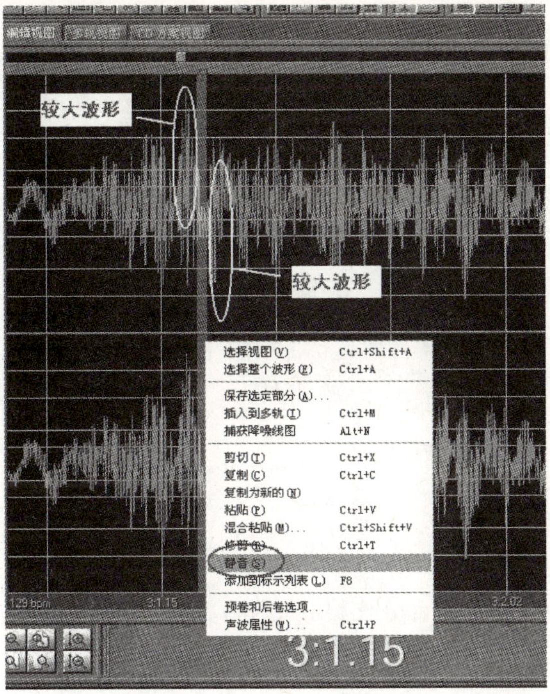

图 9-40　去除喷麦声和呼吸声

(4) 音量调节

在 Audition 中调节音频音量一般有以下三种方法。

① 扩大/渐变

在编辑视图工作状态下，点选"效果"→"振幅"→"扩大/渐变"，如图 9-41 所示。可以直接选用软件预设的方案或者自己输入参数调节扩大或缩小的分贝值，其中扩大为正数，缩小为负数，如图 9-42 所示。操作者可反复调节参数并监听，直至效果满意为止。

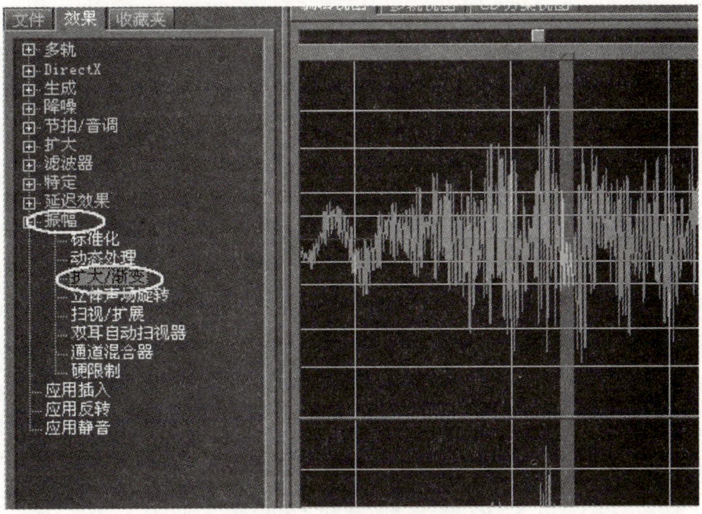

图 9-41　扩大/渐变(1)

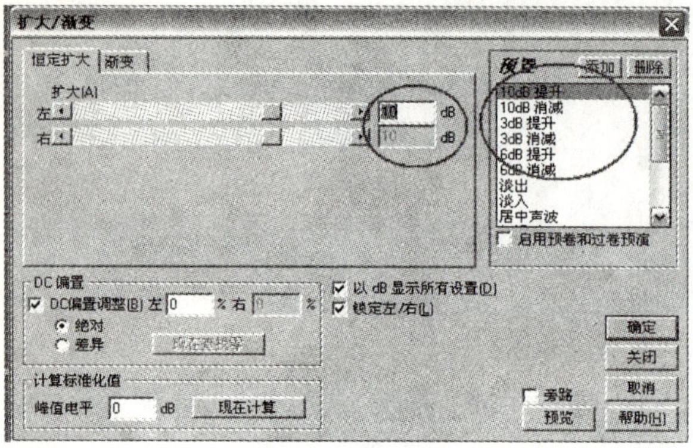

图 9-42　扩大/渐变(2)

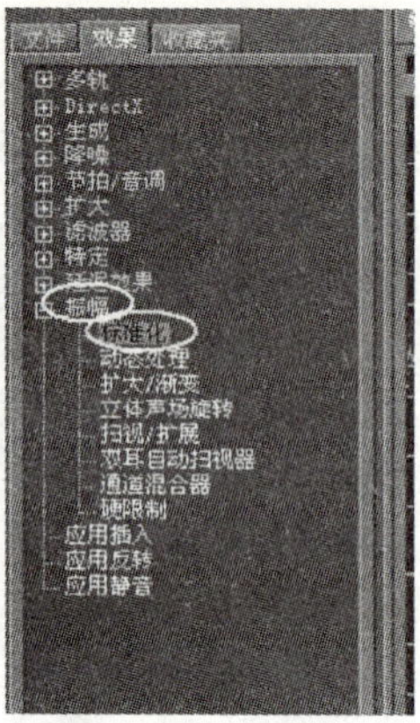

图 9-43　标准化

② 标准化

在编辑视图工作状态下，单击“效果”→“振幅”→“标准化”，如图 9-43 所示。其中可以选择以分贝格式(见图 9-44)或以百分比格式(见图 9-45)显示，改变参数就可调节音量。

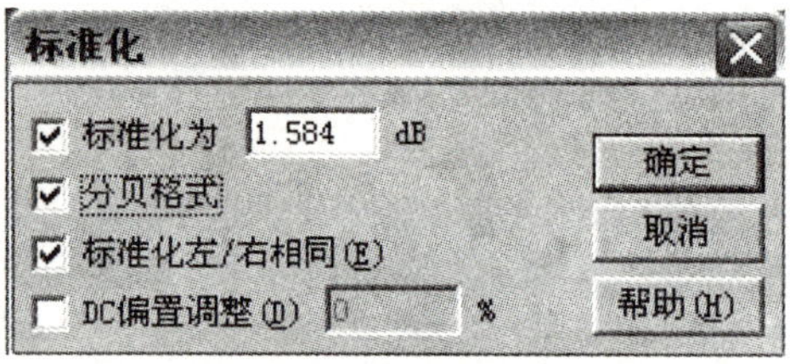

图 9-44　分贝格式

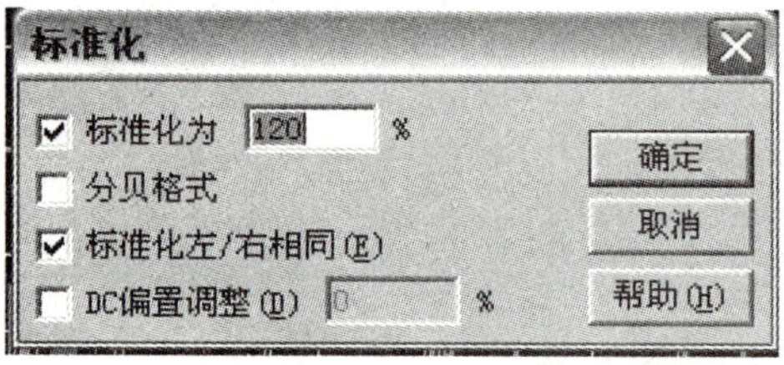

图 9-45　百分比格式

在选择分贝格式时需要注意，在 Audition 中，音频数字信号的分贝值计量方式是以最大 0 分贝来计量的，越接近 0 就越大声，而最小的声音则是负无限值(无限小)，超过 0 分贝代表的就是过载。

③ 在多轨视图中直接将音量调大

在多轨视图工作状态下，右键单击音量控制，就会出现滑块，通过调节滑块可达到理想的音量，如图 9-46 所示。

6. 特殊效果

(1) 淡入淡出

在编辑视图工作状态下，选择需要进行淡入或淡出的部分(也可以是整个音频)，单击“效果”→“扩大/渐变”→“渐变”，如图 9-47 所示。可以选择软件预置的方案或通过调节滑块达到需要的效果。

(2) 变调

在编辑视图工作状态下，选择需要进行变调的部分(也可以是整个音频)，单击“效果”→“节拍/音调”→“变调”，选择软件预置的方案后通过调节节点(蓝色点)，反复预演达到需要的效果，如图 9-48 所示。

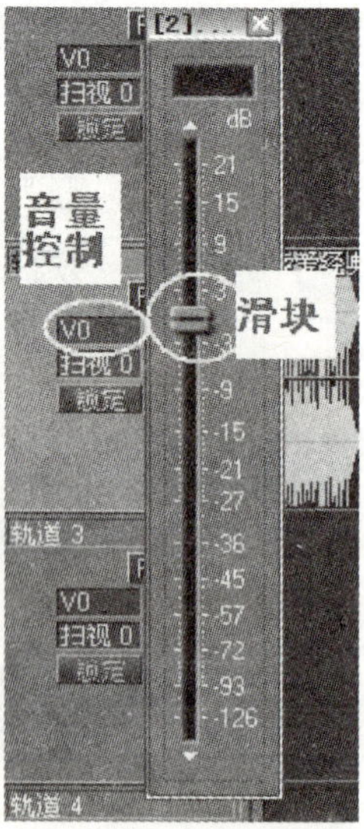

图 9-46　音量调节

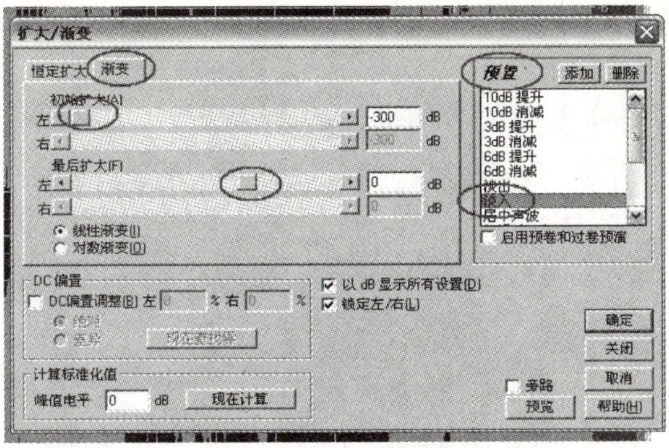

图 9-47 淡入淡出的操作

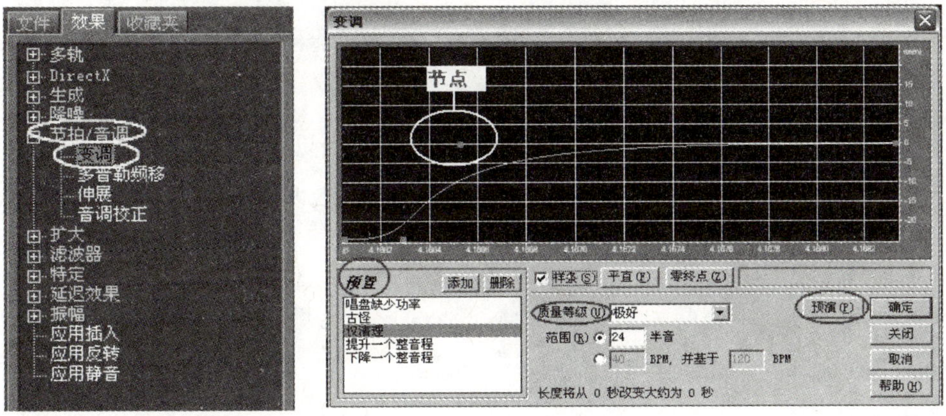

图 9-48 使声音变调的操作

(3) 变速

在编辑视图工作状态下，选择需要进行变速的部分(也可以是整个音频)，单击“效果”→“节拍/音调”→“伸展”，可以选择软件预置的方案或通过调节滑块、精度等参数，通过反复预演，达到需要的速度，如图 9-49 所示。

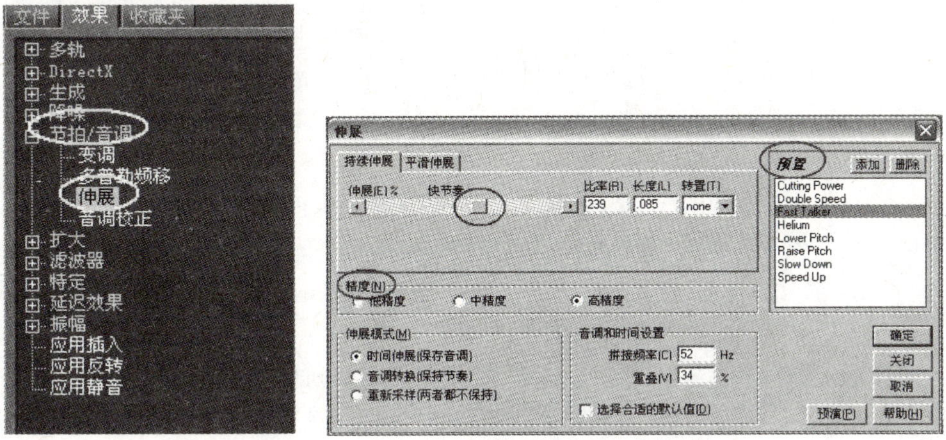

图 9-49 使声音变速的操作

最后介绍一个小技巧：由于 Audition 默认的颜色方案比较刺眼，用户可以根据个人喜好进行更改。首先选“选项”→“设置”或是按 F4 直接进入设置选单。选择“颜色”标签即可看到许多可以自行更改的选项，常用 Audition 软件的用户可以考虑用 Easy on Eyes 这个预设值，如图 9-50 所示。

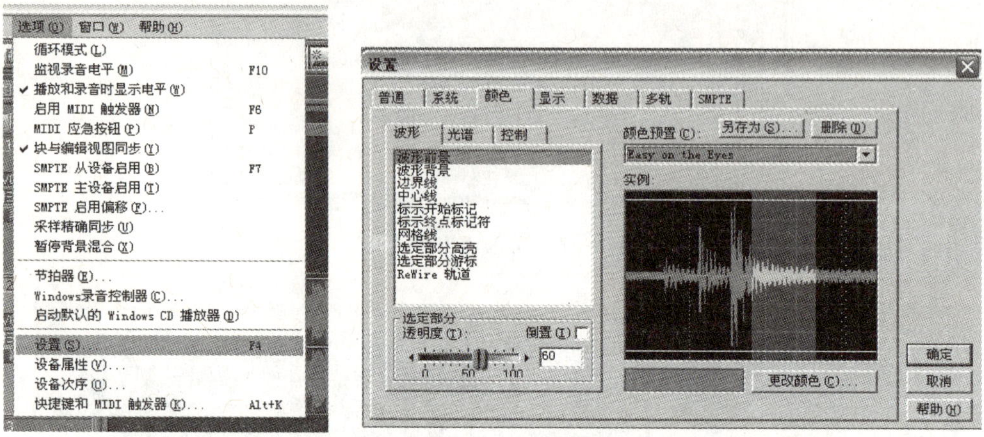

图 9-50 更改 Audition 默认的颜色方案

(五) 人声的录制方法和配音方法

电视后期制作中人声的制作主要是解说和旁白的录音和制作问题，该类声音的制作步骤和注意事项如下。

1. 制作步骤

(1) 了解声源的声音特点。人的声音基频范围大约在 60～1200 赫，但人声的谐频决定人声的特点和音色，因此要求录音设备具有一定的频带宽度。一般动圈式话筒高音区明亮度较差，声音清晰度可能会受影响。电容话筒往往过分强调高音，声音听起来会有些不自然。方向性方面由于人声的方向性较强，同时为了减少周围噪声的干扰，控制混响，宜选用单指向性话筒。根据这些需求和特点选择合适的话筒，并连接好声音录制系统。

(2) 注意录音场所的混响时间问题和噪声控制问题。一般电视节目对人声的清晰度要求较高，因此最好在进行过吸音处理的录音室中进行。在录制解说时，拾音距离一般控制在 10～30 厘米左右，位置略低于口部，拾音时要保证拾音距离的相对稳定。

2. 注意事项

(1) 方位

人耳能够判断声源的相对位置，因此录音时要通过录音设备的放置、延迟或混响时间的调节来实现声音方位与具体电视节目镜头中的声源位置之间的匹配，从而增强电视节目的真实感。

(2) 空间感

人耳能够通过直达声、混响声之间的关系判断所处空间的具体情况。直达声携带了声源位置的信息，而混响声则提供了声源所在声场的空间信息。因此声音的录制效果还要跟电视节目镜头中声源所处的环境空间相匹配，否则就会在配音上“穿帮”。

(3) 注意避免因近讲效应而引起的噪声、冲音等

(4) 对解说员配解说时的要求

① 字音正确,是指读音规范,按普通话拼音规则吐字发音,即"字正"。

② 字音清晰,是指咬字清楚,使语音清晰。

③ 字音圆润,是指字音饱满,有较丰富的泛音共鸣,悦耳动听,即"腔圆"。

④ 字音集中,是指声束集中进入话筒,拾音效果好。

⑤ 字音流畅,是指字音要连贯在语言中。人们从前后流畅的语言中获得信息。

(六) 音乐的选用、处理和配音方法

1. 一般要求先将声音素材采集到音频工作站的电脑中,用相关的声音编辑软件对声音进行编辑,生成符合非线性编辑软件要求的音频文件,再将这些音频文件导入非线性编辑软件的素材管理器中,并配到编辑时间线的音频轨道上。

2. 除个别特殊用途外,要求音乐的节奏和情绪要与电视节目的镜头所表达的内容和情绪相匹配,达到视觉节奏(景别、镜头长度、镜头调度、演员调度、剪接节奏等)与听觉节奏(人声、音乐、音响)的和谐统一。

3. 电视节目的配乐一般都是选用与画面内容、节奏一致的音乐。根据节目内容,选择不同的配乐方式。按照画面、解说或效果声的长短和位置,采用不同的音乐编辑技巧。

4. 配乐方式。可以为一部电视节目配上同样的音乐,但在不同段落,可能会对音乐的节奏、调子做不同的处理,但这种情况较少见。同时也可以为节目的不同段落配上不同的音乐,这种方式对配乐的限制较小,可以选择的音乐范围也比较大,较容易实施。

5. 配在电视节目中的音乐起落要自然,要在不引起观众注意的情况下突出节目主题、深化情感和烘托氛围,因此一般的音乐插入都采用淡入淡出的方式。

6. 通常,电视节目的配乐都是通过对现成音乐素材的编辑得到,很少由专业音乐人员作曲演奏配音,因此音乐的长度往往不符合节目配乐的要求,在配乐中除采用淡入淡出的方法外,还可以将两段有相同因素的乐曲直接衔接在一起,创造出一首与画面时间相一致的新乐曲用于配乐,而两段音乐的编辑点则一般选择乐器、音量、节拍、旋律相同的音节、乐句或乐段。如果音乐过长可以将其中的相同部分删去再重新编辑。如果音乐的长度短于画面配音所需的长度,可将音乐中相似的旋律或段落重复编辑,从而延长音乐,达到画面长度对配乐的要求。

(七) 音响的录制、选择、处理和配音方法

1. 节目中人、物的动作和运动的效果声

该种效果声一般要求典型、逼真,与镜头中人、物的行为动作发生的时间准确吻合,方能增强画面的真实感和冲击力。

2. 配合字幕、画面动作和情节出现的效果声

主要用于烘托节目气氛,如配合字幕和图文信息出现的一些非自然的效果声,这些效果声的出现并不会让观众感到不自然,相反如果与节目的主题和气氛配合得好,则会有效提升节目的效果。一些娱乐节目中,随卡通图形和字幕出现的效果声就是典型的例子。

3. 与画面相配合，产生声画蒙太奇效果的效果声应用

通过声画的对位和声画的分立，来营造更为丰富的含义，表达作品的主题和作者的主观情感。

4. 效果声素材的获取

由于效果声的录制要求很高，而且一般情况下制作者自己录制的效果声往往不够典型，因此，很多时候效果声配音会采用一些专业的录音工作室录制的效果声素材库，这些素材库容量大、分类清晰，使用十分方便，但往往需要购买，且价格较高。通常一些常用的效果声素材也可以在网上下载获得。

5. 效果声配音可以采用的方法

(1) 同步法：效果声与画面内容完全对应。

(2) 提前法：效果声在镜头画面之前出现，用声音实现镜头转换，带出下面的镜头内容。

(3) 延伸法：前一镜头的效果声在后一个镜头中仍然延续，但声效可能会出现不同。

(4) 混合法：用多种效果声的混合来营造相对真实的效果声音，如嘈杂的街道的效果声。

(5) 分立法：镜头跟效果声各自独立，又有机结合，加强画面渲染力。

(6) 特写法：夸张微弱的效果声，忽略其他的声音成分，用于渲染气氛，如脚步声、钟表的滴答声等。

(7) 取舍法：舍去跟主题和气氛无关的效果声。

五、实验注意事项

1. 注意用 Audition 软件配合声音采集的硬件录音时，对录音电平的控制，防止“爆麦”。

2. 注意根据电视节目的类型和特点制作人声、音乐和音响。

3. 注意体会声音和画面不同的配合方式所产生的不同意义，体会电视声画关系的特点，掌握灵活运用电视声画关系进行表达的规律和方法。

六、实验记录方式

1. 详细记录用 Audition 软件对声音素材进行各种编辑的操作流程和每种编辑操作所产生声音效果的变化。

2. 通过为画面配上不同的语言、音乐和音响等声音素材，体会声音与画面的相互关系，并形成文字。

七、实验讨论与评价

通过观摩电影片段，讨论影视作品中声画关系的类型和使用规律，并将讨论结果形成文字。

八、实验报告

1. 将声音编辑软件和非线性编辑软件结合使用，分别为一段新闻节目配解说，为一段电视剧配对白，为一段删除声音的电影片段配解说、音乐和效果声。并结合某一个实验任务的完成过程谈配音的经验和对电视配音工作的理解。

2. 使用 Audition 软件完成如下操作任务，并将制作完成的音频文件提交到实验室教师机。

（1）导入一首你喜欢的歌曲，截取一个 30 秒左右的片段，制作成的手机铃声，注意音量要尽量调大。

（2）录制一段诗歌朗诵并添加上配乐，灌录成一首 MP3 格式的配乐诗，注意人声的处理。

（3）将你最喜欢的电影中的音频导入 Audition 中，并将喜欢的对白摘录出来保存为一个 MP3 文件。

3. 通过观摩电影片段，讨论影视作品中声画关系的类型和使用规律，并将讨论结果形成文字。

实验十　电视短片创作

一、实验目的

在完成本实验的学习和实践后，学习者能够：

1. 以小组协作的形式制作一部完整的DV电视短片，达到对电视制作完整流程以及制作过程中各项工作内涵和特征的深刻理解和掌握。

2. 综合运用本实验课程已经学过的知识和技能，完成完整的电视作品创作，通过对本门实验课程所学习的电视制作技能进行综合实践，加深对电视制作各阶段所需技能的理解和掌握。

3. 通过协作发挥组员特长，互相学习，理解电视制作团队合作的特点，发展沟通能力、协作学习能力、协同工作能力，培养良好的团队精神。

二、实验要求

本实验要求学习者完成：

1. 学生按照各自的兴趣和专长搭配，以3～5人为一组，组成电视短片创作小组。

2. 学生通过小组协商，确定短片的选题和组员的分工。

3. 组织组员编写节目制作计划、脚本或剧本（依据制作的节目类型不同而不同），并制订拍摄和后期制作计划。

4. 按照前期工作的结论和计划，分工协作，完成电视短片的创作。

三、实验场地与器材

1. 电视外拍实验室

（1）需为每个实验小组提供至少一台具备一定手动功能的DV摄像机（视学校或培训机构具体的设备配备情况而定，但设备的功能差异和造价水平一般不会对本次实践产生过大影响）。

（2）根据摄像机所使用的记录介质的不同提供DV磁带、DVD视频记录光盘、P2卡等相应的记录介质。

（3）三脚架，摄像机适配器，电池（除摄像机自带的电池外，最好配备一块备用电池，为拍摄过程提供更好的保障），外接麦克风及卡侬接口的音频线（可选），监听耳机（可选），反光板（可选），简易灯光（可选），3米小型摇臂（可选），移动车（可选）等拍摄和制作附件。

2. 电视编辑实验室

（1）线性编辑实验室

提供一对一的对编系统，用于素材的初步剪辑，压缩素材数量，降低片比，减少需要上载到非线性编辑系统的素材量，节省非线性编辑系统的硬盘空间，同时相比通过磁带录像机进行的上载方式，可以大大压缩素材上载的时间。

(2) 非线性编辑实验室

① 提供素材上载的录像机/DV 摄像机/P2 驱动器。

② 非线性编辑硬件系统（包括非线性编辑系统厂商提供的电脑硬件系统、接口箱、刻录机等设备）。

③ 接口方面，要求配备尽可能多的输入输出接口，如复合视频输入输出接口、立体声输入输出接口、分量视频输入输出接口、1394 接口、USB 接口、SDI 接口、HDMI 接口等。

④ 非线性编辑软件系统（非线性编辑系统产品供应商配备的与硬件匹配的编辑软件，如 Avid、Final Cut 等）。

⑤ 非线性编辑过程中的常用软件，包括 Premiere（通用视频编辑软件），Vegas（通用视频编辑软件），Photoshop（图形图像处理软件），Audition/Cool Edit（较通用的声音编辑软件），Canopus ProCoder（功能全面的视频格式转换软件），TMPGEnc（用于制作 DVD 和 VCD 的视频格式转换软件），Nero Burning ROM（视频格式转换和通用的光盘刻录软件），Cool 3D（常用的三维字幕制作软件），After Effect（通用的视频特效制作软件），Flash（通用的二维动画制作软件）。

(3) 录音室

提供话筒、话筒架、提词器（可选）、数字录音机、磁带、调音台、数字音频工作站、多媒体电脑、外接音箱等设备，用于后期配音的录制和编辑。

(4) 小型演播室/蓝箱/蓝色或绿色幕布，用于节目演播室串词的录制和制作色键特技。

四、实验方法与步骤

本次实验的最终目的是由学习者以小组形式，自提选题，完成一个 5～10 分钟的电视短片作品，内容和体裁不限。

1. 组建小组，确定分工

根据个人的兴趣爱好及特长，由学习者自由组合，形成 3～5 人一组的电视短片创作小组，并在组内进行相应的分工，设定编剧、导演、摄像、录音、场记、编辑等相关岗位，但须注意根据短片体裁的不同，岗位的设置也会有所不同，且分工方面可由一人兼任多个岗位。

2. 小组内确定短片创作选题，完成前期准备工作

该阶段的工作包括如下内容：

① 通过组内讨论确定短片选题（确定短片主题），选型（选择短片所采用的表达类型），选材（确定选取哪些已有材料以及选取作为拍摄目标的材料）。

② 通过讨论，编写电视短片的文字脚本/剧本，并根据所学的影视语言基本语法，将文字脚本/剧本转化为分镜头脚本/剧本，用于指导实际拍摄。如果短片是纪录片，则要列出拍摄的大纲和比较详尽的拍摄内容计划，作为实际拍摄时的参考和提示。

③ 通过组内小组讨论确定前期拍摄计划，并初步确定短片的工作进度和制作计划。根据拍摄计划提交摄像机使用预约表格，向外拍实验室预约摄像器材。

3. 进行前期拍摄

根据前期脚本的设计，拍摄并录制短片所需的视音频素材，在实际的拍摄过程中体会本课程所学习的镜头运动技巧、构图法则、轴线规律、机位设置规律等相关规则和技巧的实际意义，通过目的性较强的拍摄实践提升镜头设计/构思能力和摄像水平。

拍摄时要注意不同时段、不同场景拍摄的镜头之间曝光、色温等指标的一致性，同时注意使用反光板等可获得的器材提升拍摄的光照条件，如果是要求同步录音的剧情片或者纪录片，要尽量使用外接麦克风，并要求摄像师佩戴耳机以监听录音效果。

要有专人负责做场记，如果条件允许，应适当使用照相机拍摄以辅助做好场记工作，如用照相机记录演员的衣着、场景中的相关细节信息等，以免出现前后镜头因细节的不一致无法衔接的"不接戏"现象和"穿帮"现象。

4. 后期编辑

根据前期拍摄的脚本，由导演和编辑完成电视短片的后期编辑工作。

5. 全组成员审看并修改

在完成初步的编辑工作后，由组长组织小组成员共同观看电视短片的初稿，通过集中审看以发现短片制作当中的问题，并讨论修改和解决方案。

如有镜头素材不足或者已有的画面素材效果不佳的情况，可视作品修改的需求安排补拍，但须注意补拍的画面素材与原有画面素材在画面曝光、色温以及画面内容细节方面的连贯性，避免出现个别镜头在修改后与前后镜头不衔接的情况，破坏作品整体的视觉效果。

6. 节目输出

各组在完成电视短片作品的制作后，统一将作品压缩成 MPEG-2 的格式，并刻录成光盘，提交给课程负责老师。

五、实验注意事项

1. 小组的组建和分工务求依据成员的兴趣和特长进行合理搭配，以便分工协作。

2. 电视短片的选题、选型在考虑组员兴趣和创作需要的同时，也要适当考虑作为学生电视短片作品制作的可行性，综合考虑选题对场地、经费、演员等拍摄和制作条件的需求，在现有的设备和其他需求能够满足的情况下确定合适的选题。

3. 如果制作纪录片，在确定选题前要做一定量的案头工作，对选题进行调查研究和实地考察，以确定选题是否可以实现，并提前与拍摄可能涉及的机构和人物接洽，商议有关拍摄事宜，以便实际拍摄的顺利进行。

4. 不论选择制作什么类型的电视短片(剧情片、纪录片、电视散文、MTV)，短片必须选择适当的主题，具有积极向上的基调，能够完整地反映出创作者对特定主题的关注和思考。

5. 小组尽量采用集体创作的形式，在分工合作完成电视作品的情况下，务求每个成员除完成自己的职责外，能够了解和体验电视节目制作的完整流程。

六、实验记录方式

将本次实验的各阶段工作和讨论结果整理成文档，形成关于整个作品创作过程的创作日志，可以采用文字、图片、视音频素材的方式。其中至少应包括如下基本内容：(1) 组员分工;(2) 选题确定过程;(3) 前期拍摄的文字脚本和分镜头脚本/拍摄大纲;(4) 前期拍摄过程及创作体会;(5) 后期制作过程及创作体会;(6) 小组审片和修改过程纪录;(7) 电视短片简介;(8) 小组作品创作体会及作品自评。

七、实验讨论与评价

各小组互相观摩作品,组织小组成员讨论自己和其他小组的作品,通过对比和反思达到对作品创作过程的反思,客观评价小组作品,学习和评价其他小组的作品。

由班干部利用实验课时间或课余时间,组织同学对所有小组的作品进行集中观摩,并邀请一到两位专业教师到场评价和指导同学对作品的讨论,通过互相评价和学习,达到互相借鉴、取长补短的目的。

八、实验报告

1. 组员分工。
2. 前期拍摄的文字脚本和分镜头脚本/拍摄大纲。
3. 组员创作体会。
4. 作品创作过程简介。
5. 组内作品评价。
6. 电视短片作品简介。
7. 电视短片作品光盘。
8. 作品要求:

(1) DV 作品(MPEG-2 视频文件)

长度在 15 分钟内(如果是纪录片,而且确实需要,可适当延长),作品全部压缩成 MPEG-2 的格式,并尽量刻录在一张 CD-R 上。

(2) 作品简介(Word 文档)

用于说明作品的属性和相关信息。

(3) DV 作品创作实践报告(Word 文档)

包括小组成员、分工、学号、联系方式;作品策划(准确阐述选题内容,目的意义,对制作过程各阶段的具体设想、制作要求和实施计划);创作过程记录及总结反思;成员创作体会。

参考文献

1. 周毅.电视摄像艺术新论[M].北京:中国广播电视出版社,2005.
2. 李思维,咸彦平.电视摄像技术[M].北京:电子工业大学出版社,1993.
3. 赵成德.数字电视摄像技术[M].上海:复旦大学出版社,2007.
4. 王润兰.数字化电视制作[M].北京:人民邮电出版社,2005.
5. 孟群.电视节目制作技术[M].北京:高等教育出版社,2006.
6. 赫伯特·则特尔.摄像基础[M].第三版.北京:中国传媒大学出版社,2005.
7. 李宏虹.电视节目制作与非线性编辑[M].北京:中国广播电视出版社,2008.
8. 罗洪程,李明,夏超.实用影视编辑系统应用[M].长沙:中南大学出版社,2006.
9. 王晓红.电视画面编辑[M].北京:北京广播学院出版社,2006.
10. 孟群.电视数字制作技术[M].北京:北京师范大学出版社,2003.
11. 李晋林.电视节目制作技艺[M].北京:中国广播电视出版社,2002.
12. 徐威.电视节目声音与制作[M].北京:中国广播电视出版社,2005.
13. 吴振坤.磁性录音技术[M].北京:中国电影出版社,1982.
14. Glyn Alkin. Sound Techniques for Video & TV [M]. Second Edition. Burlington, Massachusetts of USA: Focal Press,1992.
15. 北方中广影视设备科技有限公司网站[OL].http://www.bjbfzg.com/index.asp.
16. 松下公司[S]. Panasonic AG-MX70mc 数字 AV 混合器说明书.
17. 广播电影电视管理干部学院.《电视摄像造型》实训指导书[OL]. http://www.arft.net/jpkj/sjcz/sxzd.html.
18. 周行.南昌工程学院《电视摄像技术》实验指导书[OL]. www.jxzhouxing.cn/attachments/month_0803/m200836105422.doc.
19. 长春工业大学信息传播工程学院.《教育电视系统》实验指导书[OL]. http://125.223.141.194/iam-vaye/v/UploadFile/200843223541520.doc.
20. 华东师范大学教育信息技术学系.电视节目编制技术网络课程[OL]. http://courseware.ecnudec.com/zsb/zjx/zjx10/COURSE.HTMl.
21. 松下公司[S].Panasonic AG-HPX173MC 说明书.
22. 松下公司[S].Panasonic AJ-D908MC 说明书.
23. 索尼中国[S].http://pro.sony.com.cn/upload/product/manual/1024757.pdf.
24. 索尼中国[S].http://pro.sony.com.cn/upload/product/adpicture/1021894.pdf.
25. Roscor Corporation [S]. http://www.roscorrentals.com/equipment_specifications/Sony%20PVE-500.pdf.
26. Montarbo 公司[S].Montarbo-XM16 型调音台说明书.
27. 调音台基础教程[OL].http://xiaoyouxia.blogbus.com/logs/32149949.html.
28. 调音台的功能和使用[OL].http://ch.midifan.com/default.aspx.
29. 话筒分类、挑选、使用详细指南[OL].http://shuziyinpin.blog.163.com/blog.
30. 赛因网[OL].http://www.sinemedia.com/.
31. 音频线插头的制作方法[OL].http://www.cersp.net.

32. 李幼林.温文杰先生高清制作专访[J].现代电视技术.2002.3.
33. 马克贝因. Adobe Audition 1.0 基本录音教程[OL], http://www.onegreen.net/Article/Class3/Class37/48_2.html.
34. 王锋,徐捷,施栋.高清纪录片《话说宣纸》制作心得[J].中国数字电视.2006.10.
35. 李文杰,衣学勇.利用高清电视设备拍摄数字电影的探索[J].电影评介. 2006.18.
36. 彭湛峰.高清电视摄像几个常见问题解析[J].家电检修技术.2008.12.
37. 周勤.突破风光片旧路,用剧情片展示高清——高清电视片《会唱戏的树》拍摄探索[J].现代电视技术.2007.4.
38. 窦勇.高清电视剧拍摄心得[J].视听界—广播电视技术.2008.2.

北京大学出版社

教育出版中心 精品图书

21世纪教育科学系列教材

教师教育概论 李 进 主编 75元
基础教育哲学 陈建华 著 35元
当代教育行政原理 龚怡祖 编著 37元
教育心理学 李晓东 主编 34元
教育计量学 岳昌君 著 26元
教育经济学 刘志民 著 39元
现代教学论基础 徐继存 赵昌木 主编 35元
现代教育评价教程 吴 钢 著 32元
心理与教育测量 顾海根 主编 28元
高等教育的社会经济学 金子元久 著 32元

教师资格认定及师范类毕业生上岗考试辅导教材

教育学 余文森 王 晞 主编 26元
教育心理学概论 连 榕 罗丽芳 主编 36元

21世纪教育科学系列教材·学科教学论系列

新理念化学教学论 王后雄 主编 38元
新理念科学教学论 崔 鸿 张海珠 主编 34元
新理念生物教学论 崔 鸿 郑晓慧 主编 36元
新理念地理教学论 李家清 主编 37元
新理念历史教学论 杜 芳 主编 29元
新理念思想政治（品德）教学论 胡田庚 主编 32元

21世纪教师教育系列教材·学科教学技能训练系列

新理念化学教学技能训练 王后雄 主编 28元
新理念思想政治（品德）教学技能训练 胡田庚 主编 26元

21世纪教师教育系列教材·物理教育系列

中学物理微格教学教程 张军朋 著 28元

21世纪教育科学系列教材·学科学习心理学系列

数学学习心理学 孔凡哲 曾 峥 编著 29元
语文学习心理学 李 广 主编 29元
化学学习心理学 王后雄 主编 29元

21世纪教育技术学精品教材（张景中 主编）

教育技术学导论 李 芒 金 林 编著 26元
远程教育原理与技术 王继新 张 屹 编著 41元
教学系统设计理论与实践 杨九民 梁林梅 编著 29元
信息技术教学论（国家十一五规划）雷体南 叶良明 主编 29元
网络教育资源设计与开发 刘清堂 主编 30元

21世纪农村教育改革与发展丛书

农村义务教育经费保障新机制 邬志辉 主编 42元
农村义务教育整体办学模式与评价 王景英 主编 42元

参与式教学与教师专业发展——“西部基础教育发展项目”的经验与反思 陈向明 主编 陶剑灵 副主编 32元
学校发展计划与学校自主发展——“西部基础教育发展项目”的经验与反思 陈向明 主编 陶剑灵 副主编 39.8元

21世纪引进版精品教材·学术道德与学术规范系列

如何为学术刊物撰稿：写作技能与规范（英文影印版） [英] 罗薇娜·莫 编著 26元
如何撰写和发表科技论文（英文影印版） [美] 罗伯特·戴 等著 28元
如何撰写与发表社会科学论文：国际刊物指南 蔡今忠 著 25元
如何查找文献 [英] 萨莉拉·姆齐 著 25元
给研究生的学术建议 [英] 戈登·鲁格 等著 26元
学术道德学生读本 [英] 保罗·奥利弗 著 17元
科技论文写作快速入门 [瑞典] 比约·古斯塔维 著 19元
社会科学研究的基本规则 [英] 朱迪斯·贝尔 著 18元
做好社会研究的10个关键 [英] 马丁·丹斯考姆 著 20元
阅读、写作和推理：学生指导手册 [英] 加文·费尔贝恩 著 25元
如何写好科研项目申请书 [美] 安德鲁·弗里德兰德 等著 25元

21世纪引进版精品教材·研究方法系列

教育研究方法：实用指南 [美] 乔伊斯·高尔 等著 78元
高等教育研究：进展与方法 [英] 马尔科姆·泰特 著 25元
社会研究：问题方法与过程（第三版） [英] 迪姆·梅 著 32元

大学教师通识教育读本（教学之道丛书）

如何成为卓越的大学教师 肯·贝恩 著 24元
给大学新教员的建议 罗伯特·博伊斯 著 28元
理解教与学：高校教学策略 [英] 迈克尔·普洛瑟 等著 26元
规则与潜规则：学术界的生存智慧 [美] 约翰·达利 等主编 28元
给研究生导师的建议（第2版） [英] 萨拉·德拉蒙特 等著 26元
教师的道与德 爱德华·希尔斯 著 26元

大学之道丛书

知识社会中的大学 [英] 杰勒德·德兰迪 著
哈佛通识教育红皮书哈佛委员会撰 科南特（J.B. Conant）作序 32元
知识与金钱——研究型大学与市场的悖论 罗杰·盖格 著 38元
一流大学 卓越校长——麻省理工学院与研究型大学的作用 [美] 查尔斯·维斯特 著 28元
美国大学之魂 [美] 乔治·M.马斯登 著 58元
哈佛规则：捍卫大学之魂 [美] 理查德·布瑞德利 著 48元

大学理念重审：与纽曼对话　[美] 雅罗斯拉夫·帕利坎 著 35元

学术部落及其领地——知识探索与学科文化　[英] 托尼·比彻 保罗·特罗勒尔 著 33元

德国古典大学观及其对中国大学的影响　陈洪捷 著 22元

大学校长遴选：理念与实务　黄俊杰 主编 28元

转变中的大学：传统、议题与前景　郭为藩 著 23元

学术资本主义：政治、政策和创业型大学　[美] 希拉·斯劳特 拉里·莱斯利 著 36元

什么是世界一流大学　丁学良 著 23元

21世纪的大学　[美] 詹姆斯·杜德斯达 著 38元

公司文化中的大学　[美] 埃里克·古尔德 著 23元

美国公立大学的未来　[美] 詹姆斯·杜德斯达 弗瑞斯·沃马克 著 30元

高等教育公司：营利性大学的崛起　[美] 理查德·鲁克 著 24元

大学的逻辑　张维迎 著 25.8元

东西象牙塔　孔宪铎 著 32元

我的科大十年（增订版）　孔宪铎 著 29.8元

高等教育市场化　戴晓霞 莫家豪 谢安邦 主编 32元

大学之忧丛书

大学之用（第五版）　[美] 克拉克·克尔 著 35元

废墟中的大学　[加拿大] 比尔·雷丁斯 著 38元

高等教育市场化的底线　[美] 大卫·科伯 著 45元

北京大学教育经济与管理丛书

教育与代际流动　郭丛斌 著 28元

人力资本、社会资本与职业发展成就　康小明 著 28元

教育投资收益—风险分析　马晓强 著 28元

教育的信息功能与筛选功能　李锋亮 著 闵维方 丁小浩 主编 32元

大学内部财政分化　郭 海 著 28元

中国教育经费合理配置研究　雎国余麻勇爱 著 28元

中国高等教育入学机会的公平性研究　李文胜 著 28元

走向公共教育——教育民营化的超越　文东茅 著 32元

当代教育经济与法律丛书

美国教育法与判例　秦梦群 著 39.8元

高等教育的经济分析与政策　[日] 矢野真和 著 35元

中国高等教育史丛书

国立西南联合大学校史（修订版）——一九三七至一九四六年的北大、清华、南开　西南联合大学北京校友会 编 49元

张伯苓的大学理念　张伯苓 胡 适 吴大猷 等著 梁吉生 主编 25元

抗日战争时期解放区高等教育　曲士培 著 20元

燕园杂忆——世纪之交的北京大学国际交流　迟惠生 著 26元

建设应用型大学之路　孔繁敏等编 著 59元

中国大学教育发展史　曲士培 著 49.8元

中国教育史哲丛书

中国新教育的萌芽与成长（1860—1928）　苏云峰 著 26元

中国教育周期论　姜国钧 著 28元

管理之道丛书

美国大学的运作与学术管理　[美] 罗纳德·G.埃伦伯格 著 40元

成功大学的管理之道　[英] 迈克尔·夏托克 著 25元

教育之思丛书

教育领导智汇　李 进 主编 40元

我的教师教育观——当代师范生之愿景　李 进 主编 32元

教师教育与教育领导　李 进 主编 44元

文化传统与数学教育现代化　张维忠 王晓琴 著 20元

建设卓越学校：领导层·管理层·教师的职业发展（第2版）　张延明 著 98元

基础教育的战略思考　王炎斌 著 22元

教育凝眸　郭志明 著 16元

教育的痛和痒　赵宪宇 著 20元

教育思想的革命　张先华 著 15元

教育印痕　王淮龙等 主编 22元

教育印迹　王淮龙等 主编 18元

高等教育与全球化丛书

高等教育变革的国际趋势　[美] 菲利普·G.阿特巴赫 著 蒋 凯 主译 34元

高等教育全球化：理论与政策　[英] 皮特·斯科特主编 30元

发展中国家的高等教育：环境变迁与大学的回应　[美] 戴维·查普曼安·奥斯汀 主编 35元

北大开放教育文丛

教育：让人成为人——西方大思想家谈人文和科学教育　杨自伍 编译 30元

教育究竟是什么?100位思想家论教育　[英] 乔伊·帕尔默 主编 任钟印 诸惠芳 译 45元

相关精品图书

透视美国教育——21位旅美留美博士的体验与思考　王定华 主编 42元

中小学管理文件选编　教育部基础教育一司 编 48元

湖边琐语　王义遒 著 35元

中国经济再崛起——国际比较的视野　丁学良 著 28元

中国教育公平的理想与现实　杨东平 著 28元

大学与学术　韩水法 著 25元

大学何为　陈平原 著 28元

特别推荐

中国教育与人力资源发展报告　闵维方 主编 38元

透视美国教育　王定华 主编 42元

中小学管理文件选编　教育部基础教育一司 编 48元

大学情感教育读本　田 玲 主编 28元

大学科学教育改革与发展　王义道 著 32元

公务文件写作规范与文例分析　杨 霞 主编 40元

北大清华名师演讲录　两校名师讲堂编委会 36元

小学数学知识树　刘开云 等主编 28元

追梦北大——北大新生畅谈学习与成长　刘明利 主编 32元

牵梦北大——北大新生畅谈中学学习与成长 刘明利 主编 35元

保送北大——北大保送生畅谈中学学习与成长 刘明利 主编 32元